Ursula Hausen

Den Tod als Freund erleben lernen

Ursula Hausen

Den Tod als Freund erleben lernen

Begleitung im Sterben und darüber hinaus

 Verlag Urachhaus

ISBN 3-8251-7896-3

3., überarbeitete und erweiterte Auflage 2014
Erschienen im Verlag Urachhaus
www.urachhaus.de

Inhalt

Anhang

Frei zu sein, aufzustehen und alles zu lassen –
ohne einen Blick zurück. JA zu sagen.

Dag Hammarskjöld

Wo gehen wir denn hin? Immer nach Hause.

Novalis

Der Geist schmilzt
Im Weltenweben
Die Erdenschwere
Zu Zukunftlicht.

Rudolf Steiner

Ich Bin die Auferstehung und das Leben;
wer an mich glaubt, der wird leben, auch wenn er stirbt;
und ein jeder, der lebt und an mich glaubt,
über den hat der Tod keine Macht mehr

Johannes, 11. Kapitel

Vorwort zur 3. Auflage

Der umkämpfte Augenblick des Todes

Die Flut der Literatur zu Nahtoderlebnissen, Sterbeforschung und Organtransplantation ist seit der letzten Auflage dieses Buches fast unübersehbar geworden. Ein Thema jedoch, noch dazu eines von höchster Bedeutung, wird kaum berücksichtigt: *die Bedeutung eines Eingriffes durch Organentnahme für das Erleben des Todesaugenblickes.*

Mit Vehemenz tritt dieser Augenblick heute in das Bewusstsein und fordert uns auf, ihn zu verstehen und als Ziel des Lebens vor sich zu haben. Die Literatur zu den Nahtodereignissen bringt in immer neuen Variationen das gleiche Thema zur Erscheinung: Der Todesaugenblick führt zu einem strahlenden Erlebnis der Begegnung mit Christus. Wer ihm so begegnet, der fühlt sich von seiner Liebe, seiner Kraft und seiner Vergebung im Innersten berührt. Doch was bedeutet es, in diesen Augenblick durch die Explantation von Organen einzugreifen? Zwei Forschungsgebiete scheinen sich polar zueinander zu entwickeln. Sie werden von zwei sehr verschiedenen Menschenbildern getragen.

Wie verhalten sich diese beiden Forschungsbereiche zueinander: Nahtodforschung und Transplantationsmedizin? Und was könnte durch eine Verbindung der sich meist fremd gegenüberstehenden Vertreter beider Bereiche gewonnen werden? Und auch: Welche Gefahr bedeutet die Explantation von Organen für den Sterbeprozess, der von den Explantationschirurgen gar nicht wahrgenommen wird, da die Thematik der Nahtoderlebnisse in ihrem Welt- und Menschenbild keinen Platz hat? Dadurch können die Chirurgen die Folgen ihres Handelns ausschließlich auf der physischen Ebene erkennen, die mit Zeitdruck und Erfolgsquoten verbunden ist. Die Bereiche des Seelischen und Geistigen werden hier nicht berücksichtigt.

In dieser neuen Ausgabe des Buches wird auf aktuelle und zum Teil nicht in Buchform veröffentlichte Dokumente eingegangen, um einen zeitgemäßen Umgang mit Themen zu ermöglichen, die in unserer Gesellschaft nach wie vor nicht in ausreichendem Maße im Bewusstsein verankert sind. Es sind dies vor allem die Bereiche der Nahtoderlebnisse, der Sterbehilfe und der Organtransplantation.

Je weiter es uns gelingt, die Ergebnisse der Geistesforschung Rudolf Steiners bis in die praktischen Fragen der Medizin einzubeziehen, desto eher werden wir Lösungen finden, die nach allen Seiten dem Wesen des Menschen gerecht werden können, wenn die Zeit dazu gekommen ist.

August 2014   Ursula Hausen

Vorwort zur 2. Auflage

Der Tod – ein Freund?

Als unerbittlicher, grausamer Feind wird der Tod oft erlebt. Die Ohnmacht des Menschen wird an keinem anderen Problem so unausweichlich sichtbar wie angesichts des Todes. Mit der Plötzlichkeit des Todes durch einen Unfall, mit der allgegenwärtigen Bedrohung durch Krieg, Natur- oder Zivilisationskatastrophen müssen wir jederzeit rechnen, und die Endgültigkeit der Todesnachricht von einem nahestehenden Menschen ist unumstößlich.

So zeigt sich die Außenseite. An ihr entzündet sich die Angst, die dazu führt, dass Menschen blindlings fliehen zu müssen glauben, dass Tyrannen ihre Macht auf die Todesangst der Unterdrückten aufbauen können, dass es oft so unglaublich schwer ist, das Thema Tod in sinnvoller Weise ansprechen zu können.

Aber: Un-Menschlichkeit ist die Maske, nicht das Wesen des Todes.

Zum Glück gibt es Erfahrungen, die über solche Grenzen der Hilflosigkeit hinausführen. Zwei Beispiele sollen zeigen, wie Menschen in unmittelbarer Begegnung mit dem Tod zu einer Erfahrung der befreienden Klarheit und liebevollen Begegnung mit einem den Menschen zugewandten Wesen kommen können.

Der Dichter Matthias Claudius kam durch eine schwere Erkrankung in die Nähe des Todes. Und er erlebt, dass da ein Freund sich ihm nähert, ihn liebevoll in die Arme nehmen will und ... lächelt!

Nach der Krankheit 1777

Ich lag und schlief; da fiel ein böses Fieber
  Im Schlaf auf mich daher,
Und stach mir in der Brust und nach dem Rücken über,
Und wütete fast sehr.

Es sprachen Trost, die um mein Bette saßen;
  Lieb Weibel grämte sich,
Ging auf und ab, wollt sich nicht trösten lassen,
  Und weinte bitterlich.

Da kam Freund Hain: »Lieb Weib, musst nicht so grämen,
  Ich bring' ihn sanft zur Ruh'«;
Und trat ans Bett, mich in den Arm zu nehmen,
  Und lächelte dazu.

Sei mir willkommen, sei gesegnet, Lieber!
  Weil du so lächelst; doch,
Doch, guter Hain, hör an, darfst du vorüber,
  So geh und lass mich noch!

»Bist bange, Asmus? – Darf vorüber gehen
  Auf dein Gebet und Wort.
Leb also wohl, und bis auf Wiedersehen!«
  Und damit ging er fort.

Und ich genas! Wie sollt' ich Gott nicht loben!
  Die Erde ist doch schön,
Ist herrlich doch wie seine Himmel oben,
  Und lustig drauf zu gehn!

Will mich denn freun noch, wenn auch Lebensmühe
  Mein wartet, will mich freun!
Und wenn du wiederkommst, spät oder frühe,
  So lächle wieder, Hain!

Das Erstaunlichste ist, dass dieser ›Freund Hain‹, (wie er bis heute oft in Norddeutschland genannt wird) auf das Gespräch eingeht, die Bitte des Kranken und das Leid der ihn liebenden Frau ernst nimmt.

Das Fieber wütet, die Frau weint bitterlich – und Freund Hain lächelt! Liebevoll tritt er an das Bett, beruhigt die weinende Frau und verspricht, dass er sanfte Ruhe bringt, wenn er jetzt den Kranken in den Arm nehmen will. Es scheint für den Kranken ganz selbstverständlich zu sein, dass er ihm mit herzlicher Freude begegnet. »Sei mir willkommen, sei gesegnet, Lieber, weil du so lächelst...!« Es ist, als ob etwas von der Freude und Feierlichkeit des Todesaugenblicks schon durchschimmere durch das Krankheitsgeschehen. Der Kranke weiß zudem offensichtlich, dass er seine Bitte einfach unbekümmert aussprechen kann und verstanden wird, ohne sie begründen zu müssen.

Warum geht Freund Hain so ohne jedes Zögern auf die Bitte des Kranken ein? Es ist nicht die Angst, die ihn vertreiben will, die sich von ihm abwendet. Da will sich keiner verstecken, um nicht gefunden zu werden. Da spricht ein freier Mensch einem Freund gegenüber eine Bitte aus und hofft, dass sie gehört wird.

Der Kranke, Matthias Claudius, (›Asmus‹ nennt er sich im Gedicht) hat ein entscheidendes Wort mit seiner Bitte verbunden: »Darfst du vorübergehen, so geh und lass mich noch!« Er anerkennt, dass der Tod einem klaren, strengen Maßstab folgt, dem er mit all seinem Tun dient. Er kommt nicht aus Willkür und in eigenem Entschluss, er hat eine große, verantwortungsvolle Aufgabe zu erfüllen, der er mit aller Treue dient. Nur wenn vor diesem Maßstab erlaubt ist, vorüberzugehen, will Asmus / Claudius es erwarten.

So kommt schnell und unkompliziert die Verständigung zustande: »Darf vorübergehen, auf dein Gebet und Wort! Leb also wohl, und bis auf Wiedersehen!«

Es ist ein eigentümlicher Gedanke, dass der Tod, der einem Menschen so nahe schon war, ihm wünscht: »Leb also wohl, und bis auf Wiedersehen!« Das Gebet des Kranken hat den Ausschlag gegeben. Durch diese Kraft ist Freiheit entstanden, eine Freiheit, in die auch der Tod einbezogen ist. Er muss nicht unerbittlich darauf bestehen, jetzt zu handeln. Er darf die Bitte des Menschen berücksichtigen, weil ein unmittelbarer Kontakt zum Herrn des Schicksals vorhanden ist, der neue Entwicklungen möglich macht.

Die so genannten Nah-Tod-Erlebnisse, die in vielem dem Erleben des Matthias Claudius ähneln können, sind eines der Segensgeschenke der göttlichen Welt in unserer Zeit. Erlebt man Menschen, die dieses Geschenk in der Stille ihrer Seele tragen, dann fühlt man wohl etwas von der liebevollen Größe, die der Tod, wenn man ihm frei begegnen kann, entfaltet. Er ist ein Freund, der den höchsten Sinn und Wert des Lebens zur Entfaltung bringen soll, ohne den alles in unverbindlicher Belanglosigkeit verrinnen würde. Wer ihn und seine Aufgabe versteht, der kann mit ihm ins Gespräch kommen durch die Kraft des Gebetes. Eine besondere Art des Christus-Erlebens ist es, ihn durch den ›Freund Hain‹ hindurch zu ahnen.

Man könnte einwenden: Diese sanfte, freundliche Seite des Todes hat zur Voraussetzung, dass ein Mensch wie Matthias Claudius auf christlichem Hintergrund steht, er ist geborgen im Kreis lieber Menschen, die um ihn sind. Die ganze Furchtbarkeit und Grausamkeit, die aus gewaltsamen Taten entsteht, ist darin nicht enthalten.

Aber ist es wirklich der Tod, der grausam ist?

Es ist die Gewalt, die sich die Furcht der Menschen vor dem Tod zu Nutze macht, die zu den grausamen Bildern führt! Weil sie den Tod nicht als Freund erkennen, kann er als Maske des Bösen missbraucht werden. Weil alle ihn fürchten, kann das Böse ihn in seine Gewalt bringen.

Unter den unmenschlichen, in jedem Augenblick bedrohten Bedingungen im Konzentrationslager ist die Oper »Der Kaiser von Atlantis« von Viktor Ullmann entstanden. Unabhängig von jeder christlichen Terminologie, direkt aus der bis zu Ende gedachten Erfahrung im Konzentrationslager wird erlebbar: Der Tod ist der eigentliche Freund der Menschen. Der Kaiser, allein eingeschlossen in seinem Palast, um ohne Bezug zur Realität besser »regieren« zu können, hat die Furcht vor dem Tod als das entscheidende Druckmittel überall eingesetzt, um sich die Menschen gefügig zu machen. Auf der Furcht vor dem Tod, weil die Menschen ihn nicht mehr kennen, kann der Kaiser seine Macht aufbauen. Unschwer ist Hitler in dem »Kaiser Overall« wiederzuerkennen. Alle Gewalt der Diktatoren wird dadurch sichtbar – und zugleich ihre Grenze: Nur solange die Menschen das Wesen des Todes nicht erkennen, kann er als drohender Feind gegen sie eingesetzt werden.

Da tritt ein unerwartetes Ereignis ein: Der Tod selbst dankt ab, er verweigert dem Kaiser den Dienst und hinterlässt bei seinem Verschwinden eine völlig ratlose Menschheit. Während der Kaiser zuerst versucht, die Abwesenheit des Todes als seinen großen Erfolg vor den Menschen zu feiern, wird schnell deutlich: Furchtbarer als alle bisherige Tyrannei ist die Tatsache, dass kein Mensch mehr sterben kann. Alle flehen um die Rückkehr des Todes.

Ein Mann und ein Mädchen, die zwei feindlichen Lagern angehören, begegnen einander mit der Waffe in der Hand. Die Nachricht vom Nichtsterben-Können der Menschen hat ihren Kampfwillen verwandelt, und statt einander zu töten, finden sie sich in Liebe. Am gegenseitigen Mit-Leiden ist sie erwacht.

Alle Menschen flehen um die Rückkehr des Todes. Da kommt er tatsächlich zurück und führt alle zu der Erkenntnis, dass man ihn zu Unrecht gefürchtet hat, dass er der große Freund der Menschen ist. Weil sie ihn nicht als ihren Freund erkannten sondern fürchteten, konnte der Kaiser sein Wirken missbrauchen und seine Tyrannei auf der Furcht der Menschen aufbauen.

In einer großen Arie offenbart der Tod sich selbst:

Ich bin der Tod, der Gärtner Tod
Und säe Schlaf
in schmerzgepflügte Spuren.
Ich bin der Tod, der Gärtner Tod,
Und jäte welkes Unkraut
müder Kreaturen.
Ich bin der Tod, der Gärtner Tod,
Und mähe reifes Korn
des Leidens auf den Fluren.

Bin der, der von der Pest befreit,
Und nicht die Pest.
Bin, der Erlösung bringt vom Leid,
Nicht, der euch leiden lässt.
Ich bin das wohlig warme Nest,
Wohin das angstgehetzte Leben flieht.
Ich bin das größte Freiheitsfest.
Ich bin das letzte Schlummerlied.
Still ist und friedevoll mein gastlich Haus!
Kommt, ruhet aus!

Nun zeigt sich der Tod dem Kaiser im Spiegel. Sich selbst lernt der Kaiser durch die Begegnung mit dem Tod neu erkennen. So lernt er die Bedingung zu verstehen, die der Tod für seine Rückkehr stellt: dass der Kaiser der Erste ist, der sich bereit erklärt, den ›neuen Tod‹ anzuerkennen und mit ihm zu gehen und zu sterben. Die Selbsterkenntnis erlöst den Tyrannen aus seiner Erstarrung und lässt auch für ihn in dem letzten Gesang eine Hoffnung auf eine neue Zukunft aufleuchten. In dem choralartigen Schlusssatz erklingt es von allen:

> Komm Tod, du unser werter Gast,
> In unsers Herzens Kammer.
> Nimm von uns Lebensleid und Last
> Führ´ uns zur Rast
> Nach Schmerz und Jammer!
>
> Lehr uns des Lebens Lust und Not
> In unseren Brüdern ehren.
> Lehr uns das heiligste Gebot:
> Du sollst den großen Namen Tod
> Nicht eitel beschwören!

Der ›Gärtner Tod‹ – er ist es, der neuem Leben die Entwicklung ermöglicht, indem er Saat der Zukunft in die vom Leid geöffneten Furchen sät. Ganz leise begegnet uns wieder ein Bild aus dem Evangelium: Der Auferstandene wird von Maria Magdalena für den Gärtner gehalten. Kein Zitat sondern eine unmittelbar neu entstandene ›frohe Botschaft‹: Das neue Leben, das nur durch Sterben entstehen kann, fängt an, sich zu entfalten. Diese Wirklichkeit kann jedem begegnen, der die Furcht zu überwinden sucht, um den Tod in seinem wahren Wesen erkennen zu lernen. Und ist es nicht, als ob er unter allem Schmerz verborgen das Lächeln wieder zurück brächte?

Wiesbaden, August 2004   Ursula Hausen

Einleitung

In der praktischen Arbeit in der Gemeinde Wiesbaden traten aktiv in Plegeberufen stehende Menschen mit der Frage an mich heran, wie die geisteswissenschaftlichen Erkenntnisse und die Sakramente der Christengemeinschaft in dieser Arbeit als Orientierungshilfe einbezogen werden können. Dabei standen die Inhalte verschiedener Kurse der Hospizbewegung schon im Hintergrund, sodass eine Konzentration besonders auf die Frage des Menschenbildes und der Sakramente möglich war. In Verbindung mit den anthroposophischen Einrichtungen am Ort wurde die Durchführung geplant. Für die Zukunft sind entsprechende Kurse auch überregional und gemeinsam mit den entsprechenden Ausbildungsstätten im Gespräch. Für die Buchveröffentlichung wurden die wichtigsten Vorträge des Seminars in schriftlicher Form überarbeitet und einzelne Beiträge zur Vertiefung hinzugefügt.

Die praktischen Fragen der Schmerzbehandlung, der Palliativmedizin, der Pflegemaßnahmen wurden zurückgestellt, da zu diesen Themen schon gesonderte Literatur verfügbar ist (siehe Literaturverzeichnis). Auch die künstlerische Arbeit, die als besondere Kraftquelle für die Helfer Anregungen zur eigenen Kreativität geben sollte, kann im Rahmen des Buches nicht vermittelt werden. Es kann an dieser Stelle nur darauf hingewiesen werden, dass für die in der intensivsten Weise beanspruchten Begleiter von Sterbenden eine künstlerische Arbeit dringend zu empfehlen ist, um den Anforderungen auch langfristig gewachsen zu sein. Die in allen sozialen Berufen sichtbar werdenden Symptome des *burn out* können durch die verschiedensten Wege der Kunst und der Kunsttherapie oft am Wirkungsvollsten bekämpft werden, und natürlich durch die größte Quelle innerer Kraft – das Teilnehmen an der Menschen-Weihehandlung.

Dieses Buch verfolgt einen dreifaches Ziel: Es möchte allen Interessierten die Möglichkeit der Auseinandersetzung mit dem Tod geben, nicht, indem alle Fragen erschöpfend beantwortet werden, sondern indem Anregungen zu eigenen Erfahrungen entstehen. Den Mittelpunkt bilden dabei die Rituale und Sakramente, wie sie in der Christengemeinschaft die Vorbereitung auf den Tod begleiten. Werden die darin enthaltenen Hilfen zum lebendigen Quell der Gegenwart des Christus, dann haben sie ihre Aufgabe erfüllt. Ein fragendes und erkennendes Arbeiten mit diesen Ritualen eröffnet einen eigenständigen Erfahrungsbereich, in dem die irdischen und geistigen Geschehnisse im Umkreis des Todes zu einer immer lebendigeren Einheit zusammenwachsen können.

Darüber hinaus soll es all denen, die als Angehörige oder beruflich in der Arbeit mit Schwerkranken und Sterbenden tätig sind, die notwendigen geistigen Entwicklungsschritte verständlich machen, die in den aufeinanderfolgenden Phasen der Vorbereitung auf den Tod sichtbar werden. Wer auf dem Hintergrund der Menschenerkenntnis Rudolf Steiners die geistigen Zusammenhänge kennt, kann manche unverständlichen Andeutungen, Fragen oder Ängste der Patienten anders verstehen. Er lernt auch zu unterscheiden, an welchen Stellen er selbst als Helfer gefragt ist, und wo die rechtzeitige Kontaktaufnahme mit einem Priester Entwicklungsmöglichkeiten eröffnet, die oft in ihrer befreienden Kraft kaum bekannt sind. Durch die klare Kenntnis der Schritte ist ein unbefangeneres Sprechen über die Nähe des Todes oft leichter. Und die Sicherheit, wirksame Hilfe rufen zu können, befreit von dem Druck, ganz allein die Verantwortung tragen und dem Leiden hilflos zusehen zu müssen. Denn gerade da, wo die äußere Hilfe durch Arzt oder Pfleger an ihre Grenzen stößt, braucht die Seele das Erleben, nicht allein gelassen zu werden. Es wäre schade, wenn einem Sterbenden eine Erleichterung nicht zugänglich wäre, weil keiner wagt, ihn rechtzeitig zu fragen, ob er das Gespräch mit einem Priester als Hilfe empfinden würde.

Das entscheidende Ziel des Buches aber ist, denen, die den Weg über die Schwelle zur geistigen Welt selbst unmittelbar vor Augen haben und vielleicht auch nach der ersten ärztlichen Diagnose mit schweren inneren Belastungen fertig werden müssen, eine lebendige Begleitung zu sein, sei es im Gedankengespräch zwischen Autor und Leser, oder auf dem Weg über einen begleitenden Menschen, der die Anregungen dieses Buches aufgreifen will.

Mein herzlicher Dank gilt all denen, die an der Entstehung des Buches mitgewirkt haben, von den Vorbereitern und Teilnehmern des Seminars in der Gemeinde Wiesbaden bis zum Verlag Urachhaus, der das Erscheinen des Buches ermöglichte und mitgestaltete. Vor allem aber möchte ich den Menschen danken, die mir die Möglichkeit gaben, an ihren Erlebnissen auf dem Weg zur Schwelle Anteil zu nehmen.

Stellvertretend für viele sei hier Dr. Rudolf Völkel genannt, einer der ersten, die ich begleiten durfte und dem ich eine Fülle an lebendigen Erfahrungen verdanke.

Das Menschenbild der Anthroposophie und die Sakramente der Christengemeinschaft

Ursula Hausen

Höchstes Gebot

Hab Achtung vor dem Menschenbild!
Und denke, dass, wie auch verborgen,
Darin für irgendeinen Morgen
Der Keim zum Allerhöchsten schwillt.

Hab Achtung vor dem Menschenbild!
Und denke, dass, wie tief er stecke,
Ein Keim des Lebens, der es wecke,
Vielleicht aus deiner Seele quillt.

Hab Achtung vor dem Menschenbild!
Die Ewigkeit hat eine Stunde,
Wo jegliches Dir eine Wunde,
Und wenn nicht die, ein Sehnen stillt.

Friedrich Hebbel

Was noch vor wenigen Jahrzehnten zu den großen Tabu-Themen gehörte, die Auseinandersetzung mit Tod und Sterben, hat sich inzwischen zu einer der entscheidendsten Anregungen für eine geistige
Neuorientierung entwickelt. Es besteht kein Zweifel daran, dass
durch die Frage nach Tod und Sterben jeder Mensch, der sich ernsthaft mit ihr befasst, zu einem eigenen inneren Entwicklungsschritt
aufgerufen ist, der sein ganzes Wesen verändert, ihn vielleicht durch
die notwendigen Krisen seines Lebens führt – der aber zugleich die
größte Bereicherung im Blick auf Lebenssicherheit, Vertrauen und
Zukunftsmut geben kann. Denn der Tod ist der größte Lehrmeister,

wenn es darum geht, das Leben fruchtbar und sinnvoll zu gestalten. Er wird zum Brennpunkt des gesamten Weges in die Zukunft der Menschheit.

Nach den ersten Pionier-Taten in der Hilfe für Sterbende und Angehörige durch Elisabeth Kübler-Ross entstand schnell eine ganze Reihe von hilfreichen Initiativen, die Augen der Öffentlichkeit richteten sich auf die plötzlich immer häufiger auftretenden Nahtod-Erfahrungen, und heftige Diskussionen darüber, ob dies wirklich mit den Erfahrungen im ›realen Sterben‹ zu vergleichen sei, erhitzten die Gemüter von Ärzten, Theologen, Philosophen usw.

Die Gründung der Hospiz-Bewegung brachte eine weltweite Bewegung zur Hilfe für Sterbende, die allen Betroffenen das Angebot machen will, ein Zugehen auf den Tod in Würde und Ruhe zu ermöglichen. Jedem Menschen soll dabei Achtung der individuellen religiösen oder weltanschaulichen Haltung entgegengebracht werden. Wie segensreich diese Bewegung wirkt, ist in vielen Erfahrungen schon festgehalten.

Die Christengemeinschaft sieht es als ihre Aufgabe, das Erleben der äußeren Kulturfortschritte mit einer entsprechenden Erneuerung des religiösen Lebens zu verbinden. Dadurch kann vor dem Hintergrund der Anthroposophie ein fundiertes und verantwortliches Handeln gerade in den Grenzbereichen des menschlichen Lebens möglich werden. An der Schwelle des Todes ebenso wie an der Schwelle der Geburt können wir das seelisch-geistige Wesen des Menschen kennen lernen und aus dem Wissen um die helfenden Kräfte der göttlichen Welt den Mut finden, mit den Sterbenden und den Verstorbenen gemeinsam das Tor zur Welt jenseits des Todes zu suchen. Dadurch kann eine kraftvolle Brücke gegenseitiger Hilfe zwischen beiden Welten entstehen.

Noch zu Beginn des vergangenen Jahrhunderts gab es für den Menschen gegenüber den Grenzen von Geburt und Tod keine Handlungsmöglichkeiten, hier wirkte ›Gottes Wille‹. Heute sind Eingriffe in diesen Bereich durch Empfängnisverhütung, Schwangerschaftsabbruch, pränatale Diagnostik, extrakorporale Befruchtung bis hin zu genetischen Veränderungen Alltag. Entsprechend sind durch medikamentöse Behandlungen, Organtransplantationen und das Leben verlängernde oder verkürzende Maßnahmen die Grenzen verwischt, an denen ein ›gottgewolltes Schicksal‹ wirkt.

An der Schwelle des Todes kann das Göttliche im Menschen auf neue Weise aufleuchten und wir können lernen, seinen Weg in die andere Welt zu verstehen. Durch Jesus Christus entsteht eine radikale Verwandlung des Todes. Indem der Sohn Gottes den Tod als Mensch auf sich nimmt, kann er an der Schwelle des Todes jedem Menschen begegnen und ihm den Weg zu Gott wieder öffnen.

Die entscheidende Frage: Was ist der Mensch?

Das anthroposophische Menschenbild, durch das die Sakramente der Christengemeinschaft verständlich werden, ermöglicht uns in den gegenwärtigen Lebensfragen, zu denen in besonderer Weise die Frage nach dem Sterben gehört, ein neues Verständnis zu entwickeln: Für die Erlebnisse des Sterbenden, für Nahtoderlebnisse und für die geistige Existenz der Seele nach dem Tod sowie vor der Geburt. Die ganze Entwicklung durch die Menschheitsgeschichte bis zu dem Augenblick, in dem durch den Menschen Jesus der Sohn Gottes, Christus, auf der Erde wirken konnte, erscheint durch die Geisteswissenschaft in einem dem heutigen Denken verständlichen Licht. So kann sichtbar werden, dass der Mensch ursprünglich als Ebenbild und Gleichnis Gottes geschaffen war, dass diese Gleichheit durch die Trennung von Gott seit dem ›Sündenfall‹ verloren ging, durch Christus aber wiedergefunden werden kann. Und für einen sterbenden Menschen ist dies oft die entscheidende Frage: Kann ich im Tod durch Christus mein wahres Wesen wiederfinden?

Für die Zukunft der Menschheit wird sichtbar, dass die Auferstehung des Christus das Leben des Menschen auf der Erde und vor allem seinen Weg durch den Tod grundlegend verwandelt hat. Seit durch das Pfingstereignis für jeden Menschen die Möglichkeit gegeben ist, die Kraft des Christus im eigenen Inneren als göttliche, schöpferische Kraft, die auch seine menschlichen Schwächen erkennt und verwandelt, wahrzunehmen, lautet die Frage, die uns für die Zukunft gestellt wird: Wie lernen wir aktiv daran mitzuwirken, dass die von Christus ausgehenden Kräfte in unser Schicksal eingreifen und dass wir Wege finden können, uns in jedem Ereignis unseres Lebens mit seinem Wirken zu verbinden, und dadurch zu erleben, dass er all unsere Schwächen im Inneren heilt?

Ein Mensch, der sich an den Arzt wendet, um seine körperlichen Beschwerden lindern oder heilen zu lassen, weiß, dass dieser Arzt die Gesetze der Naturwissenschaft kennen muss. Und er weiß, dass auch sein Körper diesen Gesetzen unterliegt. Wer einen Priester nach den Sakramenten der Christengemeinschaft fragt, kann dies in dem Bewusstsein tun, dass das Sakrament eine wirkliche heilende Arznei für das geistig-seelische Wesen des Menschen ist und in der Weise, in der das Geistig-Seelische in die körperlichen Prozesse eingreift, auch körperliche Krankheiten verwandeln kann. In der Zusammenarbeit zwischen Arzt und Priester auf anthroposophischer Grundlage ist es deshalb möglich, eine das ganze Wesen des Menschen umfassende Form der Begleitung und der Therapie zu entwickeln. In diesem Sinne stammen auch die Rituale, die das Sterben begleiten, aus einer Weisheit, die nicht nur den Körper, sondern auch Seele und Geist des Menschen umfasst, und sind dafür geschaffen, diese Schritte in der entsprechenden Weise zu gestalten.

Aus dem Verständnis dessen, wie sich die Wesensglieder des Menschen im Tode voneinander lösen und das geistig-seelische Wesen seinen Weg in der geistigen Welt beginnt, lassen sich exakt die Entwicklungsschritte ableiten, die ein Sterbender erlebt. Die Nahtoderlebnisse, die von Menschen geschildert werden, die für kurze Zeit klinisch für tot erklärt wurden, dann aber ihr Bewusstsein wieder erlangten, stimmen im Wesentlichen mit diesen Erkenntnissen überein. Sie werden auf andere Weise in den Ritualen der Christengemeinschaft, die das Sterben begleiten, sichtbar. Ein Arzt kennt die typischen Krankheitsverläufe und weiß, in welchem Augenblick welche Behandlung oder welches Medikament notwendig ist. In der entsprechenden Weise können wir lernen, auch in den religiösen Zusammenhängen die Entwicklungsgesetzmäßigkeiten zu sehen. Dann kann durch die Sakramente in der richtigen Weise eine heilende und verwandelnde Kraft wirken.

Die Sakramente führen unser Bewusstsein auf eine Höhe, von der aus gesehen man neue Horizonte erschließen kann. Sie geben uns die Möglichkeit, einen Blick auf die andere Seite zu tun und die dort auf uns zu kommenden Ereignisse einzubeziehen in die Erfahrungen des Weges auf der Erde.

In diesem Sinne ist die Menschen-Weihehandlung als ›heilende Arznei‹ die Möglichkeit, das eigene Wesen mit der Kraft des Christus, der unser Schicksal führt, immer wieder neu zu verbinden und so aus seiner Kraft neue Schritte im eigenen Leben zu bewirken. Die Menschen-Weihehandlung vermittelt seine Kraft für die ganze *Gemeinschaft* in der für jeden Menschen gültigen Weise.

Wo es um die Frage nach der individuellen Gestaltung des einzelnen Schicksals geht, ist die Frage nach dem Schicksalssakrament der erneuerten *Beichte* an der richtigen Stelle. Dieses Sakrament bezieht sich nicht nur auf die vergangenen Sünden und Schwächen, sondern es schafft vor allem die Möglichkeit, in jeder Lebenssituation, in der wir der Hilfe des Christus bedürfen, uns an ihn zu wenden und ihn um neue Kraft und neue Impulse für die Zukunft zu bitten, sodass aus dieser Kraft alles Vergangene verwandelt und geheilt werden kann. Was im Laufe des Lebens geübt wurde, kann so zu einer Kulmination am Ende des Lebens kommen, wenn in der letzten Beichte und der Krankenkommunion diese beiden Sakramente noch einmal aufgenommen werden.

Die *Heilige Ölung* wird im Allgemeinen als einmaliger Akt verstanden. Sie begleitet den Schritt über die Todesschwelle und verbindet das Leben des einzelnen Menschen mit dem Wirken des Christus, mit seinem Tod und mit seiner Auferstehung auf Golgatha. Während im Todesaugenblick die unmittelbare Begegnung des Menschen mit dem Wesen des Christus geschieht, verwandeln sich in den folgenden Tagen sämtliche Lebensgesetze im Zurückschauen über die vergangene Biografie. Mit der *Aussegnung* wird Abschied genommen von dem ganzen Lebensumkreis, in dem ein Mensch nun bis zur Aufbahrung geblieben ist. Die *Bestattung* begleitet den Augenblick, in dem der Leib endgültig an die Elemente der physischen Welt (die Erde oder das Feuer) zurückgegeben wird. Und durch die *Weihehandlung für den Verstorbenen* wird nach der Bestattung an dem folgenden Samstag der Seele ein Weg für ihren nachtodlichen

Weg durch die Verarbeitung des Schicksals durch alle Sphären der göttlichen Welt in der Gemeinsamkeit mit Christus gewiesen.

Während für ein materialistisches Bewusstsein der Tod der endgültige Abschied von einem anderen Menschen ist, kann auf diese Weise sichtbar werden: Wer die entsprechenden Schritte miterlebt und einen sterbenden Menschen in seinem jetzt beginnenden Entwicklungsweg begleitet, wird gerade durch das gemeinsame Erleben der Sakramente und Rituale zu dem unmittelbaren Erlebnis geführt, dass das, was in der geistigen Welt vorgeht, in das Erdenleben hinein wirkt. Und was im Erdenleben gedacht und erlebt wird, kann weiterwirken und den Verstorbenen, etwa in der Form von Gebet und Fürbitte, weiterhin erreichen.

So entsteht eine Brücke zwischen den beiden Welten. Wir arbeiten mit Christus gemeinsam daran, Himmel und Erde wieder zu verbinden, und dadurch all die Entwicklungen möglich zu machen, die am Ende der Bibel in den Worten der Apokalypse vorgezeichnet sind. So entsteht ein gemeinsames Ziel für die Menschheit und Christus. Dieses Ziel ist, mit ihm an dem Himmlischen Jerusalem zu bauen, damit es als verwandelte Erde am Ende der Erdenzeit in Erscheinung treten kann als der Ort, an dem Gott bei den Menschen wohnt, und durch den die Einheit der Welt durch die Tat des Christus wiederhergestellt ist.

Was ist also der Mensch? Am Anfang der Schöpfung des Menschen stand der schaffende göttliche Urgedanke (in der Menschen-Weihehandlung wird er genannt »der Menschheit Wesen in dem Übersinnlichen«), das Ebenbild und Gleichnis Gottes. Durch den Sündenfall ging dem Menschen sein Urbild verloren, er war nicht mehr Ebenbild Gottes, seit er sich von der Einheit mit dem Willen Gottes getrennt hatte. Daraus entwickelten sich im Laufe der Menschheitsgeschichte die Tatsachen, die wir heute als das ›niedrige‹ und das ›höhere Ich‹ des einzelnen Menschen bezeichnen, während das wahre Ich der ganzen Menschheit als rein übersinnliches Wesen in der göttlichen Welt mit Christus vereint lebt. Während des Erdenlebens haben wir die Aufgabe, unser niedriges Ich so zu läutern und zu verwandeln, dass es sich mit dem höheren Ich wieder vereinigen kann und so durch alle Inkarnationen hindurch aus Freiheit die Vereinigung mit dem Christus und durch ihn mit dem Vatergott als dem allumfassenden Wesen wieder vollziehen kann.

Christus kam zur Erde, um das wahre Urbild des Menschseins durch seinen Tod und seine Auferstehung zu retten. Seit er durch den Tod ging, kann er jedem Menschen schon im Erdenleben und mit Sicherheit an der Schwelle des Todes begegnen und ihm sein wahres Wesen wieder entgegenbringen. Durch ihn finden wir die Kraft, alles im Erdenschicksal unserem wahren Wesen nicht entsprechende Handeln auszugleichen und die entsprechende Verarbeitung des Schicksals nach dem Tod und in der Vorbereitung eines zukünftigen Erdenlebens aktiv und zuversichtlich anzugehen. So können wir durch jede Inkarnation mehr unser wahres Wesen ergreifen und gemäß unserer Entwicklung mitwirken an der Verwandlung der Erde.

Christian Morgenstern, der als Dichter in den einfachsten Worten die größten Inhalte der geistigen Welt künstlerisch erfasste und gestaltete, hat sein Erlebnis, in Jesus das wahre Wesen des Menschen zu erkennen und sich in seinem Willen mit ihm zu vereinigen, in einem Gedicht festgehalten:

Ich habe den MENSCHEN gesehn in seiner tiefsten Gestalt,
ich kenne die Welt bis auf den Grundgehalt.
Ich weiß, dass Liebe, Liebe ihr tiefster Sinn,
und dass ich da, um immer mehr zu lieben, bin.
Ich breite die Arme aus, wie ER getan,
ich möchte die ganze Welt, wie ER, umfahn.

In den Sakramenten finden wir für jeden entscheidenden Entwicklungsschritt unseres Lebens die Kraft, durch die Christus uns unser wahres Wesen entgegenbringt, sodass wir durch die Stufen unserer Biografie unser Erden-Ich wieder mit dem Urbild unseres Wesens vereinigen können. So lebt in den Sakramenten das Urbild der Menschheit als eine Art ›Ur-Biografie‹, die alle notwendigen Kräfte der Entwicklung als Keime in sich trägt. Das wahre Ich des Menschen wird in der Taufe auf Erden empfangen und von dem Christus in allen weiteren Sakramenten durch seine Lebenswege geführt, bis es im Todesaugenblick an der Schwelle zu ihm zurückkehrt.

Leben lernen angesichts des Todes

Ursula Hausen

Die Frage der Begleitung eines Sterbenden ist in ein anderes Licht gestellt, wenn wir davon ausgehen, dass es ein ›Leben nach dem Tod‹ gibt, als bei der Annahme, dass mit dem Tod ein absolutes Ende des Menschseins erreicht ist. Das Thema ›Mit dem Tod leben lernen‹ fordert uns also in besonderer Weise heraus, die intimsten, oft auch bewusst im Verborgenen gehaltenen Fragen nach den Grenzen des Menschseins wach ins Auge zu fassen. Alle Fragen der religiösen oder weltanschaulichen Orientierung, die bei anderen Themen im Hintergrund bleiben können, werden angesprochen, und alle Überlegungen und Handlungen müssen anhand der eigenen Stellungnahme geprüft werden.

Durch die Konfrontation mit dem Tod wird unser Ich dazu aufgerufen, eine Entscheidung zu treffen und aktiv zu werden. Während wir uns anderen Fragen gegenüber von der Entscheidung fernhalten können, unsere innersten Überzeugungen auf ihre Stichhaltigkeit zu prüfen, ist dies dem Tod gegenüber, wenn er uns wirklich begegnet, nicht mehr möglich. Das ist es, was uns einerseits Furcht machen kann, andererseits aber auch eine Kraft in uns weckt, die uns von allen anderen Menschen oder Lebewesen unterscheidet. Deshalb geschehen die größten Taten des Mutes und der Selbstüberwindung gerade in der Konfrontation mit dem Tod. Durch die Art, wie das Ich eines Menschen dieser unausweichlichen Frage begegnet, erkennt es sich selbst als geistig lebendiges Individuum. Wo ein Mensch dieser Frage immer wieder ausweicht, bleibt ein entscheidender Entwicklungsmoment ungenutzt. Der Tod weckt unser Ich – wenn es bereit ist, sich wecken zu lassen.

Die vorliegende Arbeit entstand aus der Erfahrung mit den das Sterben begleitenden Ritualen der Christengemeinschaft. Sie hat also nicht die Absicht, die Frage nach der Unsterblichkeit der Seele auf eine theoretische Weise zu erörtern. Vielmehr liegt ihr die Überzeugung und die eigene Erfahrung zugrunde, dass es die Möglichkeit gibt, an der Todesschwelle zu einer Erweiterung des Bewusstseins zu kommen, die einen neuen Bereich der Erfahrung erschließt. So wie ein auf einer weiten Ebene stehender Mensch von den Bergen am Horizont nicht sagen kann, wie sie von der anderen Seite her aussehen, betrachten viele den Tod nur von einer Richtung, der irdischen aus. Auf diese Weise ist es nicht möglich, über das ›Jenseits‹ eine Aussage zu machen. Wer sich aber, zum Beispiel mit der Hilfe der Sakramente, auf den Weg macht, den Berg am Horizont zu ersteigen, der kann einen Blick auf die andere Seite tun und davon berichten. Deshalb ist der Tod ein Thema, zu dem wir uns hinbewegen müssen. Wer nicht bereit ist, seinen Standort im Irdischen zu verlassen, wird bei der Aussage, es sei unmöglich, Gewissheit darüber zu erlangen, stehen bleiben. Wer sich dagegen zu innerer Bewegung entschließt, macht vielleicht ungeahnte Erfahrungen, geht durch Krisen, findet neue Antworten und so auch wieder neue Fragen.

In diesem Buch werden Erfahrungen geschildert, die man unweigerlich macht, sobald man sich auf die Begleitung eines Sterbenden sowie auf die Bemühung einlässt, die Verbindung zu ihm auch nach dem Tod nicht zu verlieren. Die Überzeugung eines Lebens nach dem Tod kann sich letztlich jeder nur selbst erarbeiten, wenn sie ihm nicht als reines Schicksalsgeschenk zukommt. Deswegen soll hier auch niemand, der dieser Ansicht skeptisch gegenübersteht, überzeugt werden. Es ist aber möglich, Anregungen zu geben, die jeder an den eigenen Erfahrungen überprüfen kann, sodass es dadurch vielleicht zu neuen Fragestellungen kommt, die den Weg zum ›Berg am Horizont‹ erleichtern.

Deshalb soll hier erzählt werden, wie der Weg, mit dem Tod leben zu lernen, aussehen kann, wenn man ihn vor dem Hintergrund des Menschenbildes der Anthroposophie Rudolf Steiners beschreitet. Und wie dadurch eigentlich von der anderen Seite des Lebens her ein Licht auf alles fällt, was wir hier erleben, wenn plötzlich sichtbar wird: Wir leben in einer Zeit, in der die größten Fragen, die uns beschäftigen, gar nicht mehr lösbar sind, ohne dass man in irgendeiner Weise an Grenzen und Schwellenerlebnisse stößt. In diesem ersten Teil des Buches werde ich etwas zu dem Menschenbild Rudolf Steiners sagen, damit man die Grundlagen, auf denen die weiteren Ausführungen stattfinden, zumindest in Grundzügen nachvollziehen kann.

Grenzen und Schwellen im Lebensalltag

Stellen Sie sich einmal die Frage: Wann habe ich zum letzten Mal ganz bewusst eine Grenze oder eine Schwelle so überschritten, dass mir dabei eine neue Dimension erlebbar wurde? Ich kann mich gut daran erinnern, wie ich als Kind eine Reise über den Rhein erlebt habe: Wir fuhren mit der Fähre über den Fluss und befanden uns plötzlich in einer anderen Welt – man sprach eine andere Sprache, es gab völlig andere Gewohnheiten und vieles andere, das unverständlich war, gleichzeitig aber auch völlig neu und anregend wirkte. Ich erlebte eine große Spannung und die Frage: Wo bin ich denn hier?

Was geschieht, wenn wir eine Schwelle für unser Bewusstsein überschreiten? Bei einer Urlaubsreise, die ich selbst geplant habe, weiß ich weitgehend, was mich erwartet: Ich kenne den Weg, unter Umständen auch den ganzen Umkreis, in den ich eintreten werde. Ich werde von vertrauten Menschen empfangen, die meine Sprache sprechen und mir vielleicht helfen, die fremde Sprache zu verstehen. Ganz anders ist es zum Beispiel, wenn man, wie es im Krieg ja oft geschehen ist, als Flüchtling vom eigenen Ort vertrieben wird und in einen Bereich kommt, in dem man sich fremd fühlt, nicht freundlich aufgenommen wird, und ständig in der Sorge lebt, ob das Fremde gleichzeitig etwas Feindliches ist.

Diese zwei völlig verschiedenen Erlebnisse an der gleichen Tatsache: über eine Grenze in ein anderes Land zu kommen, lassen sich sehr gut als Grundlage dessen verstehen, was für uns das Leben mit dem Tod bedeutet. Für die Menschen, die mit dieser Frage schon umgegangen sind, sei es durch eigene Erfahrungen, Geisteswissenschaft oder die verschiedenen Weltreligionen, ist es möglich zu erwarten, im Tod jenen zu begegnen, die schon früher verstorben sind. Da werde ich neue Erfahrungen in der Begegnung mit Tatsachen und Wesen machen, die mir zunehmend vertrauter werden und mir auf positive Weise entgegenkommen können. Andererseits sind heute viele Menschen von schwerer Angst gequält, wenn eine Konfrontation mit dem Tod ansteht. Die Tatsache allein, dass alles vollständig fremd und unbekannt ist, löst oft eine Angst aus, die sich bis zur Panik steigern kann. Wenn wir zum Beispiel an die großen und dramatischen Ereignisse unserer Zeit denken, etwa an die Ereignisse des 11. September 2001, kann man spüren, was für eine ungeheure Erschütterung diese plötzliche Konfrontation mit einem durch nichts begreifbaren, aber für alle sichtbaren Erlebnis des Todes rund um die Welt mit sich bringt.

Wir können uns bewusst werden, dass wir ständig mit Tatsachen umgeben sind, die uns immer wieder auf einen Bereich der unsichtbaren Welt hinweisen. Beispielsweise in der Wissenschaftsgeschichte etwa von der Mitte des 19. Jahrhunderts an zeigt sich, dass man fortwährend an die Grenzen der sichtbaren Welt gelangte.

Grenzen der sichtbaren Welt werden durch die Wissenschaft überschritten

Durch die Erfindung der Elektrizität wurden Kräfte entdeckt, die nicht mehr mit der klassischen Physik, die den sichtbaren, durch die Dinge erfahrbaren Bereich umfasste, verständlich waren. Von diesem Augenblick an, als durch Elektrizität, Magnetismus und später die Kernkraft, die Strahlungskraft unterhalb der Materie entdeckt wurde, bedurfte man völlig anderer wissenschaftlichen Methoden. Man hat sich aber noch kaum klargemacht, dass man sich seitdem in Bereichen bewegt, die unserer Sinneserfahrung der klassischen fünf Sinne nicht mehr zugänglich sind. Relativ schnell wurden Methoden entwickelt, die die neuen Energien messbar gemacht haben, sodass auf Skalen jetzt sichtbare Werte ablesbar sind, für die Augen scheinbar also wieder sichtbar gemacht. Man bewegt sich aber fortwährend im Bereich von Kräften, die sich eigentlich unserer menschlichen Sinneserfahrung entziehen.

Etwa zur gleichen Zeit hat sich auch die Tiefenpsychologie zunächst durch Sigmund Freud, dann durch seine Schüler entwickelt. So wurde erfahrbar, dass in jedem Menschen durch die Erinnerung ganz frühe, vorbewusste Erlebnisse weiterwirken. Durch Freuds Methode wurde eine Art Erweiterung des Bewusstseins möglich, die Schwellen des normalen Gedächtnisses zu überschreiten. Auf beiden Gebieten, in der Physik sowie in der Tiefenpsychologie, sind so neue Wissenschaften entstanden.

Entsprechend veränderte sich das Bewusstsein von der ganzen Welt: Es entstand eine Wende, ähnlich der kopernikanischen Wende, als plötzlich die ursprünglichen naiven, religiösen Bilder, bei den Sternen sei das Göttliche, aufgelöst wurden und alle religiösen Fragen ins Wanken kamen, da man den Kosmos in seiner physikalischen Gestalt erfasste. Ebenso zog sich in dem Augenblick, in dem die Wissenschaften bislang unzugänglich geglaubte Bereiche durchdrangen, der Raum, in dem man das Göttliche suchen konnte, immer stärker zurück.

Für viele Menschen war damit das religiöse Bewusstsein veraltet. Wo ein Widerspruch zwischen den Ergebnissen der Naturwissenschaft und den Bildern der Religion entstand, entschieden sie sich für das dem Denken erfassbare Wissen. Dadurch wurde der Raum, in dem Gott noch als ›Lückenbüßer‹ für Unerklärbares angenommen werden konnte, zunehmend enger. Die Kirche führte einen verzweifelten Kampf gegen die ›Ketzer‹, die ihre Dogmen infrage stellten. So versuchte man schließlich, eine Mauer zwischen ›Wissen‹ und ›Glauben‹ zu errichten, die die Religion vor der Naturwissenschaft schützen sollte.

Das Bewusstsein des Menschen verwandelt sich durch die Naturwissenschaft

Wir können die Frage aber auch von der anderen Seite her angehen: Das alte Bildbewusstsein der Menschen, in dem die Erschaffung der Welt in sieben Schöpfungs-›Tagen‹ noch als imaginative Wahrheit erlebt werden konnte, zieht sich in dem Maß zurück, in dem das Denken sich entwickelt. Die Exaktheit des Denkens wird aber gerade an der Sinneswahrnehmung ausgebildet und kann deshalb zuerst einmal vor allem die Sinneswelt erfassen. Wenn die Fähigkeit des exakten Denkens an der experimentellen Naturwissenschaft zu einer gewissen Vollendung gekommen ist, kann diese Denkfähigkeit auch auf übersinnliche Objekte angewandt werden, ohne sich in Spekulation zu verlieren. Jetzt ist der Augenblick gekommen, auch die geistige Welt in exaktem Denken zu erfassen. Das ist der Wendepunkt an der Wende von 19. zum 20. Jahrhundert, in dem Rudolf Steiner durch seine Erkenntnistheorie Immanuel Kant widerlegt, der durch seine Philosophie für das menschliche Bewusstsein unüberwindliche Grenzen postuliert. Rudolf Steiner führt in seiner *Philosophie der Freiheit* streng gedanklich den Nachweis, dass von solchen Grenzen des Erkennens nicht gesprochen werden kann, da das Denken des Menschen die Schwelle zum Geistigen überwinden kann, sobald es sich seiner Entwicklungsfähigkeit bewusst wird.

Rudolf Steiner stellt zum Beispiel die Frage: Wo begegnet uns über die sichtbare Welt hinaus etwas von schöpferischen Kräften, die sich im Sichtbaren offenbaren? Die klassischen Gesetze der Physik gelten im Wesentlichen da, wo Materie (zum Beispiel ein Stein, der sich in Bewegung setzt, sobald er angestoßen wird) den physikalischen Gesetzmäßigkeiten gehorcht. Ebenso verhält es sich mit der klassischen Logik. Schon in dem Augenblick aber, in dem wir zum Wachstum der Pflanzen übergehen, erleben wir: Wir kommen über die klassische Logik hinaus. Denn einer der Grundsätze der Logik heißt: Eine Sache ist mit sich selbst identisch. Wie sieht das aus, wenn ich eine Pflanze oder Blüte heute ansehe und morgen wieder? Wir sind plötzlich im Bereich der Entwicklung. Und wo sich Leben entwickelt, da entwickelt es sich über das Identischsein mit sich hinaus. Die Pflanze morgen wird eine andere sein als die heutige, und ist doch die gleiche.

Gehen wir noch einen Schritt weiter, kommen wir an den Punkt, an dem Wesen von innen her Bewusstsein entwickeln: die Stufe des Tieres. Das Tier hat über die Pflanze hinaus die Fähigkeit, sich von innen her zu bewegen, seine eigenen Intentionen zu entwickeln, auf die Umwelt zu reagieren, durch Sinneswahrnehmung etwas aufzunehmen und gegenüber dem, was es aufgenommen hat, eigene Intentionen zu entwickeln. Dieses abgeschlossene Seelenleben birgt ganz andere Möglichkeiten, die wieder in seinen Gesetzmäßigkeiten weit über das hinausgehen, was in einer Pflanze zu finden ist. Noch ein Schritt weiter: Der Mensch hat die Fähigkeit, nicht nur auf seine Umwelt zu reagieren, sondern er kann von sich aus ganz eigene bewusste Intentionen entwickeln. Er kann ein Bewusstsein seiner selbst entwickeln, kann Fragen über sich selbst stellen und besitzt die Möglichkeit, Zusammenhänge der Vergangenheit, der Gegenwart und teilweise sogar der Zukunft im Vorhinein zu verstehen. Dazu gehört auch die Fähigkeit, sich selbst Ziele zu setzen, die er in der Zukunft erreichen will. So kann er an sich selber arbeiten und bewusst seine Entwicklung in Gang bringen. Damit sind wir eigentlich schon bei den geistigen Kräften in der Welt, die schöpferisch wirken und die im Menschen die höchste Stufe darstellen.

Der Mensch hat aber alle anderen Bereiche auch in sich: Knochen und Zähne entsprechen dem Mineralreich und den Steinen, der ganze Stoffwechsel, alles was von dem Drüsensystem gesteuert wird, entspricht den Lebenskräften der Pflanze, das Nervensystem trägt alles, was Bewusstseinskräfte sind, Sinneswahrnehmungen und Ähnliches. Hinsichtlich des Geistigen des Menschen, das er als sein Ich bezeichnet, bleibt zunächst die Frage: Hat auch das ein Substrat bis in die Physiologie hinein? – Es lebt im Blut, als die Ichkraft eines Menschen.

Wir können jetzt jedenfalls von diesem Bild ausgehen, dass im Menschen diese verschiedenen Wesensglieder auch verschiedenen Gesetzmäßigkeiten gehorchen. Man würde das, was die Lebenskräfte sind, die wir mit den Pflanzen gemeinsam haben, in der Anthroposophie als das *Ätherische*, und das, was uns mit den Tieren als Sinneswahrnehmung, als Bewusstseinsregungen verbindet, als das *Astralische* bezeichnen. Im Ich des Menschen wirkt *Geistiges*, was nicht mit der Geburt erst entsteht, auch nicht mit der Empfängnis, sondern schon vor der Empfängnis in rein geistiger Existenz da ist, sich einen Leib bildet und diesen Leib mit all den Zusammenhängen, die jetzt auch sein Schicksal zur Entfaltung bringen, weiter gestaltet und schließlich im Tod die Erde wieder verlässt, den Leib wie ein Geschenk der Erde wieder zurückgibt und dann unabhängig vom Leib im rein geistigen Dasein weiterleben kann.

So weit ein kurzer Blick auf die Frage: Wie kann sich Geistiges, Seelisches und Lebendiges mit der Materie des physischen Leibes verbinden? Später kommen wir darauf, wie sich das Geistige des Menschen im Sterben wieder vom Leib löst, ausführlicher zurück.

Um die Frage nach dem Geistigen im Menschen wirklich ansehen zu können, müssen wir jetzt einerseits die Frage stellen: Wie bin ich geworden, durch die Entwicklung von der Embryonalzeit an, durch die frühkindlichen Erfahrungen, die unbewusst weiterwirken, über mein heutiges waches Bewusstsein? Das Prinzip von Ursache und Wirkung wirkt aber nicht nur von der Vergangenheit her kommend. Deshalb müssen wir andererseits auch den entgegengesetzten Strom der Zeit, der aus der Zukunft kommt, betrachten. Er ist ein wirklicher, aktiver Kraftstrom, der mit unserem Leben verbunden ist, den wir aber nur im Denken ergreifen können, indem wir uns ein Ziel setzen. Wenn ein Kind zum Beispiel zum ersten Mal einen wirklich großen Musiker oder Sportler erlebt und sich sagt: »Das will ich auch werden«, und von diesem Moment an entweder Fußball trainiert oder Geige spielen lernt, dann hat es ein Ziel, das in der Zukunft liegt und in die Gegenwart hineinwirkt. Es ist als reiner Gedanke fassbar und dieser Gedanke verändert das Leben, es greift unmittelbar in jeden Tag ein durch die Tatsache im Bewusstsein: Wenn ich dieses Ziel erreichen will, dann muss ich in der Gegenwart mein Leben verändern. Und das ist die Frage, die uns am stärksten aktiv mit dem Geistigen verbindet.

Durch die gängigen Wissenschaften sind wir daran gewöhnt, uns in dem Vergangenheitsstrom mit Ursache und Wirkung zu bewegen. Embryologie, Medizin, Biologie und andere Wissenschaften setzen immer das Prinzip von Ursache und Wirkung voraus. Auch in der Psychologie verhält es sich nicht anders. Um das Geistige im Menschen zu fassen, müssen wir aber gerade diesen Zukunftsstrom denken lernen und plötzlich erleben, dass so Freiheit entsteht. Dadurch ergibt sich eine Unabhängigkeit von den Bindungen der Vergangenheit – und zwar in dem Augenblick, in dem ich selbst aktiv ein Ziel ergreifen kann.

Zu den Grundfragen einer Erneuerung des religiösen Lebens gehört das Motiv: Wie lernen wir heute als aktive und mündige und in allen Wissenschaften und technischen Fragen unserer Zeit stehende Menschen das Geistige so anzuerkennen, dass wir die Verbindung dieser beiden Pole finden können? Geht es beispielsweise in der Medizin darum, den Hergang einer Krankheit zu verstehen, lässt sich vieles mit dem Prinzip von Ursache und Wirkung beantworten. Ich bedarf aber des aktiven Zukunftsstroms, um zu erkennen, dass die Krankheit auch einen Sinn ergibt, in dem, was sie für das Leben dieses Menschen bedeutet. Und wenn wir solche Fragen stellen, die sich mit Sinn, Zielrichtung oder Entwicklung beschäftigen, dann befreien wir uns dadurch aus dem einseitigen Festgelegtsein, dass wir uns unfrei fühlen, hilflos ausgeliefert an Tatsachen, die wir nicht ändern können. Wir lernen, in der Zukunft die Ziele unseres Wesens zu ahnen und von ihnen her die Kraft zu finden, die die Vergangenheit verändern kann.

Gemeinhin gilt die Ansicht: Was in der Vergangenheit war, kann ich nicht ändern. Man kann sich dieser Vergangenheit vollkommen hilflos ausgeliefert fühlen, wenn nicht gleichzeitig ein Weg entsteht, der dem eigenen Ich wieder Freiräume gibt, sein Leben selbstbestimmt in die Hand zu nehmen. Dazu gehört auch, das wieder verändern zu können, was zum Beispiel in der Erziehung der frühen Kindheit entstanden oder verloren gegangen und versäumt worden ist, bzw. an Fehlern gemacht wurde.

Wir kommen hier an solche Entwicklungsmöglichkeiten, die nur durch Selbsterziehung entstehen können. Wer sich sagt: Die Fehler, die meine Eltern in der frühen Kindheit gemacht haben, haben mich so tief geprägt, dass ich sie mein ganzes Leben lang als Probleme mit mir herumtragen muss, fühlt sich unfrei, ist nicht in Einklang mit seinem Leben. Es ist aber auch möglich, demgegenüber zu sagen: Diese Eltern mit all ihren Fehlern und Schwächen sind ein Teil des Lebens, das ich selbst so bejahen kann, wie es ist. Was es an Problemen mit sich bringt, ist eine Herausforderung an meine eigenen Entwicklungsmöglichkeiten, ich kann als erwachsener Mensch meine Selbsterziehung in die Hand nehmen und so weit wie möglich auf den gegebenen Grundlagen

Fortschritte erzielen. Da entstehen wunderbare Erlebnisse, die eigentlich dahin führen, das eigene Wesen in seiner schöpferischen, ichhaften, geistigen Qualität zu ergreifen.

Nahtoderlebnisse

Ein Beispiel dafür, wie ein Mensch sein geistiges Wesen an der Schwelle des Todes wirklich erlebt hat, ist das klassische Nahtoderlebnis des George Ritchie. Er war Medizinstudent in Amerika, der während seines Studiums mit einem ganz materialistischen Bewusstsein lebte. Nach einer schweren Infektionskrankheit wurde in dem Lazarett, in dem er war, der Tod diagnostiziert. Seine Schilderungen der wenigen Minuten, die vergingen, bis der Arzt plötzlich die Idee für einen Reanimationsversuch hatte (es war in dem Fall eine Adrenalinspritze mitten ins Herz, was medizinisch sehr ungewöhnlich ist), sind durch sein Buch *Rückkehr von Morgen* sehr bekannt geworden. Sie haben eine ganze Welle von Forschungen auf diesem Gebiet ausgelöst: Was geschieht bei klinisch toten Menschen, die sich nach Minuten oder Stunden, die sie sich ohne Bewusstsein im Koma oder sogar unterhalb dieser Schwelle befunden haben, wenn sie reanimiert oder spontan wieder lebendig werden und Erinnerungen mitbringen?

Wenn man heute an so einem Krankenhausbett in der Intensivstation steht und ein Mensch umgeben ist von medizinischen Apparaten, die das Leben noch erhalten, obwohl das Bewusstsein im Augenblick nicht ansprechbar ist, steht man tatsächlich vor der Frage: Was ist eigentlich dieser Mensch? Er kann nicht mehr aus eigenen Kräften atmen – aber vielleicht von dem, was jetzt geschieht, nach einem etwaigen Wachwerden berichten, was er erlebt hat.

Die tragende Kraft der Erinnerung an das Evangelium

Vor einigen Jahren unterbrach ein Professor in Tübingen in der letzten Stunde vor Weihnachten seine Geschichtsvorlesung und schilderte, wie er selbst ein solches Erlebnis, an der Schwelle des Todes zu stehen, gehabt habe. »Vor kurzem hat mir einer der Kommilitonen erzählt, dass er mit Weihnachten nichts mehr anfangen kann. Und weil heute die letzte Stunde vor Weihnachten ist, will ich Ihnen erzählen, was ich in diesem Augenblick erlebt habe.« Mitten in der Geschichtsvorlesung also eine ganz andere Sicht auf die Weltgeschichte und das Weihnachtsgeschehen. Er war mit einem schweren Infarkt ins Krankenhaus eingeliefert worden und von außen bestanden keinerlei Zeichen einer bewussten Reaktion auf das, was um ihm herum vorging. Er berichtete von dem Erlebnis, die Ärzte sagen zu hören: »Da ist nichts mehr zu machen.« Es gab zwar noch Routineuntersuchungen, dennoch war die Ohnmacht der Ärzte für ihn deutlich spürbar. Diese Haltung mit dem Wissen wahrzunehmen, sich nicht verständlich machen zu können, war natürlich erschütternd. »Ich kann mich nicht bemerkbar machen, weil der Körper mir nicht mehr gehorcht. Ich kann mich in keiner Weise so äußern, dass diese Menschen, die jetzt sagen, hier sei nichts mehr zu machen, mich nicht einfach fallen lassen.« Er schilderte diesen Angstmoment mit dem Empfinden: »Ich falle ins Bodenlose, es gibt nichts, was mich hält und nichts, was mich trägt. Die Menschen lassen mich völlig im Stich; wobei im Grunde ja aus ärztlicher Sicht verständlich ist, dass ein Arzt sagt, hier sei nichts mehr zu tun.«

Eine einzige Frage erfüllt sein Bewusstsein: »Gibt es irgendetwas, das mir in diesem Augenblick Halt geben kann?« Und plötzlich taucht eine Erinnerung in ihm auf, und von dieser Erinnerung geht ein Strom von Kraft aus. Eine Kraft, durch die er sich von Liebe und Freude getragen fühlt: die Erinnerung, wie er als kleines Kind im Kreis der Familie Weihnachten feiert. Der brennende Christbaum, der Vater, der das Weihnachtsevangelium liest für alle Kinder, und die Freude dieses Festes, in der jetzt plötzlich spürbar wird, dass eine andere Kraft wirkt, als nur die der äußerlichen Freude durch die Geschenke. Er klammert sich an diese Erinnerung und spürt, wie eine Kraft von ihr ausgeht, von jedem Wort des Evangeliums, von der Geburt dieses Kindes in Bethlehem. Eine Kraft, die ihm Hoffnung und Sicherheit gibt, und ihn spüren lässt, dass in diesen Worten des Evangeliums eine Wirklichkeit lebt, die in dem Augenblick trägt, in dem der Körper ihn nicht mehr trägt. Diese Worte sprechen von der Gegenwart dessen, der sein Wesen kennt und der in dem Augenblick da ist, um zu helfen, in dem die anderen Menschen, die da im Krankenhaus tätig sind, keine Möglichkeit mehr sehen, etwas zu tun.

Er muss wohl in diesem Moment angefangen haben, wieder zu atmen. Eine der Schwestern hörte diesen Atemzug oder ein Stöhnen und fragte, ob er bei Bewusstsein sei und verstehe, was sie sagt. Er versuchte sich bemerkbar zu machen und sagte nur: »Es geht mir gut. Ich zünde die Kerzen am Weihnachtsbaum an.« Er hörte dann noch die Reaktion der Schwester: »Er spinnt zwar, aber er ist wieder am Leben.«

Es wird sicher einige Zeit gedauert haben, bis er dieser Schwester vollständig sagen konnte, was da für ihn vorgegangen war. Aber es gibt sehr viel mehr Menschen in unserem Umkreis, die solche Erlebnisse gemacht haben, und es gibt sicher viele, die auch aus Sorge darüber, nicht verstanden zu werden, oder eben, dass man sagt: »Der spinnt«, nicht darüber zu sprechen wagen.

Naturwissenschaftliche und geisteswissenschaftliche Erkenntnisse

Es gehört zu den wesentlichen Signaturen unserer Zeit, dass wir gleichzeitig zwei Entwicklungsmöglichkeiten vor uns haben: Auf der einen Seite eine Medizin, eine Technik, eine Wirtschaft etc., die immer perfekter werden und an die äußersten Grenzen der sichtbaren Welt gelangen, die beispielsweise in der Strahlenmedizin schon weit überschritten ist. Auf dieser materiellen Seite des Lebens besteht also die Fähigkeit, die Zusammenhänge der Materie sowie ihre Übergänge zum Lebendigen, zum Rhythmischen usw. zu verstehen. Während sich diese Technik entwickelt, muss die Möglichkeit geschaffen werden, die Übergangszustände des Bewusstseins auch mit neuen wissenschaftlichen Methoden zu begreifen. Ein Weg dorthin ist die Geisteswissenschaft, die auf der Grundlage der Forschungen Rudolf Steiners beruht.

Seine Erkenntnistheorie basierte zunächst auf den Ergebnissen der Naturwissenschaft. Begegnet man seinem späteren Werk, in dem er unmittelbar die Tatsachen der geistigen Welt, religiöse Zusammenhänge oder die Weltentwicklung in ihren großen Dimensionen schildert, wird man sich fragen: Hat man hier eine Methode vor sich, die wissenschaftlich haltbar und stimmig ist und sich im Einklang mit naturwissenschaftlichen Ergebnissen befindet? Oder werden Vermutungen, Stimmungen und Meinungen sowie nebulöse religiöse Vorstellungen oder Illusionen präsentiert?

Erst wenn man seine Aussagen im Methodischen wirklich gedanklich nachvollziehen kann, wird man für sich selber das Gefühl entwickeln können, es mit einer überzeugenden Methode zu tun zu haben, die die Erweiterungen an den Grenzen des Bewusstseins mit den dafür geeigneten Mitteln erfassen kann. Auf die Notwendigkeit der persönlichen Prüfung hat Rudolf Steiner auch immer wieder hingewiesen, da er nichts weniger wollte als eine Anhängerschaft, die seine Inhalte ungeprüft und dogmatisch nachbetet.

Die Naturwissenschaft hat eine außerordentliche Perfektion der Wahrnehmung hervorgebracht: Ein Elektronenmikroskop, das millionenfach vergrößern kann, oder die Spektralanalyse, in der man die einzelnen Lichtstrahlen des Kosmos als Schlüssel verwendet, um die Zusammensetzung des Kosmos auch in seiner physischen Konstitution zu verstehen – all diese wissenschaftlichen Methoden haben das Ziel, die Wahrnehmungsseite der Welt exakter zu fassen. Es ist kein Wunder, dass unser Bewusstsein sich sehr stark an dieser wissenschaftlichen Exaktheit orientiert, wenn wir von einer immer intensiver werdenden Flut von Wahrnehmungen umgeben sind und alle Wissenschaft auf diesen Wahrnehmungen aufbaut.

Wissenschaftliche Erkenntnisse entstehen, indem wir Wahrnehmungen mit Gedanken durchdringen. Tun wir dies, können wir Verbindungen zwischen den Wahrnehmungen herstellen, Entwicklungen erschließen und zum Beispiel auch aus gegebenen sichtbaren Bereichen extrapolieren: Wie wird sich das Gegenwärtige in Zukunft weiterentwickeln? Was war vor dem beobachteten Zeitraum?

Hier kommen wir in den Bereich des Denkens, das die Zusammenhänge erschließt und das aus den Zusammenhängen auch über die sichtbaren Bereiche hinaus Aussagen machen kann. Wir haben jahrhundertelang daran gearbeitet, die Wahrnehmungen zu intensivieren. Millionenfach verstärkt finden wir sie in der Bilderflut der Medien. Was haben wir aber getan, um die Intensität unseres Denkens so weit Schritt halten zu lassen, dass sie dieser Flut der Wahrnehmung gewachsen ist? Das Gleichgewicht geht verloren, wenn die Wahrnehmungen so stark verändert werden und unser Denken bei den bekannten Methoden bleibt. Was wir also brauchen, ist eine Intensivierung des Denkens, eine ›Präzisionsmethode‹, um auch dort die kleinsten Übergänge erfassen zu können und das Gleichgewicht zwischen Denken und Wahrnehmen wiederherstellen zu können.

Dies ist die Intention der Erkenntnistheorie Rudolf Steiners, erreicht werden soll das Gleichgewicht durch strenge Gedankenarbeit in der Meditation. Nicht aber wie in vielen vorchristlichen Meditationsformen, in denen das Denken bewusst außer Kraft gesetzt wird, sondern mit ganz exakten Konzentrations- und Gedankenübungen. Das Ziel seiner Erkenntnistheorie ist in erster Linie, ausgehend von den Ideen Johann Gottlieb Fichtes, das eigene Denken beobachten zu lernen. Wir wenden unser Denken immer nur auf die Welt an, vergessen dabei aber, was im Denkakt selbst vor sich geht. Wenn es gelingt, das eigene Denken zu beobachten, ist ein sicherer Punkt gefunden, an dem der Zusammenhang zwischen Denken und Wahrnehmen geprüft werden kann. Dadurch können Bewusstseinserweiterungen möglich werden, die dazu führen, dass ein Mensch seine eigene Tätigkeit im Denken beobachten lernt. Es verlangt eine große Intensität, viel Geduld und strenge innere Arbeit, um diese Fähigkeiten im Denken weiterzuentwickeln.

Physiologisch ist die Nervensubstanz eine tote Substanz im Organismus. Während Verletzungen der Haut, des Gewebes oder der Muskeln sehr schnell heilen, da hier starke lebendige Kräfte wirken, sind Verletzungen der Nervensubstanz oft irreversibel, nicht regenerierbar. Man sieht das zum Beispiel an den Folgen einer Querschnittslähmung: Die Wunden der Muskeln heilen wieder, doch die Lähmung bleibt, da die Nerven nicht wiederhergestellt werden können. Unser Bewusstsein ist primär an das Nervensystem gebunden, wird von den Aktivitäten dieses Systems getragen. Das heißt aber auch: Es gehen mit den Gedankenprozessen immer Zerfallsprozesse, also Todesvorgänge im Nervensystem, zum Beispiel an den Synapsen, einher. Wo lebendige Substanz stirbt, entsteht Bewusstsein. Umgekehrt trüben starke Lebensprozesse das Denken, deshalb sind wir nach einer kräftigen Mahlzeit weniger geneigt, uns gedanklich anzustrengen. »Plenus venter non studet libenter« (*Ein voller Bauch studiert nicht gern*), heißt es in einem lateinischen Sprichwort sehr treffend. Auch bei kleinen Kindern, bei denen die Lebenskräfte noch sehr intensiv im Aufbau des ganzen Organismus engagiert sind, ist noch kein denkendes Bewusstsein vorhanden. Es entwickelt sich gerade dann, wenn die Lebens- und Aufbauprozesse sich zurückbilden.

Wer im Bezug auf die Weiterentwicklung seiner Denkfähigkeit durch die entsprechenden Konzentrationsübungen zu Ergebnissen kommt, wird das Erlebnis haben, dass es einen Moment gibt, in dem man sich in seinem Denken von den Wahrnehmungen, über die man nachgedacht hat, unabhängig machen kann. Ein Moment, in dem plötzlich das Geistige in sich erlebbar und anschaubar wird, ohne dass irgendeine Bewusstseinstrübung dabei entsteht.

Was für die meisten Menschen heute sicher noch unverständlich ist, schnell aber in seinen Zusammenhängen einleuchten kann, entspricht dem, was ein Mensch im Todesaugenblick erlebt: Dass er nicht mehr die Sinneswahrnehmungen hat, die ihm die von Lebenskräften durchströmten Sinnesorgane des Körpers vermitteln, sondern dass das, was geistig als innerste Tätigkeit wirkt, gerade in diesem Augenblick einen Höhepunkt erreicht. Dass zum Beispiel, wie im Fall des Tübinger Professors, aus der Erinnerung heraus etwas auftaucht, wodurch nicht mehr durch Sinneswahrnehmungen, sondern rein durch innere Aktivität ein Halt entsteht, an dem das Ich sich selber unabhängig vom Leib erleben kann. Denn das Ich ist rein geistige Aktivität. In ihm wirkt zugleich das schaffende Wesen des Christus.

Wenn wir so versuchen, das Geistige im Menschen zu fassen, dann sind das natürlich im Augenblick nur die allerersten Ansatzpunkte, aber vielleicht wird verständlich, dass es einen sinnvollen und geisteswissenschaftlich fassbaren Übergang zwischen unserer Sinnenwelt und der Tatsache gibt, dass in unser Denken fortwährend die geistige Welt hereinspielt. Unser Ich-Bewusstsein empfindet sich genau an dem Schnittpunkt von Vergangenheit in dem Gewordenen aus der Sinneswelt und den Zukunftszielen, die sich jetzt im Augenblick zusammenfinden und die mir jetzt an dieser Stelle die Möglichkeit geben, frei zu entscheiden, was ich in diesem Augenblick tun und welche Weichen ich für die Zukunft stellen will.

Dies sind nur einige kurze Streiflichter als methodische Grundlage, die aber unerlässlich für die weiteren Schritte sind. Vor diesem Hintergrund ist jetzt die Frage zu betrachten, wie wir einen Menschen begleiten können, der sein Leben hinter sich lässt und der nun in einer anderen, vom Leib befreiten Form weiterlebt.

Leben lernen angesichts des Todes

Wie kann die Konfrontation mit dem Tod dem Leben einen Sinn geben? In dem Moment, in dem der Tod nicht mehr als das absolute Ende angesehen wird, tauchen völlig neue Fragen auf. In welchen Bereich begebe ich mich, wenn ich über diese Schwelle hinausgehe und doch weiterleben werde? Wie lerne ich das vielleicht auch schon vorher zu verstehen und mich auf diese Reise vorzubereiten? Und wie begleite ich einen Menschen, der krank und hilflos im Bett liegt und sich nicht mehr selbst ausdrücken kann – der jetzt Hilfe braucht, um die Schritte in den neuen Bereich ohne Angst gehen zu können und in einem ruhigen Loslassen der bisherigen Erfahrungen und im Verarbeiten das Vergangene wirklich bewältigen zu können?

Es soll nun darum gehen, wie wir an der Grenze zwischen beiden Welten in rechter Weise den Übergang durch die Erkenntnisse der Geisteswissenschaft mitgestalten lernen können. Das heißt, durch aktive Übung eines gedankengetragenen religiösen Lebens, ohne Illusion und Sentimentalität. Denn die Geisteswissenschaft macht verständlich, dass viele religiöse Bräuche aus einem teilweise unbewussten Wissen um die geistigen Tatsachen entstanden sind. Viele von ihnen stammen zwar aus alter Zeit, besitzen aber heute noch Gültigkeit. Manches hat sich aber im Verlauf der Menschheitsentwicklung verändert und braucht deshalb in unserer Zeit eine neue Form, um zeitgemäß und sinnvoll wirken zu können.

Darin liegt der Sinn der erneuerten Sakramente der Christengemeinschaft, sie fügen zu den im äußeren Leben vollzogenen Entwicklungsschritten, die mit unserem naturwissenschaftlichen Denken verbunden sind, die entsprechenden inneren Entwicklungsschritte hinzu. Die genaue Kenntnis dieser Zusammenhänge schafft dann auch die Grundlage für ein liebevolles, verstehendes Zuwenden zu dem Menschen, der an dieser für ihn vielleicht noch unverständlichen oder unerbittlich harten Grenze steht.

Kann man Gottes Willen verstehen lernen?

Vor tausend Jahren spielt die folgende Legende, die auch für unsere Zeit eine außerordentlich wichtige Frage beinhaltet: Wie verändert sich der Sinn eines Lebens, wenn man nicht von einem absoluten Ende durch den Tod ausgeht? Zugleich bringt sie eine verblüffende Antwort auf die Frage, wie der Mensch lernen kann, den ›Willen Gottes‹ für sein Leben zu erkennen und danach zu handeln.

Es handelt sich um die Krönungslegende des Kaisers Heinrich II. von Bamberg, die gut 1000 Jahre zurückliegt. Er wurde im Jahr 1002 in Mainz zum Kaiser gekrönt. Es war in keiner Weise vorhersehbar, dass er die Thronfolge der großen Ottonen antreten würde, und sein eigener Wunsch war, entgegen dem des Vaters, der ihn gerne als Ritter erzogen hätte, Priester zu werden. Da er nicht wusste, ob er diesen Wunsch einfach gegen den Willen des Vaters durchsetzen sollte, ging er in eine Kapelle im Wald, um sich im Gebet mit seiner Frage zu beschäftigen: Darf ich meinen eigenen Willen durchsetzen oder muss ich dem Gebot meines Vaters gehorchen? Während er ganz intensiv mit dieser Frage betet, mit der Sehnsucht, den Willen Gottes für sein Leben verstehen zu können, versenkt er sich immer tiefer. Plötzlich hat er den Eindruck, eine Stimme rufe ihn von oben. Er schaut hinauf, wendet sich um, um den zu sehen, der ihn ruft, und entdeckt in dem Augenblick, dass an der Tür der Kapelle jemand, der offensichtlich in mörderischer Absicht gekommen war, gerade noch einen Dolch im Gewand versteckt und flieht. »In diesem Augenblick hätte ich tot sein können, wenn mich nicht die Stimme gerufen hätte!«, sagt er sich, und durch diesen Schockmoment, der ihn durch und durch erschüttert, lockert sich für einen Moment sein Bewusstsein so weit, dass er Dinge wahrnimmt, die sonst unsichtbar sind. Er meint, eine Schrift an der Wand zu erkennen, die mit Flammen geschrieben ist. Diese Flammenschrift ist nur im ersten Moment lesbar und verschwindet sofort wieder vor seinen Augen, noch bevor er sie vollständig lesen kann.

Zwei Worte konnte er erkennen: »Post sex ...« (*Nach sechs ...*). Und er fragt sich, ob diese Flammenschrift, die er nun nicht vollständig vor sich hat, ihm die Antwort auf sein Gebet offenbaren sollte. Bei dem weiteren Versuch zu verstehen, was gemeint sein könnte, scheint ihm plötzlich alles ganz klar: Die Stimme, die ihn rief, hatte ihm eben das Leben gerettet. Die Worte »nach sechs ...« lassen sich ergänzen zu der Aussage, dass nach sechs Tagen ein ähnliches Geschehen ihn vor den Thron Gottes zur Verantwortung für sein Leben rufen würde. Dann wäre die Frage seines Gebetes durch eine dritte Möglichkeit beantwortet: Nicht der Wunsch seines Vaters und auch nicht sein eigener Wille stellten den rechten Weg dar. Durch dieses Erlebnis in der einsamen Waldkapelle wäre ihm aber die Gelegenheit gegeben, sich noch rechtzeitig auf den Tod vorbereiten zu können.

So lebt er die folgenden Tage im Bewusstsein seines nahen Todes, und er beschließt, alles in seinem Inneren in Ordnung zu bringen, was ihn hindern könnte, in Frieden zu sterben. Er geht zur Beichte, verbringt viel Zeit mit Gebet und Übungen, fühlt sich frei von Furcht und ist dankbar für die ihm geschenkte Zeit der Besinnung und Vorbereitung.

Als der siebte Tag beginnt, ist er bereit, alles, was dieser Tag ihm bringt, als den Willen Gottes anzunehmen. Nur eine Frage beschäftigt ihn. Für sich selbst konnte er alle ungeordneten Fragen abschließen, doch war ihm kein Zeit verblieben, sich von allen ihm lieben Menschen zu verabschieden und alle noch nicht bereinigten Konflikte zu klären. Es bleiben noch so viele unerledigte Aufgaben, die er zurücklassen muss …

Der Tag vergeht, der Abend kommt, die Nacht fällt herein – aber nichts geschieht. Heinrich sieht sich vor einer rätselhaften Frage: Er hatte doch geglaubt, Gottes Willen in den Ereignissen sicher verstanden zu haben, nun zweifelt er an sich selbst und an seinem Wahrheitsgefühl.

Während er im Gebet um Verstehen ringt, kommt ihm der Gedanke, dass er darum gebeten hatte, alle unbewältigten Schicksalsfragen anderer Menschen gegenüber klären zu können. Der Himmel hatte ihm offensichtlich noch mehr Zeit zugestanden, um nicht unvorbereitet vor Gottes Thron erscheinen zu müssen. »Nach sechs …« war die Aussage der Flammenschrift, ›Tage‹ seine eigene Ergänzung. Es war wohl gemeint gewesen, dass er sechs Wochen Zeit haben sollte, sich auf den bevorstehenden Tod einzustellen.

Dankbar nimmt er nun die geschenkte Zeit an und ordnet alle seelischen Beziehungen seines Lebens. Und wieder lebt er voller Spannung auf den Tag zu, an dem die siebente Woche beginnt. Sinnend erlebt er beim Blick von der Burg über die weiten Felder, dass er die ausgebrachte Saat nicht mehr ernten kann. Er fühlt sich verantwortlich auch für die ihm anvertrauten Felder, deren Früchte verloren gehen müssen, wenn er sie nicht einbringt. Die Bitte um noch mehr Zeit, um alles, wofür er Verantwortung trägt, in der rechten Weise zum Abschluss zu bringen, bewegt ihn. Und wieder geschieht nichts an dem erwarteten Tag. So musste Gott wohl gemeint haben: »Nach sechs Monaten.« Noch einmal wiederholt sich sein Bemühen, er bezieht den ganzen Umkreis der Natur in seine Vorbereitung auf den Tod mit ein. Zugleich wächst der Wunsch, eine für die Nachwelt sichtbare Tat auf der Erde zu hinterlassen. Eine Kirche zu bauen, nähme aber mehrere Jahre Zeit in Anspruch.

Auch diese Jahre scheinen ihm geschenkt zu sein, denn wieder wartet er am entsprechenden Tag vergeblich auf ein entscheidendes Geschehen. So baut er, ohne sein Ziel, die Vorbereitung auf den

Tod, aus dem Auge zu verlieren, eine Kirche, deren Bau gerade nach sechs Jahren vollendet ist.

Als er am ersten Tag des siebenten Jahres erwacht, erfüllt ihn die Gewissheit: Heute ist es so weit! Da seine Burg immer wieder von feindlichen Kämpfern bedroht wird, ist anzunehmen, dass ihn ein Überfall sein Leben kosten wird. Aus Sorge, ein solcher Überfall könnte ein schlimmes Blutvergießen anrichten, versucht er zu verhindern, dass die Besatzung seiner Burg ihn verteidigt. Er lässt ein großes Fest vorbereiten und schärft all seinen Leuten ein: »Die Gäste, die heute kommen, sind Boten Gottes. Empfangt sie würdig und in allen Ehren!«

Vom Turm der Burg aus lässt er gegen Abend noch einmal den Blick über das weite Land schweifen. Wehmütig nimmt er Abschied von der ihm so lieb gewordenen Welt. Da sieht er in der Ferne eine Schar Reiter nahen. Ihre Rüstungen blitzen in der untergehenden Sonne. Nun ist er sicher, alles werde seinen Lauf nehmen. Noch einmal erinnert er die Besatzung der Burg daran, den Empfang der Gäste – was auch immer geschehe – würdig zu gestalten, dann geht er zum Burgtor, lässt die Zugbrücke herunter, legt vor den Augen der herannahenden Reiter seine Rüstung ab und geht ihnen unbewaffnet entgegen. Da springen die ersten Reiter von ihren Pferden, knien vor ihm nieder und huldigen ihm. Sie sind die Boten, die ihm mitteilen, dass er zum Kaiser gewählt worden ist.

Versuchen wir die Bilderschrift dieser Legende zu entziffern, zeigen sich folgende Motive: Die Entwicklung, die Heinrich anhand der vermeintlichen Todesankündigung durchmacht, ist ein regelrechter Einweihungsweg. Auch wenn sich in allen Schritten die Irrtümer seines Intellekts bemerkbar machen (um die erste Jahrtausendwende beginnt gerade das Bilderbewusstein immer mehr zu schwinden und Heinrich ist ein Repräsentant des erwachenden Denkens in seiner Zeit), ergibt sich ein absolut folgerichtiger Schulungsweg, der ihn zu seiner wahren Lebensaufgabe führt. Es kann eine tiefe Sicherheit vermitteln, in dieser Biografie zu sehen, dass das Ringen mit der Frage nach der eigenen Lebensaufgabe durch eine erstaunliche Kette von Irrtümern führt, dass aber gerade diese Irrtümer letztendlich zum Wesentlichsten seines Lebensweges führen, da er sich bemüht, immer dem jeweils zugänglichen Gedanken entsprechend zu leben. Nach den Worten Rudolf Steiners gehört er zu den Persönlichkeiten, die als Eingeweihte auf dem Kaiserthron die Weltgeschichte durch Geisterkenntnis zu gestalten hatten, und an die eine Erneuerung des religiösen Lebens in der Gegenwart anknüpfen kann.

Der erste Gedanke, sein Tod trete in sechs Tagen ein, gibt ihm die Aufgabe, sein Ich mit jedem Tag der Woche und ihren Qualitäten zu verbinden, um sich dann durch das Bewusstsein des nahenden Todes wieder von allem Irdischen zu lösen. Die Frage nach den zwischenmenschlichen Beziehungen stellt ihn vor die Aufgabe, sich aller Bindungen seiner Seele an andere Menschen bewusst zu werden und sie angesichts des Todes neu zu ordnen. In der Liebe zu der ihm anvertrauten Natur hat er seine Lebenskräfte zu ergreifen und zu ordnen. Der Bau der Kirche, durch den er der Nachwelt im Bewusstsein bleiben will, ist ein Beitrag zur Verwandlung der physischen Welt in Richtung auf das Erbauen des Neuen Jerusalem.

Das Bewusstsein, sein Leben im Tod vor dem Thron Gottes zu verantworten zu haben, ist die Vorbereitung auf eine verantwortungsvolle Aufgabe, die er nun in selbstloser Weise ergreifen kann, denn er hat durch die Auseinandersetzung mit dem Tod gelernt, alles irdische Erleben unter dem Licht der göttlichen Welt zu sehen.

Vom Umgang mit dem Tod in anderen Kulturen – Einige Beispiele

Johannes Lenz

Das Leben des Menschen entfaltet sich zwischen Geburt und Tod. Die Geburt setzt den Anfang, der Tod das Ende. So sicher der im Leib Lebende eine Geburt hinter sich hat, so sicher lebt er auf den Tod zu, im Leben hat er den Tod immer vor sich. Wir sind, wie Hölderlin es noch nennt, Sterbliche.

In den Seinsstufen der sichtbaren Welt ist der Tod in verschiedenen Äußerungsformen wirksam. Das Mineral ist tot, der Stein kann zertrümmert werden. Erst eine genauere Betrachtung zeigt, dass er auch hier das Ende einstigen Lebens ist: Das Jura-Gebirge zeigt im Muschelkalk Kalk gewordene Reste eines Meereslebens, die Kohle entstammt riesigen Wäldern, das Öl entstammt dem Leben.

In der Pflanzenwelt, der Biosphäre, gibt es Welken und Vergehen. Eine Pflanze, ein Strauch, ein Baum gehen jährlich durch einen herbstlichen Sterbeprozess, um in der Knospe das neue Leben des nächsten Zeitenkreises zu veranlagen.

Das Tier verendet. Wir sagen auch »es verwest«. Wohin geht sein Wesen?

Der Mensch allein stirbt. Schon das aktive Verbum zeigt, dass es mehr als vergehen, verenden ist. Sterben ist eine aktive Leistung, bis kurz vor dem Tod meist die Ruhe und Ergebenheit eintritt.

Nun ist das ganze Leben sowie seine Sinnerfüllung von der Sicht des Todes her bestimmt. Ist der Mensch, wie im Darwinismus, »höchst entwickeltes Tier«, kann es – wie in den Diktaturen – zum Verenden kommen. Nichts bleibt. »Du bist nichts, dein Volk ist alles.«

Martin Heidegger schildert in seinem Hauptwerk *Sein und Zeit* 1927 die Verdrängung des Todes. *Man* stirbt. Der Mensch ist sterblich. Aber ich? Die enge Pforte bereitet Angst, weil sie eng ist und viel zurückgelassen werden muss. Mut zur Angst – mehr ergibt das Denken damals noch nicht. Die heutige Thanatologie, die Kunde vom Tod, zeigt auf, dass nach der Akzeptanz des Sterbens die Angst weicht. In den Religionen und Kulturen der Welt steht der Tod im Mittelpunkt des Seinsverständnisses.

Einige Beispiele seien ausgewählt – gibt es doch keine tiefe Religion und keine Kultur der Welt, in der nicht das Sterben, der Tod und das Nachtodliche eine entscheidende Rolle auch für das Leben spielen. 1935 erschien das *Tibetanische Totenbuch* und Carl Gustav Jung schrieb einen psychologischen Kommentar dazu. Es schildert das Geschehen im Augenblick des Todes. Dann beschreibt es das Erleben der Seele bis zum siebten sowie vom achten bis zum vierzehnten Tag. Die nachtodliche Welt folgt. C.G. Jung sagt: »Abgesehen von den Seelenmessen der katholischen Kirche ist aber unsere Sorge für die Abgeschiedenen rudimentär und auf niederster Stufe, nicht etwa, weil wir uns von der Unsterblichkeit der Seele nicht hinlänglich überzeugen können, sondern weil wir das seelische Bedürfnis wegrationalisiert haben. Wir benehmen uns so, wie wenn wir das Bedürfnis nicht hätten …« Er charakterisiert die Kultur der Tibeter im Umgang mit dem Tod als den »höchsten geistigen Anspruch«.

In Ägypten ist die gesamte religiöse Kultur vom Tod her bestimmt. Die Tempelarchitektur, die Bestimmung der Pyramiden als gewaltige Gräber, die durch ein Einweihen in das Geheimnis des Todes die Qualifizierung zu einem Pharao bewirkten, zeugen davon.

Das *Ägyptische Totenbuch* (deutsch 1955) schildert die Rettung der Seele für das Leben nach dem Tod. Das Geheimnis des Todes und die Fortexistenz der Seele bestimmen das ganze politische, soziale und religiöse Leben.

> Hier beginnen die Sprüche,
> die vom Hinausgang der Seele berichten
> zum vollen Licht des Tages,
> berichten von ihrer Auferstehung im Geiste,
> dem Eintritt in die Bereiche des Jenseits,
> von ihren Reisen darin.

Dem Verlassen des Leibes und dem Eintritt der Seele in die nachtodliche Welt werden entsprechende Mantren hinzugefügt, die ein helfendes Begleiten in diese Welt ermöglichen sollen.

Die Seele blickt mit Scham zurück auf die Verstrickung in die sündhaften Zustände des vergangenen Lebens.

Siehe nun, ich komme zum Land meines Ursprungs
und gelange an den Ort,
wo ich von nun an
ewig weilen werde.

Während der Priester Weihrauch über Feuer streut und den Namen des Toten ausspricht, wird die ewige Seele vor Osiris stehen; wie sie den Gott anschaut, erscheinen vor ihr zwei Hände: die eine hält das heilige Brot, die andere das geweihte Getränk ...

Der Ägypter starb in Osiris, wie ein Christ in Jesus Christus sterben sollte – *in Christo morimur*. Die vorchristlichen Religionen bis zur hohen Bestattungskultur der Kelten, der indianischen Inkas – sie alle glauben und praktizieren das Fortleben der Seele im und nach dem Tod.

Bei den Juden als Religionsgemeinschaft ist der Tod von einer Fülle von Gedanken und Formen umgeben. Stirbt ein Mensch zu Hause, wird er gepriesen, weil er »der Freuden Fülle vor Gottes Angesicht« erschaut. Im Psalm 16,10 wird gebetet: »Denn Du überlässt nicht mein Leben dem Totenreich, noch duldest Du, dass Dein Frommer die Grube erschaut.« Die Altjüdischen Zeremonien der Trauer begannen mit der Klage, die zum Teil von berufsmäßigen Klagefrauen und -männern vollzogen wurden. Das Zerreißen des Kleides, das Anlegen eines Sackes und das Raufen der Haare gehörten dazu. Lange war es Brauch, den Toten bereits am Sterbetag zu bestatten. Eine alte Vorschrift lautet: »Die Bestattung ist Labsal für die Seele des Toten, und nur nach erfolgter Bestattung wird der Tote eingelassen in Gottes Hülle.«

Eine schöne Sitte war, dass eine besondere Vereinigung, die Chewwa Kaddischa, die Heilige Bruderschaft, alle Verrichtungen besorgte, die mit der Bestattung zusammenhingen. Ihre Mitglieder übernahmen bereits die Pflege der Schwerkranken, standen den Sterbenden bei und leisteten ›Trauerarbeit‹. Sie spendeten den Hinterbliebenen Hilfe und Trost.

Unmittelbar nach Eintritt des Todes drückt man dem Toten die Augen zu. Das Buch Sohar der jüdischen Kabbala gibt an, dass das Auge die künftige Welt nicht erblicken könne, solange es diese Welt noch schaut. Im Tode schaut die Seele die Schechina, die unmittelbare Gegenwart Gottes. Das Schließen der Augen für die sichtbare Welt erschließt zugleich das Auge der Seele für die unsichtbare Welt. Das Kaddisch, ein Totengebet, wird gesprochen. Ursprünglich schloss man gottesdienstliche Vorträge und die Lesung der Tora, der Bücher Mose, mit diesem Gebet ab. Erst allmählich entwickelte es sich zu einem Gebet der Trauer. Nach dem Sprechen des Gebetes ruft man dem Toten zu: »Zieh hin in Frieden!«

Hier kann nur erwähnt werden, dass das alttestamentliche, vorchristliche Judentum sich von dem nachchristlichen grundlegend unterscheidet. Zur alttestamentlichen Zeit gehörte die Polarität von Synagoge (griech. ›Versammlung‹), die es in jedem Dorf zur Pflege von Schriftlesung, Predigt und Gebet gab, und dem Tempel in Jerusalem. In seinem Allerheiligsten, im verborgenen, dunklen Raum über der Bundeslade, war die Wohnstatt Gottes. Seit der Tempel im Jahr 70 n. Chr. im römisch-jüdischen Krieg zerstört wurde, ist das Heiligste untergegangen und der reiche jüdische Kultus Fragment.

In der griechischen Kultur wird vom Tod des Sokrates berichtet, der etwa von 470 bis 399 v. Chr. als Steinmetzsohn in Athen lebte. Er steht am Anfang des abendländischen Denkens, Plato und Aristoteles folgen ihm. Für Sokrates, der selbst keine Zeile schrieb, steht das Gespräch, der Dialog unter dem Vorzeichen, einen »Hebammendienst« beim Erkennen zu leisten. Die Kunst der Frage erweckt Wissen, so auch vom Tod. Selber zum Tod verurteilt, stellte er in den letzten Stunden seines Lebens die Grundfragen, die uns Plato in seiner *Apologie* schildert:

»Denn sich vor dem Tod fürchten ist nichts anderes, als sich für weise halten, ohne es zu sein: es heißt so viel wie sich einbilden zu wissen, was man nicht weiß. Denn niemand weiß, ob der Tod nicht für den Menschen das größte aller Güter ist, man fürchtet ihn aber, als ob man gewiss wüsste, dass er das größte aller Übel sei.«

Seinen Richtern spricht er das letzte Wort seines Lebens zu:

»Doch es ist wohl schon Zeit, dass wir gehen, ich zum Tode, ihr zum Leben. Wer aber von uns beiden dem besseren Geschick entgegengeht, weiß niemand als nur der Gott.«

Wenige Jahrhunderte später lebt und stirbt Jesus Christus. Der Gott wird Mensch. Und damit steht im Christentum ein Mensch im Mittelpunkt, der geboren auch Sterblicher ist. Der Weg auf seinen Tod zu bildet einen wesentlichen Teil der vier Evangelien. Seine Passion und die dreifache Ankündigung nicht nur des Leidens, wie es in den evangelischen Bibelausgaben heißt, sondern der Todesüberwindung und der Auferstehung sind die Grundtatsache des Christentums – das Mysterium von Golgatha.

Die Überwindung des Todes durch Jesus Christus führt am Karsamstag zuerst zur Welt der Verstorbenen. Die Hadesfahrt geht der Auferstehung und der Himmelfahrt voraus. Die russische Ikone des Osterereignisses schildert eindrucksvoll, wie die Pforten der Unterwelt eröffnet werden und die Seelen der noch Unerlösten von seiner Hand berührt und ergriffen in das Reich der Auferstehung geführt werden (Epheser 4,9 ff.). Die vierzigtägige erlebte Gegenwart des Erlösers vom Tod ist das Ziel der Evangelien: Ist die Himmelfahrt erreicht, haben die Evangelisten ihr Ziel erreicht. Der Himmel ist durch Gott, der Sterblicher wurde, zu den Sterblichen gekommen. Sein Tod ist der Quellgrund der Erlösung. Durch seinen Tod ist der Tod selbst anfangsweise überwunden. Menschen können durch die Christwerdung Anteil an der Unsterblichkeit der Seele gewinnen. Sie können so leben, dass sie im Aufblick zum Tod am Kreuz ein neues Verhältnis zum Sterben und zum Tod finden. Der Tod ist dann nicht nur ein Ende des natürlichen Lebens. Er ist Anfang einer neuen Seinsweise in dem Reich, das nicht von dieser, aber *in* dieser Welt ist.

Deswegen steht am Anfang der Geschichte der Christenheit die ausführliche Beschreibung des ersten christlichen Todes, des Hineinsterbens in Christus des Stephanus.

Als der Erstgenannte der sieben Diakone, die zur Zwölfheit der Apostel hinzutreten, ist er ein Mann von Geist und Weisheit, gerät in die Auseinandersetzung mit den Synagogenvertretern und wird schließlich als Angeklagter – wie Sokrates – vor das Hohe Gericht gestellt. In einer grandiosen Verteidigungsrede, die zugleich Anklage ist, schildert er die Bestimmung des Alten Bundes, auf Jesus Christus zuzuführen, die Stiftung des Neuen Bundes und Jesu Tod am Kreuz.

Die Hörer sind bis zum Letzten herausgefordert, ergrimmen über ihn und bewirken durch ihren Tötungswillen, dass sich der Himmel für Stephanus erschließt, er tritt geistig in die Schau ein und sieht den Auferstandenen zur Rechten Gottes stehen. Was er geistig im Bild schaut, spricht er aus und bereitet sich dadurch seinen Opfertod. Herausgeschleift vor die Tore der Stadt wird die Steinigung vollzogen. Aber Stephanus stirbt selber, er kniet nieder und beantwortet die Tötung von außen durch ein bewusst vollzogenes Sterben von innen: »Herr, nimm meinen Geist auf«, und »Herr, rechne ihnen diese Sünde nicht an.« Das Erlebnis der Wandlung durch den offenen Himmel und die Gegenwart Christi führen ihn zur Bitte der Kommunion: Der Geist Christi möge seinen Geist aufnehmen – mit dem möglichen Blick auf Saulus, den Kommandoführer der Steinigung, bittet Stephanus schließlich um Vergebung für seine Peiniger. (Siehe dazu: Johannes Lenz, *Die Taten der Apostel*, Kapitel ›Stephanus‹.)

Der Erzmärtyrer steht nach Jesus Christus am Anfang einer möglichen Kultur des Sterbens. Was im Zentrum der vorchristlichen Religionen und Kulturen steht – das Geheimnis des Todes und die sokratische Frage nach der Unsterblichkeit der Seele –, wird durch das Mysterium von Golgatha in die Mitte des christlichen Bewusstseins und damit des Lebens gestellt.

Als auf der Höhe der deutschen idealistischen Philosophie 1806 Johann Gottlieb Fichte an der Universität in Berlin seine Vorlesungen *Anweisung zum seligen Leben* hält, rückt er das selige Leben in die Mitte des Denkens: »Ganz gewiss zwar liegt die Seligkeit auch jenseits des Grabes für denjenigen, für welchen sie schon diesseits desselben begonnen hat, und in keiner anderen Weise und Art, als sie diesseits in jedem Augenblicke beginnen kann; durch das bloße Sich-begraben-Lassen aber kommt man nicht in die Seligkeit« (Erste Vorlesung).

Fichte hatte verstanden, dass Sterben lernen und Sterben können aktive Aufgaben für eine Seele sind. Wer das Leben nach dem Tode sucht, sollte es im Leben suchen, weil die Sinngebung und Sinnstiftung des Lebens mit dem Geheimnis des Todes unmittelbar verbunden ist.

Deswegen ist ein christlicher Altar ein Grab. Wer einen Weiheraum betritt, tritt vor ein Grab. Die Stätte des Grabes erweckt das Bewusstsein der Sterblichkeit und des Todes, aber eines Todes, der durch den Gekreuzigten zu höherem Leben führt. Das Grab wird zum Tisch. Nahrung für die Seele – wie schon im *Ägyptischen Totenbuch* beschrieben – wird so von Christus an diesem Tisch gespendet. Das Weiterleben der Seele und die Überwindung ihrer Sterblichkeit wird in der Gemeinschaft der Christen eingeübt. An einer Menschen-Weihehandlung im Rhythmus des geistigen Lebens betend teilzunehmen, bedeutet unter diesem Gesichtspunkt das Einüben in das nachtodliche Leben. So vermag der Tod allmählich zum Freund zu werden. Er ist nicht das ganz Andere, der Schrecken, das Ende. Er wird mit jedem Gebet, mit jedem Sakrament gesucht und in die Mitte des Lebens hereingeführt. Allmählich wird er vertraut und schenkt dem Leben seine tiefere, wahre Dimension.

Aus Obigem ergibt sich, dass ein Sterbesakrament – die Heilige Ölung – notwendig ist. Sie veranlagt die andere Seite dem Prozess des Sterbens hinzu. Die Christengemeinschaft pflegt das echte Sterbesakrament. Die heilende Gegenwartskraft Christi schenkt sich dem Sterbenden. Während die römisch-katholische Kirche zurückgeht zur Krankensalbung nach Jakobus 5, spenden wir in dem Vorgang des Verlassens des Leibes den sakramentalen Anfang des Ankommens in der geistigen Welt in einem dreigliedrigen Vorgang – je nach Bewusstseinsverhältnissen: den Rückblick durch das Sakrament der Beichte; die letzte Kommunion; das Sakrament der Ölung durch das Hohepriesterliche Gebet als dem Sterbegebet Jesu Christi mit der dreifachen Salbung der Augen und der Stirn. Das Haupt des Menschen wird zur Schädelstätte durch die drei gezogenen Kreuze. Das Mysterium des Todes und der Auferstehung wird Gegenwart für den einzelnen Christen. Das Leben vollendet sich im Tod.

Schwellenerlebnisse in der Biografie, im Alltagsleben, in der Meditation

Ursula Hausen

Im Sterben überschreiten wir die Schwelle zur geistigen Welt und leben von da an nach völlig anderen Gesetzmäßigkeiten in der geistigen Welt weiter. Deshalb gehört es zu einer bewussten Begleitung eines Sterbenden, dass der ihm nahestehende Mensch diesen Weg, soweit es ihm möglich ist, auch in Gedanken kennen lernt. Je mehr eigene Erfahrungen man im Umgang mit dieser Schwelle mitbringt, desto eher wird man auch in der Lage sein, die oft in Gesten und Bildern sich ausdrückenden Fragen lebendig aufgreifen zu können.

Rudolf Steiner schildert in seinen grundlegenden Schriften, dass die Grenze zwischen der physischen und der geistigen Welt jedem Menschen bewusst werden muss, der nach geistigen Erkenntnissen strebt. Da die Gesetzmäßigkeiten in beiden Welten sich sehr unterscheiden, gibt es ein Wesen, das diese Grenze bewacht. Dieses Wesen nennt er den ›Hüter der Schwelle‹. Wer nach geistigen Erkenntnissen strebt, begegnet ihm, und wird durch ihn vor die Prüfung gestellt, ob er reif ist, weitere Erkenntnisse in der geistigen Welt zu finden. Früher wurde häufig Michael als dieser Hüter dargestellt: Das Bild der Waage steht hier für das Wägen der Seelen.

Wie lernen wir Erfahrungen von der Schwelle so zu sammeln, dass wir sie zu erkennen lernen, dass wir sie in Gedanken durch die Geisteswissenschaft zu überschreiten lernen und vielleicht eines Tages auch vom Hüter der Schwelle die Berechtigung zugesprochen bekommen, sie zu überschreiten?

Im Wesentlichen können wir vier verschiedene Wege, die Schwelle der geistigen Welt zu erfahren, unterscheiden:

1. In unserem Alltagsleben begegnen uns Bilder geistiger Vorgänge, auf die wir aufmerksam werden können.
2. Unsere Biografie lässt uns Schwellenaugenblicke erleben, in denen uns durch das Schicksal die Nähe der geistigen Welt erfahrbar wird.

3. Der anthroposophische Schulungsweg vermittelt uns die Möglichkeit, aktiv daran zu arbeiten, das eigene Bewusstsein für geistige Erfahrungen aufzuschließen.
4. Die Tod ist der endgültige Schritt über die Schwelle. Indem wir ihn bei anderen Menschen miterleben, bereiten wir uns darauf vor, eines Tages selbst diese Schwelle zu überschreiten.

Rudolf Steiner spricht an verschiedenen Stellen von dem Ereignis, wie der Mensch sich der Schwelle der geistigen Welt heute nähert. Eine seiner grundlegenden Aussagen zum 20. Jahrhundert heißt: »Die Menschheit überschreitet unbewusst die Schwelle der geistigen Welt.« Nun kommt sehr viel darauf an, dass dieses unbewusste Überschreiten der Schwelle zu einem bewussten, und dadurch geistig richtig verarbeiteten Schritt werden kann.

Schwellenmomente im Alltagsleben

An jedem Tag, an dem wir aufwachen und einschlafen, ist es selbstverständlich, dass wir die Schwelle zur geistigen Welt auf eine völlig naive Weise passieren. Das Sprichwort: »Ein gutes Gewissen ist ein sanftes Ruhekissen« weist darauf hin. Wenn Belastungen des Gewissens einen Menschen am Einschlafen hindern, fühlt er mehr oder weniger bewusst, dass an der Schwelle zur geistigen Welt, die wir im Einschlafen überschreiten, angeschaut wird, was wir aus unseren Tageserlebnissen mitbringen, und ob es dort angenommen werden kann.

Ein anderer Punkt ist die Schwelle zwischen dem einen Menschen und dem anderen, wenn wir eine wirkliche Erfahrung vom wahren Wesen des anderen suchen – also nicht nur oberflächliche Begegnung, sondern eine tiefere, wirkliche Lebensverbindung. Das Ich des anderen ist in der geistigen Welt, und wenn ich es finden will, muss ich die Schwelle überschreiten. Da liegt eine große Menge von Dramen und Schicksalsproblemen, die sich genau in diesem Moment abspielen, in dem wir die Schwelle zwischen dem einen Menschen und dem anderen haben, denn da entsteht die Frage, ob man den anderen Menschen wirklich versteht.

Wir werden aber auch in der Gestaltung unseres Lebensum-kreises, zum Teil bewusst, zum Teil unbewusst, mit Schwellen-fragen konfrontiert. In alten Kirchen findet man oft zwischen der Sakristei und dem Altar eine ganz niedrige Tür. Der Pfarrer muss also sehr bewusst die Tür öffnen und den Kopf neigen, und hat dadurch, wenn er zum Altar geht, einen kleinen Moment eine be-wusste Gebärde der Demut erlebt. Es war so gedacht, dass diese Schwelle ganz bewusst überschritten werden muss, und zwar durch eine Gebärde, die Rudolf Steiner in seinem Buch *Wie erlangt man Erkenntnisse der höheren Welten?* im ersten Schritt des Schulungs-weges angibt: die Devotion.

Gerade in dieser Hinsicht wird aber heute beispielsweise in der Wirtschaft versucht, diese Schwelle gar nicht zum Bewusstsein kommen zu lassen. Denn wenn wir sie unbewusst überschreiten, ist der Wille des Menschen manipulierbar, was beispielsweise durch die Reklame angestrebt wird.

Stellen Sie sich vor, Sie gehen durch die Stadt, kommen an ein Kaufhaus und überlegen, ob Sie etwas einkaufen wollen. Da ste-hen oft draußen auf der Straße schon große Ständer mit Kleidern oder mit irgendwelchen Sonderangeboten. Wenn man auf die Tür zugeht, öffnet sich diese automatisch, ehe man überhaupt den Entschluss gefasst hat, einzutreten. Oft gibt es ohnehin nur einen offenen Übergang zwischen Außen und Innen – wir können über-tragen auch sagen: zwischen dem Exoterischen und dem Esoteri-schen. In dem Moment, in dem man jetzt den Willen ergreift, etwas einzukaufen, wird nicht unser denkendes Bewusstsein geweckt, sondern die Wahrnehmung wird angeregt, sofort auf irgendetwas zuzugehen, das interessant und verlockend ist: ein Sonderangebot, sehr günstige Preise, einmalige Gelegenheiten usw.

Wir werden angeregt, nur auf die Ware zu achten, und greifen mitunter zu allen möglichen Dingen, die vorher nicht geplant wa-ren, und über deren Notwendigkeit wir im Augenblick nicht klar, bewusst entschieden haben. Es wird durch das Marketing ziel-strebig darauf hingearbeitet, den bewussten Entscheidungswillen auszuklammern und dadurch den geistigen Vorgang eines Willens-aktes nicht zum Bewusstsein kommen zu lassen.

Wir können erkennen, dass unsere ganze heutige Welt eigentlich darauf abgestimmt ist, gerade diese Kraft nicht zu üben – achten Sie einmal darauf, wie oft in der Werbung die Ansprüche des Kunden thematisiert werden: »Nur für höchste Ansprüche«, »Für Menschen, die sich selbst verwöhnen wollen« usw. Man spürt fortwährend eine Kultur, durch die unser Wille unbemerkt dazu erzogen wird, das, was in ihm als höchste geistige Kraft von jenseits der Schwelle wirkt – wenn wir ihn mit Denken durchdringen –, nicht zum Bewusstsein kommen zu lassen.

Das macht uns fortwährend blind dafür, dass jeder Kaufakt ein Willensakt sein soll, den wir mit Bewusstsein durchdringen. Und der Wille ist ja das Geistige in unserem Wesen, wenn wir es wirklich verstehen, ergreifen und durchdringen, was sich unserem Bewusstsein weitgehend entzieht. Da sind wir bei den Alltagserfahrungen, die uns fortwährend lähmen, diese Schwelle nicht wahrzunehmen.

Wir können eine Übung daraus machen, uns zu sagen: Jede Schwelle an einer Haustür ist eigentlich das Überschreiten der Schwelle zu einem anderen Menschen, dem ich begegnen will, dessen Ich in der geistigen Welt zu Hause ist. Ich kann ihm nur in seiner äußeren Gestalt begegnen; wenn ich sein wahres Wesen kennen lernen will, muss ich auch geistig die Schwelle überschreiten.

Ein anderes Beispiel bezieht sich auf unsere Fähigkeit zu denken: Wir nehmen uns einen kleinen Abschnitt aus Rudolf Steiners Buch *Die Philosophie der Freiheit* vor und stellen uns vorher die Frage: Was geschieht, wenn wir diese Gedanken nicht nur als halbwegs verstandene, ziemlich blasse Vorstellungen dessen, was Rudolf Steiner meint, in uns lebendig machen? Sondern was bewirkt dieser Abschnitt in uns, wenn wir seinen Inhalt wirklich intuitiv denken, wenn wir jeden Gedanken als absolut Einmaliges, jetzt im Augenblick unser tiefstes Inneres erreichendes Erlebnis durchleben können?

So stellen Sie sich vor, das Ich wird absolut eins mit diesem Gedanken, es gibt nichts anderes auf der Welt – was ja das Kennzeichen der Intuition ist. Das Ich ist voll und ganz mit dem Wesen des Gedankens, den es wahrnimmt, identifiziert. Das heißt, wenn man das Wesen des Engels denkt, wäre das die Intuition des Engels, vollständig eins mit ihm zu werden, alles andere auf der Welt im Augenblick ausklammern zu können und mit reinem Willen, mit reiner Liebe nur diesem Wesen nachzusinnen. So beschreibt Rudolf Steiner die Frage, die in diesem Buch behandelt werden soll, in der Vorrede. Bei dieser Intensität des Denkens müsste die Ratlosigkeit, eine Frage nicht beantworten zu können, eigentlich an einen Abgrund führen. Das Ich würde, wenn es die Frage ernst nähme, vollständig abstürzen, weil es keine Stütze im Denken mehr hätte. Wir wollen versuchen, diese Erfahrung anfänglich zu üben: »Zwei Wurzelfragen des menschlichen Seelenlebens sind es, nach denen hingeordnet ist alles, was durch dieses Buch besprochen werden soll. Die eine ist, ob es eine Möglichkeit gibt, die menschliche Wesenheit so anzuschauen, dass diese Anschauung sich als Stütze erweist für alles andere, was durch Erleben oder Wissenschaft an den Menschen herankommt, wovon er aber die Empfindung hat, es könne sich nicht selbst stützen. Es könne von Zweifel und kritischem Urteil in den Bereich des Ungewissen getrieben werden. Die andere Frage ist die: Darf sich der Mensch als wollendes Wesen die Freiheit zuschreiben, oder ist diese Freiheit eine bloße Illusion, die in ihm entsteht, weil er die Fäden der Notwendigkeit nicht durchschaut, an denen sein Wollen ebenso hängt wie ein Naturgeschehen? Nicht ein künstliches Gedankengespinst ruft diese Frage hervor. Sie tritt ganz naturgemäß in einer bestimmten Verfassung der Seele vor diese hin. Und man kann fühlen, es ginge der Seele etwas ab von dem, was sie sein soll, wenn sie nicht vor die zwei Möglichkeiten: Freiheit oder Notwendigkeit des Wollens, einmal mit einem möglichst großen Frageernst sich gestellt sähe.«

Jetzt schildert Rudolf Steiner weiter, wie er diese Frage behandeln will. Für uns ist das zuerst eine theoretische Frage. Gibt es eine Art, die Welt und den Menschen anzuschauen, die alles andere, was die verschiedenen Wissenschaften bringen, stützt? Wenn wir wissenschaftliche Ergebnisse vor uns haben, bleiben wir ja meistens auf der Vorstellungsebene, und wir beziehen die Ergebnisse nicht sofort auf unser Ich.

Wenn wir versuchen, den Gedanken: »Was ist der Mensch?« in einem darwinistischen Sinn zu erleben, der Mensch als ein Wesen, das sich aus der Abstammung von einem Einzellerlebewesen bis zu einem hoch differenzierten entwickelt hat, und dann die Frage stellen: »Was bin ich?«, so erlebe ich, dass dieser Gedanke nicht trägt. Ich kann keine Intuition davon haben, dass darin mein Ich leben kann. Dann wäre das Denkerlebnis: Man stürzt mit dem Ich in einen Abgrund, weil der Gedanke nicht trägt. Und dort, wo man mit der Sinneswelt, mit dem bisherigen Denken, nicht weiterkommt, erlebt man jetzt plötzlich: es geht nicht nur nicht weiter, sondern es löst sich alles auf, man steht vor einem absoluten Abgrund und stürzt sozusagen mit dem eigenen Ich-Bewusstsein, das sich einen Gedanken über sich selbst bilden will, in ein bodenloses Nichts. Denn das Ich kann sich in der Abstammung vom Einzeller nicht wiedererkennen, kann in diesem Gedanken keinen Halt finden. Eine andere Frage: Was bedeutet es für mich als geistiges Wesen, wenn das Ich sich selber verstehen will und wissen möchte, ob da die Möglichkeit einer wirklichen schöpferischen Freiheit ist, oder ob andererseits wir in allem, was wir tun, nur Marionetten von Materieprozessen, von Erziehungs- und Umgebungseinflüssen, und möglicherweise von irgendwelchen göttlich die Welt dirigierenden Wesen sind? Das Ich kann sich also nicht selbst halten als ein Wesen, das Ich-erkennend seine Entwicklung, seine Freiheit schafft.

Die *Philosophie der Freiheit* ist anhand von reinen Gedanken ein Weg, an die Schwelle zur geistigen Welt zu gelangen, indem man sich die darin ausgedrückten Gedanken mit innerster Energie zur Erfahrung bringt. Dadurch erfährt man: Unsere bisherigen hier auf der Erde gefundenen wissenschaftlichen Theorien halten nicht Stand, wenn das Ich sich selbst sucht. Und man stürzt einfach ab, weil da, wo es um das Geistige geht, nichts mehr trägt. Dann zeigt dieses Buch aber auch einen Weg, durch aktives Denken den Abgrund zu überwinden, alle Denkfehler der gängigen Philosophien hinter sich zu lassen und sich in reinen Gedanken frei im Geistigen bewegen zu können.

Bekannter ist das entsprechende Erlebnis im Fühlen, wenn ein Mensch einen Schicksalsschlag durchmacht und sich zum Beispiel in Liebe mit einem anderen Menschen verbunden hat, plötzlich aber von einem Augenblick zum anderen von diesem verlassen wird und das Gefühl hat, sich auf nichts in der Welt verlassen zu können. Nun weiß er nicht mehr, woran er sich noch halten soll, bis er vielleicht einen Gedanken findet, der ihm sagt, dass auch die schwersten Schicksalsschläge Sinn und Bedeutung haben, zu seinem Wesen gehören und ihn weiter führen, um Neues zu erfahren gegenüber dem, wo er vorher stand.

Und jetzt kommt der Moment, in dem Rudolf Steiner sagt, dies seien keine künstlich ausgedachten Gedankengespinste, sondern es gehe um Realitäten. Gedanken sind Realitäten, das heißt, sie sind Anzeichen für durch sie sich offenbarende geistige Wesen. Diese Frage tritt vor den Menschen hin, das heißt, da ist ein Wesen, das einen Willensimpuls hat, auf den Menschen zuzugehen und sich als Frage vor ihn hinzustellen. Und wenn man diese Frage nicht mit möglichst großem Ernst erlebt, kann man alles Weitere lassen. Dann braucht man nicht weiterzulesen, weil es gar keinen Sinn hat. Dann kommt nicht zur Entwicklung, was er in diesem Buch anregen will.

Im nächsten Schritt geht es darum, diese Frage als Wesen zu verstehen. Wer ist das Wesen, das vom Jenseits aus der geistigen Welt an der Schwelle, an der die Erdenvorstellungen nicht mehr tragen, als Wesen einer Frage vor die Menschen hintritt und einen unglaublichen Ernst bewirkt, wenn man die Frage wirklich in sich belebt? Dann haben Sie eigentlich in diesem Abschnitt einen Weg durch reine Gedanken, um dem Wesen Michaels zu begegnen. Ein Wesen, das im Namen eine Frage trägt: Wer ist wie Gott? Diese Frage heißt im Hebräischen »Mi-cha-el«. Michael aber ist ein Wesen, das sich so vor die Menschen hinstellt, dass es bedingungslosen Ernst ausstrahlt.

Das ist eigentlich noch ganz wenig bekannt, dass die *Philosophie der Freiheit* in reinen Gedanken einen Weg an die Schwelle der geistigen Welt in sich birgt und uns unmittelbar vor diese Schwelle stellt, wenn wir die darin angesprochenen Fragen wirklich ernst nehmen. Rudolf Steiner hat mit diesem Buch einen Schulungsweg geschaffen, der vom Tagesbewusstsein ausgehend unmittelbar an die Schwelle der geistigen Welt führt. Meistens ist unser Denken dazu jedoch viel zu kraftlos. Es gibt uns noch nicht ohne weiteres die Möglichkeit, selbst wenn wir inhaltlich durch diesen Text Schritt für Schritt den Weg zur geistigen Welt gewiesen bekommen, dass wir ihn auch gehen könnten. Wir müssen also diese Kraft des Denkens noch üben.

Wir sehen den Wegweiser, wir können Vorstellungen in diese Richtung bilden, aber den Gedanken-Frage-Ernst so zu denken, dass das Wesen Michaels durch diesen Gedanken anwesend wird, das ist eine ungeheure Lebensaufgabe. Es kann vielleicht irgendwann einmal für einen blitzartigen Moment gelingen, und dann erlebt man, dass dies nicht ohne weiteres durch den eigenen Willen sofort wiederherstellbar ist.

Es gehört zu den entscheidenden Schritten an der Schwelle zur geistigen Welt und unterscheidet den anthroposophischen Weg von vielen anderen esoterischen Wegen, dass die Begegnung mit dem eigenen Ich durch diesen Ernst und durch diese Frageintensität und das Verantwortungsbewusstsein, das daran entsteht, sich entwickelt. Auf vielen Wegen, die heute angeboten werden und vermeintlich schnell zu geistigen Erfahrungen führen, kommt man nie zu einer Konfrontation mit dem absoluten Ernst und dem Bewusstsein, verantwortlich für das zu sein, was einem begegnet, und für das, wie das eigene Wesen wirkt auf die Wesen, von denen man zum Beispiel Antwort auf Fragen sucht.

Hier kommen wir zu einer entscheidenden Frage: Warum ist die Notwendigkeit, die Begegnung mit der Schwelle zur geistigen Welt bewusst zu erleben, das Entscheidendste für jede Art von geistiger Erfahrung? Nur durch konkrete geistige Erfahrung ist die Furcht vor dem Tod letztendlich zu überwinden. Es gibt verschiedene Wege, durch Hypnose das Bewusstsein zu erweitern oder ein Medium in Trance Fragen an die geistige Welt stellen zu lassen. Dadurch umgeht man die Prüfung durch den Hüter der Schwelle.

Die Sehnsucht danach, jenseits der Schwelle etwas Geheimnisvolles, Schönes, Liebevolles und Großes und Staunenswertes zu finden, steckt in jedem von uns, ebenso wie die Hoffnung, irgendetwas von der Wirklichkeit der geistigen Welt erleben zu können. Darin äußert sich sofort der ganze Egoismus: Wir suchen ein schönes Erlebnis oder Erkenntnisse, die uns bereichern, uns gut tun, uns beruhigen und uns den Sinn unseres Lebens vermitteln. Wir sind im Grunde noch überhaupt nicht in der Lage, das, was jenseits der Schwelle kommt und was die Durchdringung des einen Wesens mit dem anderen bringt, sinnvoll erleben zu können. Es würde uns vollständig den Boden unter den Füßen wegziehen, vor einem so großen Wesen wie einem Engel zu stehen, wenn wir nicht vorher eine Kraft, die uns in uns selber Halt und Sicherheit gibt, errungen hätten. Und man hat ja heute auch in manchen Gebieten die Erfahrung, dass das Ich eines Menschen sich wirklich selber verliert, wenn es Erlebnissen geistiger oder untersinnlicher Art begegnet, denen es mit seiner Ich-Kraft nicht gewachsen ist. Die Medien arbeiten mit solchen Phänomenen, der Drogensucht liegen sie zugrunde usw.

Rudolf Steiner hat später, weil er von seinen Zeitgenossen nicht verstanden wurde, wie man aufgrund der reinen Gedanken zum Wahrnehmen der geistigen Welt kommt, an der Wende des Jahrhunderts unmittelbarer über die geistige Welt und ihre Wesen gesprochen und schließlich eine Christologie und eine Kosmologie entwickelt, in der sich Hinweise auf alles finden, was in der geistigen Welt wirken kann. Seitdem können wir uns konkrete Vorstellungen von geistigen Wesen bilden, die Entwicklungen in der geistigen Welt verstehen lernen und erfahren, wie die Begegnung mit dem Hüter der Schwelle als tatsächliches Ereignis stattfindet. Wenn wir gleichzeitig mit dem Studium der Geisteswissenschaft auch anfangen, den Schulungsweg zu gehen, kann sich die konkrete Wahrnehmungsfähigkeit entwickeln.

Warum ist diese Schwelle so entscheidend? Warum kann man nicht einfach hier oder dort irgendwelche schönen Erlebnisse in der geistigen Welt suchen, sondern muss zuerst dem Hüter der Schwelle begegnen?

Rudolf Steiner schildert, was es für die Wesen der geistigen Welt bedeutet, wenn ein Mensch als Medium in Trance, ohne geschultes Bewusstsein in die geistige Welt kommt oder ein Medium den Auftrag erhält, nach einem Verstorbenen zu suchen, oder eine irgendwie geartete, durch den Egoismus bestimmte Frage an die geistige Welt zu stellen. So, wie die Menschen eine Stufe über den Tieren stehen, sind die Engel wiederum eine Stufe höher als wir Menschen. Dies sei so, als wohnten im Keller unter einem von Menschen bewohnten Raum Löwen, und plötzlich breche ein Löwe von unten mit seiner ganzen Kraft durch den Boden, komme hinauf in den Raum, hole sich, was er gerade fressen wolle und verschwinde wieder.

Stellen wir uns vor, so etwas tun wir den Engeln an, wenn wir ein Medium beauftragen, mit irgendeiner jetzt noch vom Egoismus gesteuerten Frage in dieses Reich einzudringen.

Dazu gehören auch die heute angebotenen geistigen Wege der New-Age-Strömung, die nicht mit einer Reinigung des Bewusstseins arbeiten, sondern so schnell wie möglich konkrete Erfahrungen des Geistigen suchen. Die Überwindung des Egoismus auf dem Weg zur geistigen Welt ist die größte Aufgabe, die wir zu erfüllen haben, wenn wir auf berechtigte Weise die Schwelle überschreiten wollen. In unserem heutigen Alltagsleben werden uns aber überall Methoden angeboten, die nicht diese strengen Kriterien beachten, die an der Schwelle notwendig sind, damit die geistigen Erlebnisse in reiner Weise zustande kommen können.

Ebenso kann aber auch die Rückkehr aus der geistigen Welt in die alltägliche Sinnenwelt dazu führen, dass bislang Normales gegebenenfalls nicht mehr eingeordnet werden kann. So kann das Ich derart geschwächt werden, dass man, wenn man zurückkommt, sich hier auf der Erde nicht mehr gesund halten kann. (Rudolf Steiner spricht von einem paralysierten Ich-Bewusstsein.)

Ein typisches Beispiel sind die vielen Drogenbiografien, die ja eigentlich die Kehrseite der Sehnsucht nach der geistigen Welt sind. Man sucht auf dem Weg über Drogen geistige Erlebnisse und Bewusstseinserweiterung, um ein Problem, das man nicht bewältigen kann, zu überspielen.

Die gesunde Alternative dazu kann darin liegen, die Ich-Kraft zu schulen, um das Problem, das einem das Schicksal stellt, auf produktive und schöpferische Weise lösen zu lernen. Dann werden sich langsam auch die Fähigkeiten, der geistigen Welt näher zu kommen, entwickeln.

Die Schwelle der geistigen Welt in Schicksalsereignissen

Es gibt natürliche Schicksalseinweihungen, bei denen ein Mensch, ohne dass es ihm ganz bewusst ist, einen wirklichen Schulungsweg geht.

Das geschieht vor allem bei Menschen, die früher schon mit Mysterienerfahrungen zu tun hatten, wobei in diesen Fällen durch Aufgaben, die man gestellt bekommt, all die Vorbereitungen getroffen werden, damit die Seele in einem bestimmten Moment für ein wirkliches Einweihungserlebnis bereit ist.

Ein besonders lebendiges Beispiel dafür ist im Alten Testament die Geschichte des Propheten Jonas.

Jonas hat einen Lebensauftrag, nach Ninive zu gehen und dort Gottes Wort zu predigen. Aber er will diesen Auftrag nicht annehmen und wendet sich ab. Statt nach Westen, nach Ninive zu gehen, geht er zum Meer und versucht, aus dem Lande zu entkommen, damit ihn Gottes Stimme nicht mehr erreichen kann. Sein Schiff gerät aber in einen furchtbaren Sturm, in dem die ganze Besatzung ihre verschiedenen Götter um Rettung anfleht. Nur Jonas verkriecht sich unten im Schiff, bis auch er gerufen wird, zur Rettung beizutragen. Man betrachtet den Sturm als göttliche Strafe, und schließlich wird das Los geworfen, wer von den Passagieren zur Sühne ins Meer geworfen werden soll. In diesem Augenblick erkennt Jonas, dass er es ist, der durch seine Weigerung gegenüber Gott alle anderen mit in Gefahr gebracht hat. Er erkennt an, dass er zu Recht ins Meer geworfen werden soll. Sofort legt sich der Sturm, und alle auf dem Schiff sind gerettet. Doch Jonas selbst wird von einem großen Fisch verschlungen, der von Gott den Auftrag hat, ihn an den Ort seiner Bestimmung zu bringen. Drei Tage verbringt Jonas im Bauch des Fisches. In dieser Zeit kommt er zur Selbstkenntnis und versteht den ihm von Gott vorgezeichneten Lebensweg völlig neu. In der Finsternis des Fischbauches erhebt er einen mächtigen Lobgesang und wird nach drei Tagen von dem Fisch an den Ort gebracht, an dem er nun nach dieser Erfahrung seine Lebensaufgabe auf neue Weise ergreifen kann.

Es empfiehlt sich, diese Erzählung nachzulesen, da sie eine Fülle lebendiger Einzelheiten enthält, die bei einer so gekürzten Darstellung nicht in Erscheinung treten können.

Ein anderes Beispiel für ein Schwellenerlebnis dieser Art findet sich in einem Gedicht Conrad Ferdinand Meyers. Er beschreibt eine merkwürdige Begegnung, die ihn erstaunt und befremdet bis zu dem Moment, da er sein eigenes Ich erkennen lernt und dann ein tief beglückendes Erlebnis darin findet.

Begegnung

Mich führte durch den Tannenwald
Ein stiller Pfad, ein tief verschneiter.
Da, ohne dass ein Huf gehallt,
Erblickt' ich plötzlich einen Reiter.

Nicht zugewandt, nicht abgewandt,
Kam er, den Mantel umgeschlagen.
Mich deuchte, dass ich ihn gekannt
In alten, längst verschollenen Tagen.

Der jungen Augen wilde Kraft,
Des Mundes Trotz und herbes Schweigen,
Ein Zug von Traum und Leidenschaft
Berührte mich so tief und eigen.

Sein Rösslein zog auf weißer Bahn
Vorbei mit ungehörten Hufen.
Mich fasst's mit Lust und Grauen an,
Ihm Gruß und Namen nachzurufen.

Doch keinen Namen hab ich dann
Als meinen eigenen gefunden,
Als Ross und Reiter schon im Tann
Und unterm Schneegeflock verschwunden.

Ein entscheidendes Merkmal solcher Schwellenerlebnisse ist es, das eigene Wesen ganz objektiv von außen anzusehen. Dadurch wird für das eigene Bewusstsein sichtbar, was von der geistigen Welt wahrgenommen wird. Wenn wir an der Schwelle im Licht der göttlichen Welt wahr-genommen werden.

Die unmittelbarsten Schwellenerlebnisse, die das Schicksal einem Menschen zukommen lassen kann, sind die so genannten Nahtoderlebnisse, bei denen ein Mensch klinisch als tot diagnostiziert wird und doch wieder zu Bewusstsein kommt. Die Schilderungen der verschiedenen Nahtoderlebnisse geben im Wesentlichen in individualisierter Form wieder, was Rudolf Steiner über die Schwelle der geistigen Welt und den Todesaugenblick in gedanklich allgemeiner Form darstellt. In den späteren Kapiteln werden solche Erlebnisse ausführlicher behandelt.

Gegenbilder zu den Schwellenerlebnissen im Schicksal

Wer die Herausforderungen des eigenen Schicksals als Aufgaben, die ihm zugemutet und zugetraut werden, annimmt, wird seinen Lebensweg in sicherer Weise gehen. Wer aber in einer Krise an den eigenen Fähigkeiten verzweifelt und jede Hoffnung auf Lösung seiner Probleme aufgibt, wird möglicherweise im *Suizid* die Befreiung von allen Schwierigkeiten suchen. Wo die Kraft, bewusst und wach über die Schwelle zu gehen und diesen Weg zur Zukunft aktiv zu bewältigen, nicht da ist, kann dies gerade bei psychisch labilen Menschen geschehen. Die heute rapide steigende Anzahl von Suizid-Versuchen hängt damit zusammen, dass eine ganz tiefe Sehnsucht nach dem Tod in jedem Menschen liegt. Denn wir wissen, auch ohne konkrete Erinnerungen an frühere Inkarnationen: Im Todesaugenblick wird alles gut. Wenn wir über die Schwelle treten, dann kommt uns Christus entgegen mit der göttlichen Liebe, die alles bejaht, was wir mitbringen, und führt uns dann die weiteren Wege zur Läuterung.

Bei Menschen, die dieses Erlebnis unbewusst aus der Vergangenheit, aus früheren Todeserlebnissen in sich tragen, kann diese

Sehnsucht nach dem Tod zu einem ganz tragischen Missverständnis führen. Man will jetzt den Tod aktiv herbeiführen und meint, damit könnte man den Problemen ausweichen. Sicher hatte jeder schon irgendwann einmal damit zu tun, sei es im Umkreis oder der eigenen Erfahrung, dass diese Sehnsucht nach dem Tod mit einer ungeheuren Wucht auftreten kann. Es gibt viele Menschen, die über lange Zeit intensiv gegen diese Sehnsucht, sich selber das Leben zu nehmen, um dadurch Problemen auszuweichen, ankämpfen müssen.

Es gibt aber an der Schwelle zur geistigen Welt nichts Schlimmeres als einen gewaltsamen selbst herbeigeführten Tod, da man gerade dann die Erlebnisse, die bis zur Schwelle hinführen und die jetzt die Läuterung der Seele bewirken, nicht mitbringt. Wir sollten, wenn wir mit solchen Menschen konfrontiert werden, mit aller Kraft versuchen zu verhindern, dass ein Mensch diesen Schritt geht, da er die Begegnung mit dem Christus im Todesaugenblick unmöglich macht. Schon durch den Gedanken daran macht man sich blind für die eigene Gegenwart und findet gerade das Göttliche nicht, das man sucht, sondern fühlt sich gefangen in den unbewältigten Problemen.

In etwas abgemilderter Form tauchen Todessehnsüchte auch in den Extremsportarten oder in der Beschäftigung mit Horrorfilmen usw. immer wieder auf. Und nicht zuletzt sind die gesamten Drogenprobleme der Gegenwart ein Spiegel unserer Zeiterscheinungen, die den aktiven Umgang mit geistigen Kräften auf das materielle Gegenbild verlagern und so nur zu seelischen und körperlichen Störungen führen.

Schwellenerlebnisse im religiösen Erleben und auf dem anthroposophischen Schulungsweg

Das erste Erlebnis in der geistigen Welt besteht darin, das eigene Wesen vorurteilsfrei anschauen zu können. Dies ist der wesentlichste und heilsamste Moment, der sich in der Begegnung mit dem Hüter der Schwelle ausdrückt, durch den wir die Wahrheit unseres Wesens wahrzunehmen lernen. Ein Bild dafür kann Rembrandts Gemälde »Ein Mann in Rüstung« (Der Ritter im roten Mantel) sein. Wir können es verstehen als ein Bild des Hüters der Schwelle: Vor einem Weg, der durch eine Art Tor in die Dunkelheit führt, in der man nichts sieht, steht im Profil ein Wesen von michaelischer Kraft und macht das Anschauen der Wahrheit in der eigenen Selbsterkenntnis möglich. Man kann mit der Intention, sich von diesem Wächter prüfen zu lassen, das Bild betrachten, und in der Begegnung mit ihm entsteht das Gefühl: Er durchschaut mich. Wo ein solcher Ritter steht, wird keiner wagen, ohne seine Zustimmung weiterzugehen. Da gibt es keinen äußeren Kampf – wer da nicht hingehört, der wird sich zurückziehen. Das feine Kreuz auf der Brust und das Leuchten über dem Helm sind eigentlich die von innen durchleuchteten Gedanken, die von innen leuchtenden Herzenskräfte, die die Erfahrung des Kreuzes in sich tragen.

Dazu gehört dieser warme, rote Mantel. Rudolf Steiner schildert einmal, wie ein Mantel von Weltenkarma die Erde umgibt und eine unglaubliche Liebe ausstrahlt, weil er von liebevollen Wesen geschaffen ist, damit wir unser richtiges Karma finden können und uns nicht davor fürchten, sondern wissen: Das Karma ist wie ein liebevoller Wärmemantel, der uns die richtigen Erlebnisse zukommen lässt. Auch das liegt in diesem Bild. Wenn man versucht, auf die Schwelle zuzugehen, kann man den Mut entwickeln, zu sagen: Er erkennt mich und lehrt mich zu erkennen, was nun geschehen muss. Bevor ich die nächsten Schritte tun kann, will ich das Notwendige bejahen. Ob es schwere Schicksalserlebnisse, eine bittere Wahrheit über mich selbst oder eine Aufforderung zum Üben ist, für die ich erst die Kraft finden muss: Ich will meinen Willen mit dem Seinem in Einklang bringen. Durch Ihn erlebe ich den Zeitgeist Michael.

Das sind die zwei Urkräfte, die am Anfang aller Schulungsfragen stehen müssen: Die *Devotion* vor der geistigen Welt und die *Liebe zur Wahrheit*. Dazu kommt die *Geduld*, einen Schritt nicht früher gehen zu wollen, als bis er einem geschenkt wird und man ganz deutlich spürt, diesen Schritt tun zu dürfen, weil das, was vorher noch Hindernis war, durch Selbsterkenntnis bewältigt ist.

Alle konsequente religiöse Übung hat zumindest anfängliche Elemente solcher Selbsterkenntnis in sich. In allen Weltreligionen fin-

Rembrandt van Rijn, *Mann mit Rüstung*, Öl auf Leinwand, 1655, Glasgow

den wir Rituale und Bräuche, die eine Reinigung der Seele vor dem Erleben der heiligsten Inhalte fordern und herbeiführen.

In der biblischen Darstellung des Sündenfalls ist die Übertretung der Gebote Jahves durch das Streben nach Erkenntnis das entscheidende Ereignis. In dem Augenblick, als Adam von Gott wieder gerufen wird: »Adam, wo bist du?«, wird ihm bewusst, dass er sich fürchtet, Gott so, wie er durch diese Übertretung geworden ist, wieder unter die Augen zu treten. Weil er das Angeschautwerden von Gott nicht ertragen kann, muss er den Garten Eden verlassen. Damit fängt ein langer Entwicklungsweg an, der durch die Trennung von der göttlichen Welt die Freiheit ermöglicht und schließlich durch die Hilfe des Christus wieder zur Vereinigung mit der göttlichen Welt in der Liebe führen kann. Das Paradies wird seitdem gehütet von dem Cherub mit dem flammenden Schwert, und nur wer diesem Flammenschwert standhalten kann, darf die Schwelle wieder überschreiten.

Wenn Johannes der Täufer in der Taufe die Menschen in den Jordanfluss führte und sie im Emporsteigen aus dem Wasser ihre eigene Sündhaftigkeit bekannten, wurde dadurch das Erleben der Schwelle unmittelbar herbeigeführt. So konnten die vorbereiteten Menschen den nahenden Christus ahnen und ihn dann in dem Menschen Jesus wiedererkennen.

In der Menschen-Weihehandlung führt der erste Satz der Opferung zu diesem Wahrnehmen des eigenen Wesens an der Schwelle: »Ich, Dein unwürdiges Geschöpf.« Es kommt darauf an, diesen Satz in seiner vollen Tiefe zu realisieren und dann zu erleben, dass er eine ungeahnte Entwicklung einleiten kann. Am Ende der Opferung wird dann gesprochen: »Vor meinem Munde sei die Schwelle behütet.« Hier wird darum gebeten, dass alles, was von diesseits der Schwelle schaden kann, durch geistige Wesen vor dem Bösen, das im Menschen wirkt, geschützt wird. Deswegen ist die Weihehandlung der Weg, den jeder Mensch mit naivstem Bewusstsein ohne Schulung gehen kann (aber auch jeder, der den Schulungsweg wirklich gründlich zu üben sich bemüht!), und durch den er diesen Moment an der Schwelle erleben lernt. Dann ist die Kraft, die da geweckt wird, »das

Feuer der Wesen schaffenden Liebe«. Hier wird das Menschenwesen aus der Liebe der göttlichen Welt, die uns entgegenkommt, neu geschaffen. Und diese Liebe bekommt als wirklich strahlende Kraft im Menschen die Möglichkeit, weiterzuwirken und das Geschehen, das jetzt von dem Christus ausgeht, mitzuerleben. Je wacher man das miterleben kann – viele Menschen kämpfen ja dann bei der Wandlung mit dem Schlaf, weil wir die Sphäre, in der sie sich abspielt, sonst nur im Schlaf betreten –, desto intensiver kann sich dieser Schritt entfalten.

Die Übungen des anthroposophischen Schulungsweges können hier nicht näher dargestellt werden, doch der Hinweis darauf kann eine erste Möglichkeit sein, sich im Studium mit dieser Frage zu beschäftigen. Grundlegende Literatur findet sich etwa in Rudolf Steiners Büchern *Wie erlangt man Erkenntnisse der höheren Welten?*, *Die Schwelle der geistigen Welt, Ein Weg zur Selbsterkenntnis der Menschen* und *Die Geheimwissenschaft im Umriss*. Die Schilderungen der Schwelle führen immer wieder zu den Darstellungen des Hüters in seinen verschiedenen Erscheinungsformen und lassen die Verwandtschaft des Schwellenerlebnisses mit dem Todeserlebnis deutlich ins Bewusstsein treten.

Beide Wege, der religiöse der Christengemeinschaft und der anthroposophische Schulungsweg, stehen in einem polaren, sich in vielen Einzelheiten bereichernden und ergänzenden Verhältnis zueinander. Auf dem anthroposophischen Schulungsweg sucht der einzelne Mensch individuell in der Meditation den Weg zur Erkenntnis seines höheren Ich und findet sich dann (zum Beispiel im Zweig oder in der Hochschule) in der Gemeinschaft mit anderen Erkenntnis suchenden Ich-Menschen wieder. Im Erleben der Menschen-Weihehandlung sind das Ritual und die Gemeinschaft der mitfeiernden Menschen die Hilfe, die Schwelle zur geistigen Welt auf berechtigte Weise bis zum Erleben der Kommunion zu überschreiten. Aus dem Gemeinschaftserlebnis findet der einzelne Mensch in der Kommunion, dass ihm sein Ich-Wesen durch Christus neu geschenkt wird. Beide Wesen haben ein sie verbindendes gemeinsames Ziel: Durch geistige Entwicklung das Individuum und die Gemeinschaft miteinander in Einklang zu bringen.

Rudolf Steiner hat in dem letzten Vortrag der Weihnachtstagung mit Eindringlichkeit geschildert, dass die ganze Menschheit heute vor dem Hüter der Schwelle steht und dieser auf die Menschen wartet, die ihm wach begegnen und nicht infolge ihrer Furcht einschlafen.

Das sind wunderbar ermutigende Worte, die der Hüter der Schwelle zu den Anthroposophen sagt: »Du musst zu dem Vernehmen der Stimme aus dem Geisterland den starken Mut, dich zu dieser Stimme zu bekennen, entwickeln, denn du hast begonnen zu wachen. Der Mut wird dich wach erhalten; die Mutlosigkeit allein könnte dich zum Einschlafen führen.«

Man kann vielleicht auch als eine Art Faustregel den Satz von Novalis hinzufügen: »Alle Furcht kommt vom Teufel, der Mut und die Freudigkeit kommt von Gott.« Dann entwickelt man an der Schwelle eine Art Gralsritter-Bewusstsein und sagt sich: Wenn da kräftige Gegner sind, gegen die man im eigenen Inneren zu kämpfen hat, dann lohnt sich der Kampf! Und mit diesem Bewusstsein von Mut und Freudigkeit ist der Sieg eigentlich sicher.

Die Furcht kommt als wirkliche Versuchung von den Widersachern. Wenn es ihnen gelingt, uns Furcht vor unseren eigenen Schwächen einzujagen, dann können sie gewinnen. Doch durch das Vertrauen zu dem Christus können wir sie immer wieder überwinden, weil seine Kraft und seine Liebe in uns stärker sind als all unsere Schwächen.

Auf all dies bezieht sich der Frage-Ernst, den Michael vor uns hinstellt, wenn er uns an der Schwelle begegnet und sein Wesen, sein Name »Mi-cha-el«, eine einzige Frage an uns ist: »Wer ist wie Gott?«, dann kann unsere Antwort lauten: »Nicht ich, aber der Christus in mir!«

»Bist du bereit?« – Vorbereitung auf das Sterben durch die Sakramente

Irmgard Bauer

Die deutsche Sprache beschreibt den Geburtsvorgang als ›geboren werden‹, d.h. die Geburt geschieht für den Menschen, er erleidet sie gleichsam. Dagegen spricht ein sterbender Mensch die Worte »ich sterbe« und das heißt doch, dass Sterben ein aktiver, vom Menschen selbst geführter Vorgang sein will. Können wir heute zu Recht den Tod als einen aktiven Vorgang erleben oder müssen wir nicht oftmals sagen »ich werde gestorben«?

Jeder könnte sich daher fragen: »Bist du bereit?« Bereit sein kann, wer vorbereitet ist. Um die Notwendigkeit einer solchen Vorbereitung wusste zum Beispiel der Dichter Rainer Maria Rilke, wenn er in seinem *Stundenbuch* sagt:

> O Herr, gieb jedem seinen eignen Tod.
> Das Sterben, das aus jenem Leben geht,
> darin er Liebe hatte, Sinn und Not.
>
> Denn wir sind nur die Schale und das Blatt.
> Der große Tod, den jeder in sich hat,
> das ist die Frucht, um die sich alles dreht.
>
> Denn dieses macht das Sterben fremd und schwer,
> dass es nicht unser Tod ist; einer der
> uns endlich nimmt, nur weil wir keinen reifen.
> Drum geht ein Sturm, uns alle abzustreifen.

Welch eine Aussage. Jeder Einzelne trägt in sich den »großen Tod«, der im Menscheninnern zu einer kostbaren Frucht heranreifen will und dessen Reifeprozess wir durch unser Verhalten fördern oder behindern können.

Im Folgenden will ich sieben Schritte aufzeigen, die mithelfen, im Sterben eine kostbare Frucht zu entwickeln.

1.

Ein Beispiel möge den ersten Schritt verdeutlichen: Jeder von uns hat schon einmal eine Reise geplant. Besteht die Absicht, erst im kommenden Jahr zu reisen, verändert sich unser gegenwärtiges Leben wenig. Rückt der Abreisetermin näher, werden die Überlegungen und Vorbereitungen konkreter. Schließlich tritt ein Moment ein, der uns die Gegenwartsereignisse von der Zukunft her bestimmen lässt. Die Reise wird jetzt als eine notwendige, wenn auch noch zukünftige Tatsache anerkannt.

Diesem *Bewusstseinsschritt* des Sterbenden – den Tod als notwendige Tatsache anzuerkennen – sollte jeder Begleiter eines Kranken Beachtung schenken. Denn selbstverständlich ist dieser Vorgang nicht. So weiß z.B. ein Krebskranker, dass er an dieser Krankheit sterben kann. Oftmals muss man jedoch seinen Äußerungen entnehmen, dass er sogar bis wenige Augenblicke vor dem Tode nicht mit dessen Eintritt rechnet. Er verdrängt den Tod aus seinem Bewusstsein, er versucht sich abzulenken, und wenn dies nicht gelingt, verfällt er vielleicht in Depression. Will man bei einem Schwerkranken anregen, sich doch dem notwendigen Sterbevorgang zu stellen, mag man auf eigene, vergleichbare Erlebnisse zurückgreifen. So können wir uns fragen: Was hat sich in mir verändert, indem ich einem notwendigen Ereignis nicht ausgewichen bin? Ich kann z.B. einen Prüfungstermin wahrnehmen oder ihm fernbleiben; nehme ich diesen Termin aber wahr, stelle ich mich dieser Situation – mit Erfolg oder Misserfolg –, wird eines deutlich: Ich gehe innerlich gestärkt, in meinem Ich gekräftigt aus der Situation hervor. Indem man sich der Situation stellt und dadurch reift, vollzieht man einen ersten Entwicklungsschritt im Sterbevorgang.

2.

Wer sich bewusst vor ein notwendiges Ereignis gestellt sieht, wird mit konkreten *Vorbereitungen* beginnen. In aller Kürze sei erwähnt, dass familiäre Angelegenheiten zu ordnen sind, ein mögliches Erbe zu verteilen und die Frage zu verabreden ist, wer eine Erd- oder Feuerbestattung vollzieht. Je nach Schwere des Krankheitsverlaufes bedarf der Sterbende hier der Hilfe anderer Menschen. Nun mögen solche Vorbereitungen bis zu einem gewissen Grade gelingen. Doch nicht alles lässt sich vollständig in Ordnung bringen, sodass in diese Phase meist auch Schuldgefühle hereinspielen.

3.

Woran können sich *Schuldgefühle* entzünden? Da ist zum Beispiel das Bedürfnis, mit einem bestimmten Menschen ins Gespräch zu kommen, um eine Angelegenheit zu bereinigen. Der Gesunde jedoch erfährt dies nicht, weil der Sterbende zu schwach ist, diesen Wunsch auszusprechen, einen Anruf zu tätigen oder gar einen Brief zu schreiben – und dieser kann nicht sterben, bis es zu der Begegnung kommt. Haben wir nicht oftmals den Eindruck, der Sterbende warte auf etwas? In Kenntnis der Biografie des Kranken können Begleiter solch Unausgesprochenes oftmals ›erraten‹ und Hilfestellung leisten.

Manchmal hat die Beunruhigung aber noch tiefere, verborgene Ursachen. Rudolf Frieling, einer der Begründer der Christengemeinschaft, prägte den Satz: »Der Mensch sündigt immer über seine Verhältnisse.« Wie ist das zu verstehen?

In den Vorträgen *Christus und die menschliche Seele* schildert Rudolf Steiner ein Beispiel: Unter Menschen kann eine Unwahrheit ausgesprochen werden. Der Sprechende vermag sie richtigzustellen, den anderen um Verzeihung zu bitten und sich in Zukunft zu bemühen, immer die Wahrheit zu sagen. Dann ist in Ordnung gebracht, was das handelnde Subjekt ins Reine zu bringen vermag. Die Unwahrheit selbst aber, ausgesprochen an einem Ort zu einer bestimmten Zeit, ist der Welt als objektive Tatsache »eingeschrieben«. Diese Schuld vermag nur derjenige zu verwandeln, »der der Welt Sünde trägt« (Johannes 1,29). Weil der Christus jedoch die Freiheit des Menschen respektiert, nimmt er diesen objektiven Anteil der Schuld nur erlösend auf sich, sofern der Mensch ihn darum bittet. Andernfalls geht die Schuld unverwandelt mit dem Menschen mit.

Ein Erlebnis mit einem Menschen möge das Beschriebene erhellen: Ein siebzigjähriger Mensch erlitt einen schweren Herzinfarkt und sah sich im Angesicht des Todes. Er litt darunter, dass er vor etwa vierzig Jahren in einem Kriegsgefangenenlager ein einziges

Mal den eigenen Kindern eine Schnitte Brot mehr zugeteilt hatte, als diesen zustand, um ihnen das Überleben zu ermöglichen. Jetzt bedrängte ihn die Tatsache, dass er wohl dadurch den Tod eines anderen Lagerinsassen verursacht hatte, dem diese Brotration fehlte. Nie hatte dieser Mensch in den auf dieses Ereignis folgenden Jahren einem anderen Menschen etwas weggenommen, und dennoch fühlte er die Last. Muss da nicht die Frage entstehen: Subjektiv ist zwar alles geleistet, aber bleibt der objektive Anteil der Schuld unverwandelt, weil die Hinwendung zu dem Christus ausblieb? Solche Menschen können oftmals nicht beten; in einem solchen Fall kann ein anderer sich stellvertretend für ihn an den Christus wenden und die Wandlung des Schicksals erbitten.

4.

Infolge eines Krankheitsverlaufs sind immer *Verzichte* zu leisten. Der Bergsteiger vermag nicht mehr in seinen geliebten Bergen zu wandern; der Unternehmer kann den Betrieb nicht mehr leiten; die berühmte Pianistin hat auf das Klavierspielen zu verzichten, die Mutter auf die Gegenwart ihrer Kinder. Deshalb frage ich mich vor jedem Krankenbesuch: Worauf hat dieser Mensch zu verzichten, und kann er diesen Vorgang bejahen oder wird er als Nötigung, als Zwang erlebt?

Einmal begegnete mir eine dreiundsechzigjährige Krebspatientin, die im Alter von sechzehn Jahren ihre Ausbildung zur Balletttänzerin abbrechen musste. Jetzt – im Krankenhaus – holte sie ihre Ballettschuhe unter dem Bett hervor mit den Worten:»Als Sechzehnjährige habe ich sie zum letzten Male getragen. Seither begleiten sie mich überall hin.« Es leuchtet unmittelbar ein, dass dieser Mensch dem Abbruch der Ballettausbildung nie wirklich zustimmen, auf den Wunsch, Balletttänzerin zu werden, nie wirklich verzichten konnte. Sie haderte mit ihrem Schicksal.

Im Todesaugenblick jedoch ist größter Verzicht zu leisten, der Verzicht, die Welt durch eine Leibesorganisation erleben zu dürfen. Kann man lernen, zu verzichten?

Wir wissen alle, dass jeder Verzicht, in Freiheit geleistet, das eigene Ich zu stärken vermag. Könnte dann nicht auch der Tod unser

Ich in selbstloser Weise stärken? Dieser Gedanke macht Rudolf Steiners Aussage: »Der Tod ist der größte Augenblick im Leben eines Menschen« verständlicher. Der Mensch darf erfahren: Ich bin Ich, auch ohne die Stütze eines physischen Leibes. Und will der Verstorbene im nachtodlichen Leben um seine Identität wissen, kehrt er immer wieder zu diesem Augenblick zurück.

Der Begleiter eines Schwerkranken, der selber schon Verzichte geleistet hat, darf darauf hinweisen, dass im Worte verz-ich-ten das *ich* enthalten ist – und dass Verzichte das Ich reifen lassen.

5.

Für jeden Sterbenden kommen Augenblicke größter *Einsamkeit*. Wird er in solchen Zeiten von Angehörigen und Freunden besucht, kann er sich vielleicht abwenden und jedes Gespräch verweigern. Oder er signalisiert durch Worte: Du kannst ja gut reden. Sterben muss doch ich allein. Dieses Erlebnis, im Sterben allein zu sein, kann sich so steigern, dass sich der Sterbende auch von den Wesen der göttlich-geistigen Welt verlassen fühlt. So konnten tief religiöse Menschen plötzlich die Frage stellen: »Gibt es den Christus überhaupt, und wie vermögen wir seine Gegenwart zu empfinden?« Man hat den Eindruck, der Sterbende fühlt sich ›von Gott und der Welt verlassen‹. Im Laufe der Zeit lernte ich dieses Erlebnis als Hinweis auf den bald eintretenden Tod verstehen, ganz gleich, wie die ärztlichen Aussagen lauteten.

Wir sind geneigt, Menschen über Einsamkeitserlebnisse hinweghelfen zu wollen. Wir wissen jedoch, dass solche Erfahrungen notwendig sind, um zu einer Persönlichkeit heranzureifen. Das Wort ein-sam bedeutet ja ›mit dem Einen gleich sein, identisch sein‹, oder, anders ausgedrückt, ›ein Ich zu sein‹. Erst wer sich selbst gefunden hat, kann heilsame, fruchtbare Beziehungen zu seinen Mitmenschen aufnehmen. So sollten wir es dem Sterbenden durch unser Verhalten auch ermöglichen, in bestimmten Zeiten alleine zu bleiben. Kommt dann der Augenblick, in dem er uns signalisiert: Jetzt geht die erfahrene Einsamkeit so tief, dass ich unter dem Erlebnis der Gott-Verlassenheit leide, mögen wir uns fragen, wie wir ihm helfen können, die Christus-Nähe wieder zu empfinden. Eine

Geste, ein Blick, ein Wort, ein Gebet, gesprochen in räumlicher Nähe oder Ferne, ein Heranführen des Schicksals an die Menschen-Weihehandlung oder der Vollzug des Sterbesakramentes können dann hilfreich sein.

6.

In all den oben angeführten Phasen des Sterbens erfolgt immer eine Auseinandersetzung mit der eigenen Biografie und es entsteht die Frage: Ist jetzt der *rechte Augenblick*, die Erde zu verlassen, oder sterbe ich zu früh oder zu spät? Sind bestimmte Entwicklungen eingetreten oder werden sie jäh abgebrochen? Manche pflegerischen Maßnahmen, medizinisches Handeln, das Spenden der Sterbesakramente hängen ja mit der Antwort, dass der Todesaugenblick nahe sei, unmittelbar zusammen. Wie kann man als Begleitender ein Gespür für die Nähe des Todesaugenblicks entwickeln?

Zunächst meine persönliche Überzeugung: Jeder Mensch lebt so lange, wie er lernen kann. Bleibt er innerlich in Bewegung, verwandelt er sein Seelisch-Geistiges, übt er zum Beispiel nach einem Schlaganfall an neuen körperlichen Verhaltensweisen, wird er weiterleben. Tritt jedoch Stillstand ein und seine Leiblichkeit gibt nicht mehr die Möglichkeit her, etwas zu verändern und zu lernen, darf er sterben. Der äußere Schein darf uns jedoch nicht täuschen: Auch der bewusstlose Mensch, der Langzeit-Koma-Patient macht noch Erfahrungen, die zu Entwicklungen führen können.

Nun begegnen uns immer wieder Menschen, die den Todeszeitpunkt eines Sterbenden infrage stellen. In Gesprächen mit ihnen kann ein Buch von Thornton Wilder, *Die Brücke von San Luis Rey*, eine Hilfe sein. Sie basiert auf einer wahren Begebenheit. In Lima reißt eine Brücke und fünf Menschen im Alter von zwölf bis achtzig Jahren stürzen mit ihr in den Abgrund. Ein Franziskanermönch, der für wenige Augenblicke vor der Brücke innehielt, um die Umgebung zu betrachten, entgeht dem Tod. Er fragt sich, ob es Zufall ist, dass er weiterlebt und diese fünf Menschen sterben, oder ob hier göttliche Vorsehung waltet und sich im Schicksal der Einzelnen ein Sinn findet, der sie zu diesem Tod hinführte. Im Nachgehen der verschiedenen Biografien und im Zusammentragen aller ihm zugänglichen Fakten stellt er zu seiner Überraschung fest: Der Tod dieser fünf Menschen tritt zu einem Zeitpunkt ein, da alle ihr Leben radikal ändern wollen und müssen. Nur – die Leiblichkeit ist so krank oder fest geworden, dass sie diese Wandlung nicht mehr ermöglichen kann. Ein neues Erdenleben in einer neuen Leiblichkeit ist nötig.

Besonders bewegend ist das Schicksal des etwa zwanzigjährigen Mannes. Wenige Wochen vorher starb sein eineiiger Zwillingsbruder. Es mangelt ihm an jeglicher Lebensfreude und seine Umgebung fürchtet, dass er den Freitod wählen wird. Einem befreundeten Kapitän gelingt es, ihn für eine Weltreise auf seinem Schiff anzuheuern. Am Abend vor der Abreise macht er ihn betrunken, da er um sein Leben fürchtet, und am frühen Morgen verhindert er noch im letzten Augenblick einen Selbstmord. Sie brechen auf. Der Kapitän begleitet die Maultiere mit dem Gepäck durch die Schlucht, der junge Mann betritt die Brücke – und wird in den Tod gerissen. Wie bedeutsam für sein weiteres Schicksal: Ein Unglücksfall – und nicht der Selbstmord – setzt seinem Leben ein Ende.

Wer im Begleiten eines Sterbenden die Frage bewegt, ob jetzt der rechte Todesaugenblick gekommen ist, kann auf das gesamte Leben des Menschen hinschauen und nach dem ›roten Faden‹ Ausschau halten. Vielleicht wird er bemerken, dass sich das Leben rundet, dass bestimmte Entwicklungen zum Abschluss kommen wollen und bestimmte Ziele erreicht sind. Dann kann das Eintreten des Todes bejaht werden.

Manchmal stellt man auch mit Überraschung fest, dass Lebensziele von einem Menschen ins Auge gefasst wurden, die bis zu dieser Krankheitskrise reichen und zeitlich nicht darüber hinausgehen. Ein vierzigjähriger Mann beispielsweise erlitt einen schweren Herzinfarkt und lag auf der Intensivstation. Er sprach über seine Lebensziele:»Bis zum vierzigsten Lebensjahr wollte ich verheiratet sein, zwei Kinder haben, ein Haus, Autos und ein Boot besitzen und Direktor eines Betriebes sein. Jetzt bin ich vierzig Jahre alt und habe all dies erreicht. Warum nun der Herzinfarkt?« Sollten sich in so einem Fall im Gespräch noch weitere Lebensziele entdecken oder gar gemeinsam entwickeln lassen, besteht wohl die Möglichkeit des Weiterlebens. Andernfalls tritt oft der Tod ein.

Ein anderer Weg, ein Gespür für die Nähe des Todes zu entwickeln, besteht im Aufmerksamwerden für die Bewusstseinsinhalte des Sterbenden. So kann er soeben noch von irdischen Tatsachen sprechen und schon im nächsten Augenblick Verstorbene erwähnen, deren Gegenwart er nun erleben kann. Auch dafür möchte ich ein Beispiel bringen: Nach ärztlichem Beschluss sollte einem achtundsiebzigjährigen Zuckerkranken am folgenden Tag das zweite Bein abgenommen werden. Ich stand an seinem Bett und er schickte mich plötzlich an die Pforte des Krankenhauses, um dort Menschen, die er namentlich nannte, abzuholen, damit diese den Weg zur Intensivstation fänden. Aus Kenntnis seiner Biografie wusste ich, dass er ausschließlich Verstorbene nannte. Indem ich seine Wahrnehmung als eine reale ansah und ihm antwortete, dass sie alle im ›rechten Augenblick‹ zu ihm finden würden, vermochte ich ihn zu beruhigen. Den Beschluss zur Operation konnte ich im Gespräch mit dem Arzt nicht rückgängig machen. Der Patient jedoch hat sich noch in der Nacht vor der Operation von der Erde verabschiedet.

So kann oftmals das Erleben der Nähe der Verstorbenen – während des Tages, beim Aufwachen oder Einschlafen – ein Hinweis auf den bald zu erwartenden Tod sein. Wird auch der Patient wach für solche Erlebnisse, lernt er den eigenen Sterbeprozess bejahen und vermag den Tod – allmählich vielleicht – als Freund zu empfangen.

7.

Angst vor dem Tod ist keine Seltenheit. Wer helfen will, diese Angst zu überwinden, sollte auf Auseinandersetzungen mit eigenen Ängsten zurückgreifen können, um im Gespräch nicht belehrend oder gar moralisierend zu wirken.

Ein Hinweis Rudolf Steiners kann uns helfen zu verstehen, was Angst ist. Er sagt: Jede Angst ist letztendlich Todesangst. In jedem Angstgefühl wird – mehr oder weniger bewusst – wahrgenommen, dass die unsterbliche, geistig-seelische Individualität sich verbunden hat mit dem sterblichen Leib. Das Unsterbliche fühlt sich hereingepresst in das Sterbliche. Das Erlebnis der Enge, der Angst tritt ein. Die Worte Angst und Enge sind sprachgeschichtlich miteinander verwandt.

Ein erster Schritt zur Angstüberwindung könnte also darin bestehen zu akzeptieren, dass in jeder Angst, beispielsweise vor einer Niederlage oder davor, einem Menschen nicht gewachsen zu sein, Todesangst als eigentliche Ursache lebt und man dieser Angst die Gewissheit entgegensetzt: Der Mensch stirbt keinen Moment früher, als er sterben soll.

›Entängstigung‹ kann auch eintreten, wenn wir uns anfängliche Gedanken über ein Weiterleben nach dem Tod bilden. Denn alles Ungewisse ängstigt. Natürlich ist es im Sterbeprozess für eine gedankliche Klärung der Frage eines Lebens nach dem Tod meist zu spät. Man kann aber an Erlebnisse, vor allem an Träume des Sterbenden unmittelbar anknüpfen. Oftmals geben diese dem Menschen eine Hilfestellung für das, was kommen wird. So begegnete ich einer Patientin, die Unterleibskrebs hatte. Vor ihrer Operation träumte sie, dass das Untergeschoss des Hauses abbrannte, in dem sie wohnte. Sie selbst empfand dabei keinerlei Schmerz oder Angst, weil sie sich im Obergeschoss befand und ihr hier der Christus mit segnender Gebärde entgegentrat. Nach der Operation – die im Öffnen und unmittelbaren Schließen des Bauchraumes bestand, weil der Krebs schon zu weit fortgeschritten war – fragte ich die Patientin, wie sie den Traum im Zusammenhang mit ihrer Krankheit verstehe. Zunächst deutete sie auf ihren Unterleib und sagte: »Hier zerfällt alles, aber weiter oben in der Herzgegend ist alles gesund.« Dann lernte sie nach und nach verstehen, dass der Traum auch ein Hinweis sein könnte, das Leibeshaus zu verlassen und den Bereich zu betreten, aus dem ihr der Christus segnend entgegentrat. Der Traum schenkte ihr während ihrer letzten Erdentage immer wieder neu inneren Halt.

Einen anderen Patienten traf ich einmal weinend an. Das größte Erlebnis seines Lebens war, aus russischer Gefangenschaft entlassen zu werden und wieder ein freier Mensch zu sein. In der vergangenen Nacht war es zu einem Atemstillstand gekommen, aber er wurde erfolgreich reanimiert. Sein Erlebnis jedoch fasste er in die Worte: »Denken Sie, heute Nacht wurde ich wieder aus der Gefangenschaft entlassen. Die Freude war übergroß – aber diesmal hat man mich wieder gefangen genommen.«

Die Beispiele ließen sich fortsetzen. Bedeutsam scheint mir, dass in Todesnähe der Sterbende reale Eindrücke von einer nachtodlichen Welt erhält, die seine unbestimmte Angst in ein anfängliches Wissen von der geistigen Welt zu wandeln vermögen.

Manchmal greife ich auch zu Beispielen aus der Literatur, um Gedanken über ein nachtodliches Leben zu entwickeln. Besonders geeignet erscheint mir das Stück *Nun singen sie wieder* von Max Frisch. Er unternimmt dort den Versuch, konkrete Menschenschicksale über den Tod hinaus ›weiterzudenken‹. Wurden diese Schicksale von mir geschildert, kam es immer zu bewegenden Gesprächen mit den Patienten. Solche Texte sind besonders hilfreich, wenn nicht-religiöse Menschen zu begleiten sind.

Vergegenwärtigen wir uns zum Schluss noch einmal die sieben Entwicklungsschritte:

· Die Anerkennung des Todes als notwendiges Ereignis
· Vorbereitungen sind zu treffen
· Nicht alles kann geordnet werden, Schuldgefühle treten auf
· Verzichte sind zu leisten
· Einsamkeit will ertragen sein
· Das Ringen um die Frage des rechten Zeitpunktes
· Die Angst vor dem Tod

Gelingt es dem Menschen, diese sieben Schritte – die nicht unbedingt in der genannten Reihenfolge auftreten müssen – zu bejahen, wird er im *Sterben reifen*, wird sein Ich aus diesem Prozess geläutert und gestärkt hervorgehen und – mit Rilke gesprochen – die Frucht seines Ringens in eine nachtodliche Welt einbringen können. Die Haltung des Begleitenden kann sich dabei an den Worten Angelus Silesius' orientieren:

Wer nicht stirbt, eh' er stirbt,
Der verdirbt, wenn er stirbt.

In die Vorbereitung auf den Tod können darüber hinaus – im Zusammenhang mit den Einsamkeitserlebnissen habe ich es bereits erwähnt – auch *sakramentale Handlungen* – die Beichte, die Krankenkommunion und die Heilige Ölung – einbezogen werden. Im Folgenden möchte ich kurz darstellen, wie diese Sakramente in der Christengemeinschaft vollzogen werden.

Zum Sakrament der Beichte

Im 24. Kapitel des Lukas-Evangeliums wird uns von den beiden Jüngern berichtet, die am Nachmittag des Ostertages auf dem Weg nach Emmaus sind. Sie wandern über die Hügel der untergehenden Sonne entgegen. Noch können sie nicht verstehen, was ihrem Meister widerfahren ist: »Wir aber hofften, Er sei es, der Israel erlösen sollte.« Bewegt, betrübt, verwirrt, ja verzweifelt machen sie sich auf den Weg und tauschen sich im Gespräch über das Geschehen aus. Plötzlich bemerken sie, dass ein Dritter sie begleitet. Er scheint die Ereignisse nicht zu kennen und regt sie durch Fragen an, alles von Anfang an zu berichten. Dabei ordnen sich ihre Gedanken. Sie beginnen zu verstehen, dass das Ereignis von Golgatha notwendig war, um die Menschen von der Sündenkrankheit zu heilen. In ihren eigenen Fragen und Nöten leuchtet eine höhere Notwendigkeit auf, ihr aufgewühltes Gemüt beruhigt sich, ihr Wille, Zukünftiges zu gestalten, regt sich und lässt sie bitten: »Herr, bleibe bei uns.«

Jeder Mensch trägt auf seinem Lebensweg enttäuschte Hoffnungen, Verwirrungen und Verfehlungen mit sich. Zugleich aber regt sich auch in seinem Innern der Wille, den Sinn dieser Geschehnisse zu erfahren, bewusst die Verantwortung für dieselben zu übernehmen und neue Ziele ins Auge zu fassen. In besonderen Lebensaugenblicken, wie vor einer schweren Operation oder an der Todesschwelle, wird sich der Mensch dieser Tatsache oft schmerzlich bewusst. Er ahnt, dass er einer Hilfe bedarf, die größer ist, als ein Erdenmensch sie zu leisten vermag. Er bittet den Priester um ein Beichtgespräch. In dieser Schicksalsberatung – wie das Beichtsakrament auch genannt werden kann – wird die Fülle des Erlebten vergegenwärtigt. Gemeinsam blickt man auf bedeutsame Entwicklungsschritte, mögliche Krisen und Verfehlungen. Der Wille, mit allen Menschen im Reinen zu sein, regt sich mächtig. Es kräftigt sich der Impuls, ein Lernender zu sein und immer mehr zu werden.

Patient und Priester führen dies Gespräch in dem Bewusstsein, dass ein Dritter unsichtbar anwesend ist, mitgeht, mithört und antwortet. In dieser Atmosphäre kann allmählich eine Bejahung des eigenen Schicksals eintreten. Wird jetzt das Beichtsakrament vollzogen, so enthält dieser ›Spruch‹ nicht ›Freispruch‹, sondern die Aufforderung zu üben. Denken und Wollen sollen sich vom Göttlichen her erkraften, damit das Herz Frieden findet.

Wenn man in schwierigen Lebenslagen bereit ist, sich zu fragen: »Was würde einer, der weiser, gütiger, reiner ist, als ich es bin – Christus – zu meiner Lebenslage sagen«, kann man einen Standpunkt erringen, von dem aus man neu und vollständig anders an die Klärung, Ordnung und Wandlung des eigenen Lebens gehen kann. Man beschreitet mit Christus zusammen einen inneren Weg – wie die beiden Jünger mit ihm nach Emmaus wanderten. Erfolgt diese Bemühung im Laufe des Lebens immer wieder, wird die Hilfe des Beichtsakramentes vom Sterbenden sehr real erlebt.

Gerade in Todesnähe war es oft bewegend mitzuerleben, wie der Sterbende auf seine Biografie hinschaute und welche Begebenheiten angesprochen wurden. Aufgenommen in die Ansprache bei der Bestattung, entstand für die Angehörigen oftmals ein völlig neues Bild vom Wesen des Verstorbenen. Er hatte zu Lebzeiten immer über diese Ereignisse geschwiegen.

Zum Sakrament der Krankenkommunion

Wenn in einem Beichtgespräch um die Anwesenheit des Christus gerungen wurde, kann dem Sterbenden im Anschluss daran die Krankenkommunion gereicht werden. Im Empfangen von Leib und Blut Christi wird die Verbindung mit dem Göttlichen gestärkt und besiegelt.

Während des Erdenlebens nehmen wir irdische Nahrung zu uns, um für unsere Erdenaufgaben gerüstet zu sein. Die himmlische Speise, das Abendmahl, kräftigt den idealischen Menschen in uns. Mit

Hilfe des Leibes vermag er an der Erde zu arbeiten und sie zu verwandeln. Er kann sich aber auch dem Geiste zuwenden und Geistesfrüchte hervorbringen, die über den Tod hinaus Bestand haben. In beide Richtungen – in der Hinwendung zur Erde und in der Hinwendung zum Geiste – hilft die Kommunion dem Menschen, die Mitte zu finden, das Gleichgewicht zu wahren. Sie kräftigt den Menschen für seine Erdenaufgaben und ermöglicht ihm zugleich, Anteil zu gewinnen an der unsterblichen Leiblichkeit des Auferstandenen und dessen Zielen. Sie wird stärkende Wegzehrung für alle nachtodlichen Wege.

Zum Sakrament der Heiligen Ölung

Die Christengemeinschaft pflegt einen siebenfältigen Sakramentalismus. Ihm liegt ein Menschenbild zugrunde, das von der vorgeburtlichen Existenz (*Präexistenz*) und der nachtodlichen Existenz (*Postexistenz*) des Menschen weiß. Die Taufe heiligt das Geborenwerden, das Sterben wird durch den Vollzug der Letzten Ölung (Salbung) geheiligt.

Wie oft erleben wir, dass das Loslassen des Leibes im Sterben mit Schmerzen, Ängsten und Bewusstseinsveränderungen verbunden ist, die uns erschrecken können, und wie sich die Lebenssituation des Sterbenden nach dem Empfang der Ölung vollständig zu wandeln vermag. Dennoch ist es nicht selbstverständlich, dass jeder getaufte Christ das Sakrament der Ölung erbittet.

Wenn wir im Leben des Christus Jesus Urbilder für die Sakramente aufsuchen, so finden wir die Schilderung einer Salbung, die sechs Tage vor Ostern in Bethanien vollzogen wird. Beim Mahl im Hause des Lazarus vollzieht Maria Magdalena an den Füßen des Meisters eine Salbung. Judas wendet sich gegen die Vergeudung des kostbaren Öles, aber Jesus antwortet ihm: »Lass sie mit Frieden. Mag es gelten für den Tag meiner Grablegung.« (Johannes 12,7) Die Salbung wird deutlich als Vorbereitung auf den Tod angesprochen und sie findet ihre Weiterführung am Karmittwoch durch die Salbung des Hauptes. Taufe und Salbung sind also dem Erdenwandel Jesu Christi eingeschrieben.

In der Christengemeinschaft wird die Letzte Ölung möglichst in der zeitlichen Nähe des Lebensendes gespendet. Der Vollzug beginnt mit den Worten aus dem Hohepriesterlichen Gebet (Johannes 17), die am Gründonnerstag in Anwesenheit der Jünger gesprochen werden. Der Christus Jesus, bewusst auf die letzten Stunden seines Erdenlebens zugehend, betet für die Menschen, die an sein Wirken Anschluss gefunden haben. Für sie erbittet er ewiges Leben vom Vatergott.

Anschließend vollzieht der Priester an der Stirne des Sterbenden eine dreifache Salbung: Mit geweihtem Öl wird über den beiden Augen in der Mitte der Stirne ein Kreuz gezeichnet: das Kreuz-Zeichen des Todes, Zeichen der Auferstehung und eines neuen, höheren Lebens. Die Worte des Sakramentes begleiten helfend den Vorgang des Sich-Lösens vom Leibe, stärken die Individualität in ihren den Tod überwindenden Kräften und rufen Christus als Weggefährten in allen nachtodlichen Schicksalen an.

Das Sakrament der Ölung kann unabhängig von den Bewusstseinsverhältnissen des Sterbenden gespendet werden. Es erreicht den Empfänger, wie einige Fälle zeigen, sowohl bei völliger Bewusstlosigkeit als auch bei eingetretenem Todeskampf (Agonie).

Zwei Beispiele sollen dies verdeutlichen. Die Ölung wurde an einem bewusstlosen Menschen vollzogen, der nachher zu sich kam und berichten konnte: Seine Seele hatte sich anfänglich vom Leibe gelöst, sein Bewusstsein breitete sich sphärisch in den Kosmos aus, als plötzlich der Kosmos zu tönen und zu sprechen begann. Er strebte danach, den Ort des Sprechens aufzusuchen und bemerkte im Erwachen aus der Bewusstlosigkeit, dass dieses Tönen an seinem Lager durch den Priester seinen Ursprung genommen hatte.

Ein anderer Sterbender hatte einen Gehirnschlag erlitten; es stand fest, dass er das Wachbewusstsein nicht wieder erlangen würde. Er lag im Koma, mit kaltem Leib und kalten Gliedern. Die vollzogene Ölung löste zunächst keine äußerlich wahrnehmbare Veränderung aus. Zum Erstaunen des behandelnden Klinikarztes durchwärmte sich aber der Komapatient ungefähr eine Stunde später noch einmal vollständig. Die Seele löste sich im Sterben von einer erwärmten Leiblichkeit.

Ein Ideal kann sein, den Dreischritt Beichtgespräch / Kranken-kommunion / Letzte Ölung in zeitlicher Nähe zu vollziehen. Während des Gesprächs werden Priester und Sterbender allein sein, die Krankenkommunion kann unter Mitbeteiligung, die Ölung in Anwesenheit von Angehörigen und Ministrant vollzogen werden.

Alle drei Sakramente vermitteln uns die Gewissheit, dass die Individualität im Sterben den Tod überwinden wird und sie ein neues Leben erwartet.

Helfendes Gespräch, Biografiearbeit, Psychotherapie und Seelsorge

Ursula Hausen

Eine junge Schwesternhelferin, die mit großem Enthusiasmus nach kurzer Ausbildung ihre Ferienarbeit im Krankenhaus begonnen hatte, stand schon in den ersten Tagen ihrer Tätigkeit am Morgen bei Arbeitsbeginn vor einem erschreckenden Schockerlebnis: Sie fand einen der Patienten, einen alten Menschen, der alle Schwestern durch fortwährende Forderungen nach irgendwelchen unnötigen Pflegemaßnahmen verärgert hatte, nicht in seinem Zimmer vor. Um den Zimmernachbarn vor Störungen zu schützen, hatte die Nachtwache sein Bett kurzerhand in die Putzkammer geschoben. Dort wurde er nun, vor dem Bett liegend, tot aufgefunden. Er hatte sich aus den Binden, mit denen seine Beine umwickelt waren, eine Schlinge angefertigt, diese an den Gitterstäben des Bettes befestigt und sich durch den bewussten Sturz aus dem Bett das Leben genommen.

Eine Stationsbesprechung zu dieser Situation zeigte, dass in den letzten Tagen niemand mehr als ein paar belanglose Worte mit ihm gesprochen hatte, dass man seine wachsende Unruhe nur als Störung, nicht aber als Signal eines verzweifelten Hilferufes verstanden hatte. Er war immer mehr in die Rolle des ungeliebten, Ärger erzeugenden Störenfriedes geraten, hatte auch keinerlei Besuch durch Angehörige oder Freunde mehr erhalten und war so von niemandem in seiner Einsamkeit und Not verstanden worden. Eine für alle erschreckende Spirale der gegenseitig wachsenden Ablehnung wurde sichtbar. Im Nachhinein fanden sich zahlreiche kleine Begebenheiten, die zeigten: Hätte sich ein Mensch bereit gefunden, mit dem *Opa*, wie er genannt wurde, über seine Ängste vor der bevorstehenden Amputation seiner Beine zu sprechen und ihn fühlen lassen, dass er als Mensch noch ernst genommen würde sowie in seiner schwierigen Krankheit (»Raucherbeine! Er ist doch selbst daran schuld«, war der Kommentar, den er öfters zu hören bekommen hatte!) mit Hilfe rechnen könnte, wäre noch eine Entwicklung möglich gewesen.

Dem steht das Beispiel einer schwer kranken Frau gegenüber, die oft mit dem Gedanken spielte, sich das Leben zu nehmen, »damit endlich alles vorbei ist«. Eines Tages erlebte sie, wie ihr vierjähriges Enkelkind sah, dass sie bei einem Besuch Tränen in den Augen hatte, und daraufhin einen zielstrebigen Versuch unternahm, sie mit ein paar Gummibärchen und seinem heißgeliebten, schon ganz zerknautschten Kuscheltier zu trösten. Die Liebe dieses Kindes war ein so beglückendes Erlebnis, dass sie sich dadurch in einer entscheidenden Krise wirklich gerettet fühlte und den Mut fasste, diesem Kind zuliebe weiterzuleben.

Solch ein Beispiel zeigt: Es kommt auf die Wachheit jedes Einzelnen an, auf das Gespür dafür, wann ein Gespräch für einen einsamen Menschen möglicherweise eine lebensrettende Hilfe sein kann. In vielen Fällen muss es gar nicht um besondere, große Aktionen gehen, sich viel Zeit für einen Menschen zu nehmen, um ein wichtiges Thema mit ihm im Blick auf den Tod zu besprechen. Es kann auf der einfachsten Ebene anfangen, und gerade von der unvermittelten Aktion des Kindes können wir viel über die Unbefangenheit lernen, spontan auf einen wahrgenommenen Schmerz zu reagieren oder einem Menschen das Gefühl zu geben, nicht allein und abgeschoben zu sein.

Hier tun sich weite Horizonte auf, die uns zu Aufmerksamkeit und bewusster Zuwendung einladen, die aber oft auch an Unsicherheiten scheitern. Wenn unsere Gemeinschaften in Familien und Freundeskreisen intakt wären, bis hin zu der Geborgenheit des Einzelnen in der Gemeinschaft eines religiösen Zusammenhangs, bräuchten viele Menschen, die heute die Praxen der Therapeuten besuchen, keine Psychotherapie.

Andererseits ist das Bedürfnis, auf qualifizierte Weise die Prozesse der eigenen Biografie zu verarbeiten, mit unserer Zeit zutiefst verbunden. Es gehört zur Entwicklung der Bewusstseinsseele, sich selbst über die eigene Entwicklung Gedanken zu machen, die Ziele bewusster zu fassen und die Hindernisse zu überwinden, die uns im Weg stehen. Was frühere Zeiten durch klare soziale Ordnungen und Bräuche, Märchen, religiöse Übungen, Gesänge und rhythmische Tänze als unbewusste Entwicklung im Feiern der Feste veranlagten, muss heute durch die Kultur des Denkens in ganz anderer Weise ergriffen und gepflegt werden. Solche Verarbeitungsprozesse der Biografie können nicht ohne ein fundiertes fachliches Wissen in die Wege geleitet werden und brauchen je nach methodischem Hintergrund möglicherweise jahrelange Ausbildungs- und Erfahrungszeit. Es ist daher nicht ratsam, aus der Vielzahl der inzwischen zugänglichen ›Ratgeber‹ ein laienhaft zusammengerührtes Süppchen von ›Bedeutung‹ einzelner Ereignisse anzubieten. Stattdessen müssen wir uns darum bemühen, die entsprechende qualifizierte Hilfe zu vermitteln.

Deshalb sollen hier einige Methoden verarbeitender und die Entwicklung fördernder Gespräche dargestellt werden, damit ihre Möglichkeiten und Grenzen sichtbar werden können und ein begleitender Helfer gezielt zusätzliche Wege vorschlagen kann.

Helfendes Gespräch

Wie oben gezeigt, kann hier die ganze Palette guter menschlicher Begegnungen, von einem kleinen Kind angefangen bis zu den intensivsten philosophischen Gesprächen oder einem direkten: »Ich habe dich lieb«, sich entfalten. Was spontan entsteht, hat oft besonderen Reiz, und die Gefahr, dass gute Gewohnheiten bei regelmäßiger Anwendung in Routine ausarten, kann nicht immer vermieden werden.

Wer als Freund, Angehöriger oder Sterbebegleiter einem Menschen Gesprächskontakt anbieten will, kann sich an folgenden Gesichtspunkten orientieren:

Grundsätzlich wird immer die individuelle Beziehung die Grundlage des Gespräches sein. Ein Gespräch zwischen Mutter und Tochter enthält oft viele unausgesprochene Elemente, die stets mitwirken. In anderer Weise zeigt sich das beim Gespräch zwischen Arzt und Patient. Ein Hospizhelfer ist zwar durch seine Bereitschaft, im Hospiz zu arbeiten, schon bis zu einem gewissen Grad vertraut, doch muss die individuelle Gesprächsform oft im Laufe längerer Zeit erst erarbeitet werden. Die Vielfalt dieser Begegnungen hat einen Reichtum in sich, der wesentlichste Qualitäten für das Leben mit sich bringt.

Besonders für Helfer, die keinerlei methodische Ausbildung oder Erfahrung haben, ist vor allem wichtig zu wissen, dass der Helfende seinen eigenen Willen zurücknehmen muss, wenn er zu einem lebendigen Verstehen der Anliegen des Sterbenden kommen will. Zuhören zu können und selbst innerlich zu dem Gehörten zu schweigen, ist die wesentlichste Kraft, die im Gespräch wirkt. Wenn dies beachtet wird, kann dadurch vor allem auch die Sorge, von missionarischem Eifer überwältigt zu werden, überwunden werden.

Meist ist es eine bewährte Methode, eigene Ratschläge so lange ganz zurückzustellen, bis der, dem man Hilfe anbietet, durch eine Frage zeigt, dass er gern die Gedanken seines Gesprächspartners hören will.

Bei schwerkranken Patienten ist entscheidend, dass der Besuch und das Gespräch nicht zu lange dauern.

Wer am Abend nach einem Gespräch versucht, sich einen Augenblick Zeit für ein Zurückblicken auf die Begegnung zu nehmen, der kann im Nachklang oft feine Nuancen wahrnehmen, die ihm im aktuellen Gespräch noch nicht direkt zum Bewusstsein gekommen waren. Ein solches Reflektieren oder Meditieren bereitet zugleich die zukünftige Begegnung vor.

Die Fürbitte im Gebet wendet sich an den Engel des betreffenden Menschen, der die Kraft hat, dem Helfer in der Nacht gute und wirksame Gedanken für die weiteren Begegnungen zu senden. So wird es vielleicht auch möglich, sich durch die Ratlosigkeit einer schwierigen Lebenssituation wieder durchzuarbeiten bis zu dem Punkt, an dem die Augen eines Menschen zu leuchten beginnen, weil er sich verstanden fühlt.

Es gehört zu den größten Aufgaben, die wir Menschen gegenseitig wahrnehmen können, im Gespräch zur Bereicherung des Lebens beizutragen. Der bekannte Satz aus Goethes Märchen von der grünen Schlange und der schönen Lilie heißt: »Was ist herrlicher als Gold? – Das Licht. – Was ist erquicklicher als das Licht? – Das Gespräch.«

Biografiearbeit

In den vergangenen Jahren hat sich aus dem Stichwort ›Biografiearbeit‹ ein reiches Netz unterschiedlicher Methoden entwickelt, die Biografie des Menschen in ihren Gesetzmäßigkeiten und Rhythmen zu untersuchen. Die durch Rudolf Steiner geschilderten Gliederungen der Lebensentwicklung anhand der Jahrsiebte, deren Bedeutung wichtig ist, um die durch die Entwicklung der einzelnen Wesensglieder notwendigen Knotenpunkte und Krisen, Entwicklungsschritte und Lebensfragen gezielter angehen zu können und ein grundlegendes Verständnis für die individuelle Ausgestaltung gesetzmäßiger Prozesse zu finden, ist für viele Menschen, die diesen Weg übend und betrachtend gehen, eine große Bereicherung.

Ein Beispiel kann das erläutern: Wenn Eltern nicht wüssten, dass Kinder mit etwa sechs bis sieben Jahren die Zähne verlieren, erschräken sie sicher heftig, wenn der erste ›Wackelzahn‹ die scheinbar stabile Ordnung im Gebiss in Frage stellt und bald darauf an der gleichen Stelle eine Zahnlücke sichtbar macht, dass der Zahn sich verabschiedet hat. Was würde man alles zu unternehmen suchen aus Sorge, dass das Kind bald keine Zähne mehr haben könnte? Welche Vermutungen über die Ursache und die Behandlung des Zahnausfalls würden in Gang gesetzt, um wenigstens die anderen Zähne zu erhalten? Jeder dieser Versuche wäre dabei nur eine Behinderung für das Wachstum der zweiten Zähne, die ja bald nach dem Ausfallen der Milchzähne sichtbar werden.

Auch im Blick auf die Pubertät und ihre Veränderungen im Organismus gab es noch vor nicht allzu langer Zeit ›wohlbehütete Mädchen‹, die durch die erste Menstruation wie von einem Schock überfallen wurden, der oft auf Jahre hinaus zu seelischen Belastungen durch die Periode führte, wenn sie sich die Ursache der Blutung nicht erklären konnten. Einige wenige Grundgedanken über die körperliche Entwicklung und die zukünftige Möglichkeit, als Frau Kinder zur Welt zu bringen, lassen die gleiche Situation in einem anderen Licht erscheinen.

In der körperlichen Entwicklung ist uns klar, dass es bestimmte Gesetzmäßigkeiten gibt, die wir kennen und deren Verständnis uns hilft, solche Probleme, die aus dem Nicht-verstehen kommen, sicher zu bewältigen. Vielen Menschen ist aber unbekannt, dass es entsprechende Entwicklungsschritte mit dazugehörigen Krisen, Veränderungen und seelischen Belastungen auch für die seelische Entwicklung gibt, und dass die Kenntnis der entsprechenden Gesetzmäßigkeiten eine entscheidende Entlastung darstellt, weil dann sichtbar wird, wie das Problem bearbeitet oder die schwierige Lebenssituation besser bejaht werden kann.

Beim Zahnwechsel und in der Pubertät ist deutlich, dass die körperliche Reifung eindeutig mit seelischen Entwicklungsschritten parallel geht, auch wenn nicht alles exakt gleichzeitig abläuft. Bei den späteren biografischen Rhythmen sind die Parallelen der körperlichen, seelischen und geistigen Schritte nicht mehr so deutlich erkennbar, können aber durch die Kenntnis der zugrunde liegenden Veränderungen in den Wesensgliedern (Ätherleib, Astralleib und Ich in ihrer Verbindung mit dem physischen Leib) verstanden werden.

Durch die Methoden der Biografiearbeit können in unterschiedlicher Weise die grundlegenden Lebensrhythmen in der individuellen Biografie aufgesucht und die damit verbundenen Lebensfragen auf neue Weise durchsichtig gemacht werden. Damit sind in der Phase des Rückblicks auf das Leben z.B. in höherem Alter oft sehr aufschlussreiche Erfahrungen verbunden, die es möglich machen, die im unmittelbaren Erleben oft schwer verständlichen Ereignisse im Nachhinein in einer sinnvollen Ordnung erkennen zu können. Dankbarkeit für anfängliches Erkennen der einer Biografie zugrunde liegenden sinnvollen Stufenfolge der Ereignisse sowie eine neue Struktur des Gesamtbildes können die Ergebnisse dieser Methoden sein.

Auch für den gegenwärtigen Augenblick und für Fragen nach der Zukunft finden sich viele Anregungen. Besondere Chancen zu nutzen und Aufgabenstellungen einer bestimmten Konstellation wach zu erkennen und zu gestalten, regt zu vielen neuen Ideen für die Betrachtung der eigenen Biografie an und kann sowohl zu Initiativen ermutigen als auch vor Fehlschlüssen und Problemen warnen.

Psychologie und Psychotherapie

Die Methoden dieser Wissenschaft lassen für den geübten Blick auch einen Schluss auf die mit ihnen zu erzielenden Erfolge sichtbar werden. Auf der Grundlage eines materialistischen Menschenbildes lassen sich mit dieser Methode vor allem die zu erfassenden Veränderungen im Verhalten des Menschen beschreiben. Ursache- und Wirkungszusammenhänge können mit statistischen Methoden errechnet und Wahrscheinlichkeiten für Zukünftiges bestimmt werden. Nach der seit längerem in der Universitätstradition gängigen Definition der Psychologie als »Lehre vom menschlichen Verhalten« wird mit der Seele als einer vom Leib unabhängigen Wirklichkeit nicht mehr gerechnet, da sie mit den Methoden dieser Disziplin nicht erfasst werden kann. Entsprechend wird der Geist des Menschen ebenfalls nur insoweit berücksichtigt, als er durch konkrete Verhaltensweisen ›operationalisiert‹ werden kann. Vor allem in der behaviouristisch ausgerichteten Forschung führt die Reduktion auf das ›Reiz-Reaktions-Modell‹ leicht zu einer gewissen Einschränkung der Sichtweise und auch der Aussicht auf künftige Veränderungen. Dadurch entsteht die im heutigen Alltagsbewusstsein immer häufiger auftretende Haltung, durch die Vergangenheit, vor allem durch negative Erfahrungen in der Kindheit festgelegt zu sein, da diese Vergangenheit ja nicht mehr zu verändern ist. Jeder therapeutische Zugang zu den Problemen der Vergangenheit kann nur die Zusammenhänge sichtbar machen, eventuell damit verbundene Blockaden lösen und damit wieder neue Freiräume schaffen.

Charakteristisch für die Folge dieses reduzierten Menschenbildes ist, dass viele Psychologen (oft schon als Studenten) sich eine private Weltanschauung neben ihrer wissenschaftlichen Orientierung suchen, in der eine esoterische, spirituelle oder religiöse Dimension sichtbar wird. Die so entstehenden Diskrepanzen zwischen der wissenschaftlichen und der persönlichen Überzeugung treten oft gar nicht unmittelbar ins Bewusstsein. Das Problem der jahrhundertelang auch von den Kirchen propagierten Trennung von ›Glauben‹ und ›Wissen‹ wird hier sichtbar. Denn viele Therapeuten pflegen ein tiefes ethisches Verantwortungsbewusstsein, das auch unbewusst religiöse Kraft entfalten kann und so das Mitwirken der geistigen Welt möglich macht. Die Sehnsucht nach spiritueller Vertiefung zeigt sich immer deutlicher, sowohl bei Therapeuten als auch bei Patienten. Individuell sind auf diesem Gebiet oft außerordentlich fruchtbare Ansätze entwickelt worden, die weit über das naturwissenschaftliche Menschenbild der Schulpsychologie hinausreichen und sich einer Befruchtung durch spirituelle Methoden zuneigen.

Rudolf Steiner hat jedoch bewusst keine Ansätze für eine anthroposophische Psychotherapie gegeben, sondern die praktische Zusammenarbeit zwischen Ärzten und Priestern in der Pastoralmedizin angeregt und grundlegende Unterweisungen dafür in einem seiner letzten Kurse gegeben. So kann die Seele sowohl von ihrer Bindung an den Körper als auch von ihrer geistigen Seite her erreichbar sein für die Therapie. Gerade die Zusammenarbeit dieser beiden Fachgebiete auf dem Hintergrund der Freien Hochschule für Geisteswissenschaft ist eine wirkliche Zukunftshoffnung, dass dadurch neue Formen der Behandlung entstehen können, die dem Wesen des Menschen umfassender gerecht werden können. Durch die Anthroposophie und die menschenkundliche Durchdringung der Sakramente der Christengemeinschaft lässt sich ein Menschenbild finden, das auch die Verbindung zwischen Körper, Seele und Geist gedanklich exakt fassen und die den Wesensgliedern angemessenen Methoden des therapeutischen Zugangs entwickeln kann.

Die Flut der inzwischen gängigen psychologischen und psychotherapeutischen Methoden und Angebote ist kaum mehr zu überschauen. Sie reichen von den materialistischsten Grundgedanken bis zu den erstaunlichsten esoterischen Fragen. Und die Vielzahl der Menschen, die einer bestimmten Behandlung neue Lebensbejahung, Arbeitskraft und Lösung brennender Probleme verdanken, spricht eine deutliche Sprache. Es zeigen sich, geisteswissenschaftlich betrachtet, in solchen Wegen oft auch karmische Zusammenhänge, die oft mehr die Persönlichkeit des Therapeuten als die Methode betreffen. Wenn ein Therapeut die ihm zur Verfügung stehenden Methoden mit Ichkraft und Liebe zur Anwendung bringt, werden sie auch im Karma des Patienten zum Guten wirken können. Und die fundiertesten Methoden können versagen, wenn nicht die menschliche Brücke zwischen dem Therapeuten und dem Klienten entsteht.

Seelsorge auf der Grundlage der Sakramente der Christengemeinschaft

Ich will nun versuchen, die besonderen Wirkungen, die von der seelsorgerischen Arbeit der Christengemeinschaft ausgehen können, in ihren Grundzügen so weit sichtbar zu machen, dass eine Gegenüberstellung mit den Methoden anderer Beratungskonzepte wie den oben beschriebenen es jedem ermöglicht, eine für seine Situation sinnvolle Entscheidung zu treffen, welche Wege er bei der Suche nach Hilfe gehen will.

Bei der Begründung der Christengemeinschaft machte Rudolf Steiner den ersten Priestern klar, dass die Flut psychologischer Literatur und Therapie einen Mangel in der Seelsorge sichtbar macht. Was von den Kirchen in den Bereichen Lebenshilfe, Beratung und Schicksalsbegleitung, Befreiung von den Belastungen durch Schuldgefühle oder Orientierungslosigkeit in weltanschaulichen Fragen nicht geleistet wird, weckt das Bedürfnis nach nicht mehr religiös orientierten Alternativen, beispielsweise durch die Psychologie.

Durch die Geisteswissenschaft Rudolf Steiners sind nun gerade an dieser Stelle der Verbindung von wissenschaftlicher Exaktheit und religiöser bzw. weltanschaulicher Vertiefung völlig neue Entwicklungsmöglichkeiten entstanden. Für viele Menschen bedeutet die Erkenntnis, dass keine Trennung zwischen Glauben und Wissen notwendig ist, gerade die entscheidende Möglichkeit, überhaupt die Religion wieder als ernst zu nehmende Tatsache in ihr Leben einzubeziehen. Es kann eine gegenseitige Befruchtung von Glaubensinhalten, die denkend erfasst werden können, und Gedanken, die bis zur religiösen Vertiefung belebt werden, entstehen. Während die aufkommende Naturwissenschaft das Denken zuerst an der Sinneswahrnehmung, an Experiment und Beobachtung schulen musste, wobei jeder Denkfehler sofort seine Korrektur durch die Sinneswahrnehmung erfährt, sind wir seitdem in der Lage, auch ein exaktes, sinnlichkeitsfreies Denken zu üben und so z.B. den Tatsachen des Lebens nach dem Tod im leibfreien Zustand denkend näher zu kommen.

Exaktes geisteswissenschaftliches Denken befindet sich nie im Widerspruch zu den auf anderen Wegen gewonnenen Wahrheiten, sondern erweitert sie, indem zu den auf physischer Ebene gewonnenen Erfahrungen die Tatsachen der ätherischen, der astralischen und der geistigen Ebene der Welt zugefügt werden können. So kann ein gut ausgebildeter Seelsorger zuerst einmal ein verständnisvoller menschlicher Gesprächspartner sein. Darüber hinaus kann er sich durchaus auf die Erkenntnisse der Psychologie beziehen und sie als methodische Hilfe einsetzen, wenn die Situation es erfordert. Er kann alle Gesetze der Biografik erarbeiten und dadurch das Rhythmengefüge einer Biografie als Kunstwerk, an dem geistige Wesen mit höchster Liebe und Schöpferkraft arbeiten, erleben lernen. Ebenso kann er medizinische Kenntnisse (z.B. in der Zusammenarbeit zwischen Priestern und Ärzten in der Pastoralmedizin) in seine Beratung einbeziehen und den naturwissenschaftlichen Tatsachen eine neue Dimension durch den Blick des Priesters auf eine Biografie hinzufügen.

Er kann aber auch vor einseitigen Schlussfolgerungen warnen, wenn die Zusammenhänge von Ursache und Wirkung in einem anderen Erklärungsmodell zu kurz gegriffen sind – dann hat er die Möglichkeit, eine ganz neue Dimension durch die Mitwirkung geistiger Wesen im Schicksals des Menschen anzusprechen. Dadurch entsteht eine völlig neue Orientierung: Während die Naturwissenschaft Erklärungen durch die Ursachen (z.B. einer Krankheit) sucht, rückt jetzt die Frage nach dem Sinn, nach einem vielleicht erst in der Zukunft erkennbaren Ziel in den Vordergrund. An die Stelle der Frage nach dem *Warum* tritt die Frage nach dem *Wozu*. Ausgehend davon, dass wir vor unserer Geburt daran mitgewirkt haben, unsere Lebensaufgaben zu gestalten und die dafür notwendigen Schicksalsereignisse und Krisen vorzubereiten, ist ein grundsätzliches Ja zu den Geschehnissen leichter zu finden, als wenn man sich nur als Spielball der Vererbungsbedingungen und der Erziehungs- und Umwelteinflüsse fühlt.

In vielen psychotherapeutischen Konzepten lebt eine Vorstellung von der individuellen Persönlichkeit jedes Menschen, die sich durch alle Ereignisse hindurch ihre eigene Entwicklung sucht. Rudolf Steiners Erkenntnis von der wahren Wesenheit des Menschen als geistige ewige Individualität, die durch die Reihe der wiederholten Erdenleben hindurch ihren göttlichen Auftrag und ihre freie Entwicklung sucht, ist sicher das differenzierteste Menschenbild. Schon die Beschäftigung mit den Ergebnissen seiner Forschung kann in vielen bedrückenden Sinnfragen des Lebens zu neuem Mut und zu neuen Impulsen führen. Das Wichtigste jedoch ist, dass in allen Inhalten der Geisteswissenschaft durch die Erkenntnis die unmittelbare Wirkung geistiger Wesen gefunden werden kann.

Die religiöse Arbeit geht über diese Erkenntnisfragen noch einen Schritt hinaus – zu dem Willen, mit den göttlichen Wesen zusammenzuarbeiten. Dadurch entsteht die Möglichkeit, sich voll Vertrauen an Christus zu wenden, der als Menschenbruder in unmittelbarer Nähe gesucht werden kann und zugleich in den höchsten Höhen der geistigen Welt schaffend wirkt.

Die Erkenntnisse der Geisteswissenschaft Rudolf Steiners sind in der Ausbildung der Priester der Christengemeinschaft die methodische Grundlage, um die Zusammenhänge zwischen Leib, Seele und Geist des Menschen verstehen und dadurch auch die Wirkung der Sakramente gedanklich erarbeiten zu können. Soweit der Mensch, der das Gespräch mit dem Priester sucht, Interesse daran zeigt, können ihm diese Grundlagen auch vermittelt werden. Da der Gedanke der Reinkarnation für viele Menschen eine selbstverständliche Denkweise oder sogar schon konkrete Erfahrung ist, können in seelsorgerische Fragen auch die karmischen Ursachen oder Wirkungen als allgemeine Gedanken mit einbezogen werden. Im Vordergrund werden aber immer die religiösen Anliegen stehen.

An der Todesschwelle wird es für viele Sterbende eine besondere Bedeutung haben, das eigene Leben von der Zukunft her, von jenseits des Todes her vor sich zu sehen und die Fragen nach den Zielen, zu denen der Christus selbst uns führen will, zu stellen. (Die verschiedenen Schritte in der sakramentalen Begleitung sind gesondert im dem Beitrag von Irmgard Bauer, S. 75 ff. dargestellt.)

Hier setzt die besondere Möglichkeit der Seelsorge ein, die über die beschriebenen Methoden weit hinausgeht, indem sie bewusst nicht nur Erkenntnisse sucht, sondern die Beziehung zur geistigen Welt, zu dem Reich der Engel, zu Christus selbst in den Erfahrungsbereich eines Rat suchenden Menschen hereinholt. (Wenn die Biografiearbeit über das Beschreiben der Rhythmen hinaus eine Pflege und Übung spiritueller Fähigkeiten anstrebt, kann dies auch dort bis zu einem gewissen Grade gelingen.)

Das seelsorgerliche Gespräch steht von vornherein unter der Zusage des Christus: »Wenn zwei von euch in Einmütigkeit auf der Erde um etwas bitten, so wird, was sie wollen, im Reiche meines Vaters in den Himmeln erfüllt. Denn wo zwei oder drei in meinem Namen versammelt sind, da bin ich selbst in ihrer Mitte.« (Matthäus 18,19-20)

Ein Dritter, Unsichtbarer ist also in jedem Seelsorgegespräch der Mittelpunkt, an dem sich beide orientieren. Und je mehr es gelingt, diesen einzubeziehen, desto sicherer werden alle anderen Schritte durch Seine Gegenwart auf eine höhere Ebene gebracht. Der Priester kann es sich zur Aufgabe machen, seine persönlichen Ansichten zu der vorgebrachten Frage ganz zum Schweigen zu bringen, gewissermaßen also das Ohr des Christus zu werden und mit ihm hören zu lernen, was ein Mensch in seinen innersten, intimsten Angelegenheiten mit Ihm besprechen will. Und er kann versuchen, dem Rat Suchenden zu helfen, damit dieser hören lernt, was ihm der Christus auf seine Fragen sagen will.

Damit ist eine andere Dimension angestrebt, als es beispielsweise in der römisch-katholischen Kirche der Fall ist. Da gibt es in der Praxis der Beichte die Aufgabe für den Priester, die Situation des Beichtenden zu beurteilen, ihm seine Abweichungen von den Gesetzen und Geboten vor Augen zu führen, die Reue über Verfehlungen wachzurufen und die Absolution auszusprechen (die Vergebung im Namen des Christus) und gegebenenfalls auch eine entsprechende ›Buße‹ aufzuerlegen, die zum Ausgleich des Geschehenen führen soll. Im Extremfall würde sogar die Verweigerung der Vergebung zur Exkommunikation, zum Ausschluss aus der Gemeinschaft der Kirche und der Gemeinschaft in der Kommunion mit Christus führen. Die intensive Verbindung der christlichen Kirche mit dem römischen Recht hat hier zu einer nicht unproblematischen Rolle geführt, da der Priester dem Gläubigen als Richter entgegentritt. Das Kirchenrecht beurteilt also, was erlaubt und was verboten ist, und der einzelne Mensch hat sich an den Kriterien der Kirche zu orientieren.

Dieser kurze Exkurs soll sichtbar machen, dass die Seelsorge der Christengemeinschaft nicht mit diesen Formen anderer Kirchen verwechselt werden darf. Die Erneuerung gerade des Beichtsakramentes hat eine ganz andere Zielrichtung als die Beurteilung der Taten durch den Priester. Auch richtet sich der Blick nicht einseitig auf die Fehler, die Belastungen, die Schuld, die ein Mensch zum Thema des Gespräches machen will. Die heutige Zeit, in der wir immer mehr zu einem wirklich freien Handeln in der Gemeinsamkeit mit der geistigen Welt kommen sollen, gibt uns die Möglichkeit, dem Christus alle Fragen, die wir mit ihm selbst besprechen wollen, im Sakrament der Beichte entgegenzubringen. Der Begriff der Beichte lässt sich am Besten verstehen als ein Bejahen des eigenen Schicksals und der eigenen Verantwortung vor der geistigen Welt. Das Bejahen umfasst aber auch die Hilfe, die uns von dem Christus als dem Herrn des Karma entgegenkommt. So kann dadurch, dass wir uns bittend und fragend an Ihn wenden, ein bewusstes Zusammenarbeiten mit dem Christus für die Entwicklung in der Zukunft geübt werden.

Selbstverständlich gehört dazu auch die Bitte um Vergebung für die »Abirrungen, Verleugnungen und Schwächen«, durch die wir uns von ihm getrennt haben. So kann der Wille erwachen, selbst an der Entwicklung eines Ausgleichs und einer positiven Willensrichtung für zukünftiges Handeln mitzuwirken. Dies kann auch weite Zukunftsperspektiven einbeziehen, die über den Tod hinaus und bis in zukünftige Erdenleben wirken.

Das steht als Wort des Auferstandenen vor den Jüngern, wenn ihnen am Abend des Ostersonntags mit dem ihnen eingehauchten

Atem des Christus der Auftrag gegeben wird, in Seinem Namen heilend in den Schicksalen der Menschen zu wirken: »Welchen ihr die Sünden vergebt, denen sollen sie vergeben sein. Welche ihr erkraftet [um die Sünden in den zukünftigen Schicksalen selbst zum Ausgleich zu führen, soweit es den eigenen Kräften möglich ist], die sollen erkraftet werden« (Johannes 20).

Die Fehlübersetzung dieser Stelle hat im Laufe der Kirchengeschichte großes Unheil angerichtet, indem das Wort »an tinon kratäte, kekratäntai« nicht im wirklichen Wortsinn übersetzt wurde. Stattdessen wurde ihm, als Gegensatz zur Vergebung, willkürlich der Sinn der verweigerten Vergebung untergelegt. *Kratein* heißt im Griechischen aber etwa so viel wie: mit Kraft aktives Handeln ergreifen.

Versuchen wir den Sinn dieser Worte durch die geisteswissenschaftliche Christuserkenntnis neu zu fassen. Es kann sich hier um einen verborgenen Hinweis auf die Tatsache handeln, dass Christus seit der Auferstehung im Inneren des Menschen zu wirken beginnt. Auch einen noch ganz behutsamen, verborgenen Hinweis auf die Reinkarnation kann man dabei schon ahnen. Dann wäre damit der Wille gemeint, der durch die Erkenntnis im nachtodlichen Leben entsteht und die offen gebliebenen Lebensfragen aktiv zum Ausgleich der Schuld in einer späteren Inkarnation führen will.

Der Auferstandene hat die Vollmacht über die Schicksale der Menschen und wird so der Herr des Karma. Er kann vergeben, er kann aber auch im Innersten des Menschen den Willen schaffen, der zur freien Tat in der Zukunft führen will, was aus den Fehlern der Vergangenheit noch bereinigt werden muss. So fängt er an, im Ich des Menschen seine Kraft zu entfalten.

Es gibt keinen einsichtigen Grund, das Wort *kratein* mit der Verweigerung der Vergebung durch den Priester in Verbindung zu bringen. Die Aussage des Evangeliums lässt hier eine strahlende Zukunftsentwicklung vor uns sichtbar werden, in der die Menschen in der Lage sind, sich an der Erkenntnis ihrer Verfehlungen zu kraftvollen, freudigen Taten zu entwickeln.

Die Grundlage der Seelsorge ist also die Erkenntnisbemühung des Priesters auf allen Ebenen: leiblich, seelisch und geistig. Im unmittelbaren Gespräch jedoch sind nicht die konkreten Wissensinhalte ausschlaggebend, vielmehr geht es um die gemeinsam gesuchte Nähe zu Christus als dem eigentlichen Arzt der Seele. Denn es gilt, die Frage gemeinsam zu finden, die ein Rat suchender Mensch an den Christus stellen will. Oft ist sie unter den verschiedenen oberflächlicheren Sichtweisen verborgen und muss behutsam nach und nach freigelegt werden. Die Aufgabe des Priesters ist es, diese Frage finden zu helfen. Es gehört zu den weitreichendsten Aufgaben, so hinzuhören, dass durch die vorgebrachten Themen die dahinter liegenden mitschwingenden Schicksalszusammenhänge verstehbar werden. Langsam tastet man sich so durch die äußeren Fragen zum Kern des Problems durch.

Es kann sein, dass ein Priester durch seine Erfahrung, seine Ausbildung und die Erkenntnisse der Geisteswissenschaft schon manches zu dem besprochenen Problem an klärenden Gedanken hinzufügen kann. Aber der Abschluss und Höhepunkt, besonders wenn das Sakrament der Schicksalsberatung (die neue Beichte) das Gespräch abrundet, ist, dass alle Menschengedanken, die jetzt auf die beste uns mögliche Weise gedacht wurden, die Opfersubstanz sind, die wir dem Christus entgegenbringen. Die Qualifikation, die ein Priester durch seine persönliche Fähigkeit, durch Ausbildung und Lebenserfahrung mitbringt, kann dabei mitwirken, dass diese Substanz so kraftvoll wie möglich entsteht. Die Persönlichkeit des Priesters tritt in diesem Moment zurück, um einem Höheren Raum zu geben. Wir fassen zusammen, was auf menschlicher Ebene ein Ergebnis des Gespräches sein könnte, um dieses Ergebnis in eine Frage zu verwandeln, die an Christus gestellt wird. Dann kann er an seiner Weisheit prüfen, ob es seinen Zielen entspricht, was unser menschliches Denken erfasste. Und er kann neue Willensimpulse schaffen, die weit über die von Menschen gedachten Gedanken hinausreichen. Wo unser Denken und Wollen sich in dieser Weise mit der Kraft des Christus verbindet, entsteht Frieden als neue Qualität in der Seele. Durch diesen Frieden wird erfahrbar, wie seine Liebe in der Welt und in uns Menschen wirkt. Er kann aus allen noch so verfahren erscheinenden Situationen neue Entwicklungen ermöglichen, wenn wir uns im Vertrauen darauf an ihn wenden. Das kommt im Märchen von der ewig blühenden Rose bildhaft zum Ausdruck (siehe Anhang).

Eine Frau, die sich zielstrebig mit dem Weg dieses Sakramentes befasste, drückte ihre entsprechende Erfahrung in pragmatischer Weise aus: »Es ist wie im Handarbeitsunterricht. Als ich Stricken lernte, war ich immer froh, wenn ich nach jeder Reihe das Strickzeug wieder der Lehrerin in die Hand geben konnte. Dann brachte sie alles in Ordnung, was schief gegangen war und holte die heruntergefallenen Maschen wieder auf die Nadel. Die Fehler, die gleich entdeckt und korrigiert wurden, waren nicht schlimm. Schwierig wäre es geworden, wenn ich zu lange gewartet hätte, sie um Hilfe zu fragen, dann sind die heruntergefallenen Maschen nicht mehr so leicht heraufzuholen. So lerne ich jetzt, mein Lebensstrickzeug selbst in die Hand zu nehmen und regelmäßig um die Korrekturen *von oben* zu bitten. Dann kann ich um so sicherer wieder selbst die Verantwortung für meine Schritte übernehmen.«

In den Worten des Sakramentes, durch das das persönliche Gespräch mit dem Priester abgeschlossen wird, können die schöpferischen Impulse für die Zukunft wirksam werden.

Der Todesaugenblick –
Nahtoderlebnisse und urbildliche Darstellungen

Ursula Hausen

Wer mit einem sterbenden Menschen die letzte, oft sehr schwere Phase durchgestanden hat, erlebt den Augenblick des Todes, in dem das Ringen mit Schmerzen, vielleicht auch Atemnot, Krämpfen oder Ähnlichem überstanden ist, als eine wirkliche Erlösung, als ein befreites Loslassen-Dürfen und eine tiefe, beruhigende Stille nach der großen Anspannung. Oft richtet sich ja die Sehnsucht des Sterbenden auf diesen Augenblick, endlich ›Ruhe‹ zu finden.

Physiologisch ist es eine bekannte Tatsache, dass es einen Zusammenhang zwischen unserem Bewusstsein und den Nerven, die neben den Knochen und Zähnen die lebloseste Substanz des Organismus sind, gibt. Bis in die Untersuchungen des Elektroenzephalogramms (EEG) ist bekannt, dass mit allen Gedanken- und Bewusstseinsprozessen Zerfallsprozesse, also Sterbeprozesse in den Nervenenden und den darin aktiven Transmittersubstanzen parallel gehen.

Alle Lebensvorgänge dämpfen das Bewusstsein, was sich unter anderem darin zeigt, dass ganz kleine Kinder in der intensivsten Wachstumsphase ihrer Entwicklung noch nicht denken können. Die mit der Schulreife beginnende Denkfähigkeit hängt damit zusammen, dass die aufbauenden Lebenskräfte sich nach dem Zahnwechsel zurückziehen und Todesprozesse in die Entwicklung einzugreifen beginnen. Auch durch solche physiologische Tatsachen kann man schließen, dass der Todesaugenblick ein Augenblick allerhöchster Bewusstheit sein muss.

Was erleben nun Seele und Geist des Sterbenden? Einige konkrete Beispiele sollen eine Ahnung davon wachrufen.

Von einer Pfarrerin der Christengemeinschaft wurde folgende Erfahrung zum Weitererzählen überliefert: Sie hatte einer Sterbenden schon die Letzte Ölung gegeben, wurde aber einige Tage später noch einmal von den Angehörigen gerufen, weil sich das Ringen mit dem

Tod bei dieser sterbenden Frau als besonders schwer erwies. Atemnot, Krämpfe und sichtlich schwere Schmerzen waren nicht nur für
die Sterbende, sondern auch für die Angehörigen außerordentlich
hart. Doch in einer kleinen Atempause zwischen den krampfartigen
Zuckungen richtete sie sich noch einmal auf und sagte zu der Pfarrerin: »Das sieht ganz furchtbar aus, ich weiß, es wäre auch kaum
zu ertragen, wenn es alles wäre, was jetzt geschieht. Aber im Inneren trägt mich die Kraft, die aus dem Sakrament der Ölung kommt,
die ist stärker als alles andere! Das müssen Sie allen erzählen, sonst
weiß es ja keiner!«

Ein protestantischer Pfarrer, der selber durch die theologischen
Aussagen seiner Kirche keine klare Vorstellung von einem Leben nach
dem Tod hatte und zu der Sicht neigte, dass die ›Ganztod-Theologie‹
wohl dem wissenschaftlichen Stand der Zeit am ehesten entspreche,
kam tief bewegt vom Sterbebett eines einfachen, frommen Bauern
zurück. Die letzten Worte des Sterbenden waren gewesen: »Mein
Heiland kommt mir ja entgegen!« Diese Worte erfüllten den Pfarrer
so sehr mit staunender Freude, Ehrfurcht und Liebe, dass sie ihn bis
zum eigenen Tod begleiteten und seine Fragen über ein Weiterleben
nach dem Tod immer deutlicher eine Antwort darin fanden.

Aus dem Vertrauen in Christus, der jeden Menschen durch seine Biografie weitgehend unerkannt begleitet, kann uns deutlich
werden, dass der Todesaugenblick der Höhepunkt des gesamten
Erdenlebens ist, das größte und freudigste Fest, das wir jemals erleben können, und der tröstende Augenblick, in dem alle durchge-
standenen Leiden, Probleme und Unsicherheiten sich in ein einziges
großes, staunendes Verstehen und Verstandenwerden auflösen. Im
Grunde richtet sich unsere Sehnsucht ja immer wieder auf das eine
Ziel: Endlich alles verstehen zu können, was wir erlebt haben, uns
ohne jede Frage angenommen zu fühlen von der Liebe eines verste-
henden Wesens, das uns durch seine Liebe vermittelt: Es ist alles
gut! Was wir in den tiefsten Momenten des Gebetes ahnen können,
wird im Augenblick des Todes volle Wirklichkeit: die Gegenwart
des Christus als »unsterblicher Bruder der sterblichen Menschen«,
der alles kennt und durch seine Kraft den Weg für die Zukunft in
innerster Sicherheit gestalten kann.

Die bereits erwähnte Schilderung eines Nahtoderlebnisses von George Ritchie (siehe den Beitrag »Leben lernen angesichts des Todes«, S. 28 ff.) zeigt, dass es für die Orientierung in dem Augenblick, in dem die Seele sich vom Leib löst, eine entscheidende Hilfe ist, ob ein Mensch sich schon vorher auf die Wirklichkeit der geistigen Welt einstellen konnte. In den ersten Momenten seiner leibfreien Existenz ist er nicht in der Lage zu verstehen, was mit ihm vorgeht. Die Realität jedes Gedankens, der sich augenblicklich in Tatsachen verwandelt, erstaunt ihn: Er ist mit Lichtesleichtigkeit sofort an dem Ort, auf den sich sein Denken durch die mitgebrachten Erwartungen richtet. Wir können daran erkennen, welche Macht die Gedanken haben, die ein Sterbender als Orientierungshilfe über die Schwelle mitnimmt. Sie können ihm helfen, die geistige Wirklichkeit, also eine absolut neue Erfahrung, unmittelbar zu verstehen. Auch darin zeigt sich die reale Hilfe, die die Vorbereitung auf den Tod durch eine aktive Auseinandersetzung mit der geistigen Welt und ihren Wesen und Gesetzmäßigkeiten bedeutet.

Für jeden Menschen gibt es eine individuell zu ihm gehörende Gestalt des Todesaugenblicks. Rudolf Steiner hatte die Fähigkeit, Menschen in ihrem Weg über die Schwelle zur geistigen Welt und darüber hinaus wahrzunehmen. Darin offenbarte sich ihm vieles von der Individualität eines Menschen. Bewegend ist Michael Bauers Schilderung in der Biografie des Dichters Christian Morgenstern, in der es heißt, Rudolf Steiner habe offensichtlich schon ehe ihm die Todesnachricht überbracht wurde, den Tod dieses tief mit ihm verbundenen Dichters wahrgenommen und gesagt: »Es kann keinen schöneren Tod geben!« Sehen wir in seinen Dichtungen die Fülle unmittelbarer Erfahrungen der geistigen Welt, so wird verständlich, dass er dadurch eine unmittelbare Nähe zum Wesen des Christus gefunden hatte, die sich jetzt im Todesaugenblick in der Begegnung mit dem Auferstandenen zu der schönsten und größten Erfahrung des Menschseins und der geistigen Welt steigerte.

Eine Frage, die die Angehörigen Sterbender häufig beschäftigt, ist: Wer kann oder soll im Todesaugenblick anwesend sein? Die Vorstellung des einsamen Sterbens in Krankenhäusern oder Pflegeheimen ist einer der vielen Punkte, die die Angst vor dem Tod noch steigern. Häufig ist es einfach die Überforderung des nicht genügend ausgebildeten Pflegepersonals, die dazu führt, dass Menschen hier keine rechte Begleitung finden. Die Anwesenheit eines nahe stehenden Menschen oder auch eines Fremden, der mit der Frage nach dem Sterben aktiv lebt, ist oft die größte Beruhigung, die einem Menschen an der Todesschwelle zuteil werden kann. Und der Segen, der von der Initiative der Hospiz-Bewegung ausgeht, die jedem Menschen ein Sterben in Ruhe und Menschenwürde möglich machen will, ist hier kaum hoch genug einzuschätzen.

Es gibt aber auch durchaus Fälle, in denen ein Mensch allein sterben will. Vielleicht tritt der Tod gerade in dem kurzen Augenblick ein, in dem sich ein liebevoller Angehöriger, der lange am Bett saß, für eine kleine Pause zurückzieht. Dann liegt kein Grund vor, sich Vorwürfe zu machen, in diesem Augenblick nicht dabei gewesen zu sein. Man sollte es vielmehr als die für diesen Menschen richtige Art des Todes bejahen.

Einige praktische Anregungen für das Miterleben des Todesaugenblickes

Wenn es gelingt, in die letzten Atemzüge hinein das *Vaterunser* zu sprechen, als die Christusworte, die die Brücke zwischen den beiden Seiten der Welt bauen, kann dadurch – vor allem, wenn sie dem Menschen schon von früher her vertraut sind – die sicherste Grundlage geschaffen werden, den Christus zu finden und zu erkennen. Die drei ersten Bitten wenden sich an das große Ziel, die Heimat in Gott dem Vater, die Verbindung zu seinem Reich wiederzufinden und den eigenen Willen mit seinem umfassenden Weltenwillen in Einklang bringen zu können. Die folgenden vier Bitten tragen noch einmal allen Bedürfnissen des Leibes, der Lebenskräfte, der Seele und des Ichwesens Rechnung. In den abschließenden Worten vom göttlichen Reich, der Kraft und Herrlichkeit kann man die ›Ruhe in Gott‹ als leuchtende, Segen spendende Liebe erleben.

Ob es noch möglich ist, in irgendeiner Weise auch körperlich Erleichterung zu verschaffen, bei Atemnot etwa den Oberkörper aufzurichten, kann nur im unmittelbaren Miterleben der Situation entschieden werden. Schmerzen zu lindern, ohne die Seele für die strahlenden kommenden Erlebnisse zu betäuben, ist eine schwierige Aufgabe, die oft nur mit dem Arzt gemeinsam bewältigt werden kann.

Liebevolle Berührungen, die oft über lange Zeit die sicherste Verbindung schaffen und dem Kranken ein Gefühl der Geborgenheit geben konnten, müssen jetzt sehr behutsam gehandhabt werden, denn gerade das Unabhängigwerden vom Leib ist jetzt das Ziel. Deshalb ist es manchmal ratsam, den Sterbenden in den letzten Augenblicken nicht mehr durch intensive Berührung, sondern durch ein liebevolles ›seelisches Umarmen‹ in den neuen Lebensumkreis zu begleiten. So wie die Hebamme dem Kind bei der Geburt hilft, sich aus dem Körper der Mutter auf den Weg in das selbstständige Leben auf der Erde zu begeben, kann ein Mensch, der den Todesaugenblick miterlebt, die Seele des Sterbenden aus dem Leib hinausbegleiten. Das Vertrauen darauf, dass das Ich dieses Menschen seinen Weg sicher finden kann, da es erst im Sterben ganz zu sich selbst erwacht, schützt vor zu viel unruhigem Helfenwollen und lehrt, ruhig mitzuerleben, was geschieht. Dasselbe gilt auch für die Berührung des Verstorbenen, wenn er aufgebahrt ist und die vielleicht von weither angereisten Angehörigen ihn noch einmal sehen wollen. Oft besteht das Bedürfnis nach zärtlicher Berührung, die aber auch von einem leisen Erschrecken begleitet sein kann, wenn die Hand oder das Antlitz bereits erkaltet ist. Wir können uns ins Bewusstsein rufen, dass der Verstorbene sich jetzt aus diesem Leib, der uns vielleicht über viele Jahre vertraut war, lösen will. Für ihn haben die Berührungen keine besondere Bedeutung mehr. Was er wahrnimmt, ist die seelische Geste, die wir ihm in liebevoller Zärtlichkeit entgegenbringen.

Darüber hinaus kann die größtmögliche Ruhe in der Umgebung und die Gebetsstimmung des begleitenden Menschen eine Einladung an die Wesen der geistigen Welt, an die vorangegangenen Verstorbenen, die Engel, den Christus selbst sein. Ein Bild des Christus strahlt Frieden aus, der allen Anwesenden zugute kommen kann. Von dem Dichter Novalis wird berichtet, dass er seinen Bruder bat, ihm auf dem Klavier vorzuspielen und unter den Klängen der Musik verschied. Hier ist die allergrößte Sensibilität und Behutsamkeit gefragt, und oft ist Zurückhaltung der sicherste Weg, nicht durch ein Zuviel an Aktivitäten eher störend als helfend zu wirken. Man kann sich in dieser Angelegenheit auch fragend an den Engel des Sterbenden wenden.

Auch für die Gedanken des Begleitenden ist jetzt der Augenblick gekommen, sich ganz aus der Alltagsunruhe, aus unruhigen Erinnerungen an das gemeinsame Leben und den vielleicht schon sich aufdrängenden Gedanken an die notwendigen organisatorischen Fragen der Bestattung usw. zu lösen. Entscheidend ist, dass der begleitende Mensch selbst den Frieden des zukünftigen Lebens in Christus vorausahnen und erbitten kann. Alles Weitere kann vor allem dadurch wirksam werden, dass er die größtmögliche innere Zurückhaltung übt, die der Begegnung Raum gibt, die jetzt zwischen dem Sterbenden und Christus stattfindet. Ein Urbild dafür ist die Geste des Täufers Johannes, der in liebevoller Selbstlosigkeit nur darauf hinsieht, die Begegnung der Menschenseele, die er durch die Taufe darauf vorbereitet hat, mit Christus zu ermöglichen und sich ganz in die Stille zurückzieht, sobald sie geschieht: »Wer die Braut hat, ist der Bräutigam. Der Freund des Bräutigams aber, der dabeisteht und ihn hört, ist voller Freude über des Bräutigams Stimme. Diese meine Freude ist jetzt erfüllt. Er muss wachsen, ich muss abnehmen« (Johannes 3,29).

Dass die Gespräche im Umkreis des Sterbenden von diesem oft mit der allergrößten Empfindlichkeit wahrgenommen werden, ist inzwischen hinreichend oft berichtet worden. Bei genauem Hinsehen zeigt sich, dass die wenigsten Dinge im Krankenzimmer direkt besprochen werden müssen und es sinnvoller ist, alle praktischen Überlegungen, Gespräche unter Angehörigen usw. außerhalb des Sterbezimmers zu führen. Auch wenn besonders betroffene Menschen laut weinen oder deutlich die Fassung verlieren, kann es für den Sterbenden eine Hilfe sein, die Versuche, zu beruhigen und zu trösten, nicht mitzuerleben. Gelingt es in solchen Fällen, Gedanken und Gefühle von Kummer über den Verlust eines lieben Menschen, Vorwürfen, Schuldgefühlen usw. behutsam in die Richtung zu lenken, dass er nicht endgültig verloren geht und es für ihn viel wichtiger ist, das andere Land, in das er reisen wird, kennen zu lernen, bedeutet dies einen objektiven Trost über die seelische Zuwendung hinaus. Das kann auch in den Nächten weiterwirken und zum Bejahen des Geschehens in der Verständigung mit den Engeln führen.

Viele Menschen kennen die beglückenden und tröstenden Erfahrungen, die sich gerade aus dem Miterleben des Todesaugenblickes nach der oft großen inneren Anspannung ergeben. Wo sich die Tür zur göttlichen Welt öffnet, fällt ein Licht auch auf die Menschen, die in der Nähe sein dürfen. Aus diesem Erleben kann die Kraft kommen, um die anstrengenden Tage bis zur Bestattung ruhig und sicher zu bewältigen. Aber selbst wenn diese Erlebnisse innere Stärke und Trost vermitteln, ist es wichtig, die eigenen Kräfte nicht zu überfordern und trotz aller nun notwendigen Aufgaben für ausreichenden Schlaf zu sorgen. Das betrifft vor allem die Frage nach der ›Totenwache‹ (siehe nächstes Kapitel), die ein sehr sachliches Einschätzen der eigenen Kräfte erfordert.

Wer sich über längere Zeit, etwa während einer schweren Krankheitsphase, auf den eigenen Tod oder das Begleiten eines lieben Menschen vorbereiten kann, findet eine besondere Hilfe in der Menschen-Weihehandlung. Sie bildet den ganzen Weg der Seele durch das Erdenleben, den Tod und das nachtodliche Leben ab und kann zu einer vollkommen lebendigen Erfahrung der Schwelle der geistigen Welt führen (siehe dazu das Kapitel »Die große Wanderung«, S. 132ff.). Die Begegnung mit der geistigen Welt, die wir im Miterleben der Weihehandlung üben, wird im Todesaugenblick zur vollendeten Wirklichkeit.

Aufbahrung, Aussegnung und Bestattung

Ursula Hausen

Aufbahrung

Seit der Tod immer häufiger im Krankenhaus oder im Alten- und Pflegeheim eintritt, ist die früher übliche Form der Aufbahrung an den drei Tagen bis zur Bestattung immer mehr in den Hintergrund getreten. Während ältere Menschen aus ländlicher Umgebung sich noch gut daran erinnern können, wie sich früher die Nachbarn im Sterbehaus versammelten und man gemeinsam Erinnerungen über das Leben des Verstorbenen austauschte, verschwanden diese Bräuche in den letzten Jahrzehnten fast vollständig. Von kirchlicher Seite, vor allem im Protestantismus, wird die Frage des Lebens nach dem Tod immer mehr zurückgedrängt. Die ›Ganztod-Theologie‹ vertritt die Auffassung, nach dem Tod sei alles zu Ende und die Seele des Menschen werde erst am Jüngsten Tag, zum Weltgericht, von Gott für die Auferstehung wieder neu geschaffen. Die Frage, wie die Existenz des Menschen zwischen Tod und Auferstehung zu denken sei, bleibt unbeantwortet. Als theologischen Fachbegriff erfand man den Namen ›eschatologische Lücke‹. Aus der Haltung heraus, es könne keinerlei Erkenntnisse über das Leben nach dem Tod geben, lassen sich natürlich auch keine Kriterien für das Handeln ableiten. Die Ratlosigkeit angesichts des Todes und des Toten kann oft nur dadurch überwunden werden, dass man der Frage ausweicht.

Durch die Geisteswissenschaft wird neu erkennbar, dass es im Evangelium durchaus Schilderungen eines Lebens nach dem Tod gibt. Das ist nur schwer zu erkennen, wenn die entsprechenden Stellen als ›Gleichnis‹ betrachtet werden. Im Lukas-Evangelium (Kapitel 16,19–31) schildert Christus jedoch ganz unmittelbar die nachtodlichen Erlebnisse zweier sehr verschiedener Menschen und den Versuch des einen, den Lebenden eine Nachricht über den Ernst dieser Situation zukommen zu lassen.

Rudolf Steiner hat in verschiedenen Zusammenhängen immer wieder auf die Erlebnisse des »Lebenspanoramas« in den Tagen nach dem Tode hingewiesen, in denen dem Verstorbenen die Gesamtheit seiner Lebenserinnerungen von der Geburt bis zum Tod in überwältigender Größe gegenwärtig ist. Alles ist gleichzeitig da, auch die vergessenen und verdrängten Dinge sind lückenlos wiederhergestellt. Vielleicht ist es eine Hilfe, zu denken, dieses Panorama stelle zugleich die Gesamtheit der Erinnerungen dar, die der Engel im Laufe des Lebens aufgenommen und bis zu diesem Augenblick behütet hat. Es kann so lange als lebendiges Bild des ganzen Lebens um den Verstorbenen gegenwärtig bleiben, wie dieser im Erdenleben ohne Schlaf sein konnte. Nach etwa drei bis dreieinhalb Tagen verblasst und entschwindet es.

Das ist zugleich der Zeitraum, nach dessen Ablauf in den meisten Gemeinschaften die Bestattung stattfindet. Blicken wir mit diesem Wissen auf die häufig einer alten Volksweisheit entsprungenen Bräuche, so werden sie neu lebendig und wir finden darin eine Anregung dafür, wie wir heute dem Verstorbenen in diesem für ihn so großen und Staunen erregenden Geschehen in der richtigen Weise begleiten können.

Oft ist es üblich, den Verstorbenen noch im Sterbehaus aufzubahren, bei bäuerlichen Anwesen vielleicht auch in der festlich geschmückten Tenne oder einem anderen Nebengebäude. Der Sarg wird mit Blumen geschmückt, Kerzen werden aufgestellt. Lebenserinnerungen werden erzählt, man spricht das Vaterunser und Fürbittegebete. Gelegentlich bleibt eine Totenwache auch die Nächte hindurch anwesend.

Im Licht der Kerzen finden wir den Übergang zwischen der sinnlichen und der übersinnlichen Welt. Die Materie des Wachses wird durch die Verbrennung in einen höheren unsichtbaren Zustand hinübergeführt. Das sichtbare Licht und die Wärme bilden eine Brücke zum geistigen Licht und der Wärme der göttlichen Liebe. Auf das Antlitz des Verstorbenen sollte kein Schatten fallen.

Die Blumen, die um den Verstorbenen aufgestellt werden, umgeben ihn mit den Bildern der lebendigen Natur, in denen die reinen göttlichen Kräfte schaffend wirken. Wenn die Blumen verwelken, sind sie frei von allem Verhaftetsein an das Irdische. Sie verströmen ihre Lebenskräfte in den Erdenumkreis, ohne Schmerz zu empfinden. Ihre Lebenskräfte können sich mit allem Leben der Erde wieder vereinigen. Im Sarg, eventuell auch ohne Wasser mitgegeben, umgibt der frei werdende Ätherstrom so den Verstorbenen wie ein sanfter Hauch, der in den weiten Weltenäther übergeht. Solche Bräuche helfen, die Tage bis zur Bestattung auf ruhige, festliche Weise zu gestalten. Auch für die Angehörigen ist es eine besondere Gelegenheit, dem Verstorbenen einen letzten Liebesdienst hier auf der Erde zu erweisen. In die Umgebung des Verstorbenen die Schönheit der Erde hereinzuholen, vielleicht seine Lieblingsblumen zu suchen, sind Handlungen, die in dem schweren Umbruch, den ein Todesfall darstellt, helfen können, sich selbst und die Beziehung zu dem Verstorbenen wiederzufinden und bewusst zu formen.

Bei der Entstehung der Bräuche um die Totenwache spielten oft ganz praktische Erwägungen eine Rolle, etwa der Schutz des Leichnams vor äußeren Einflüssen, bewusster Schädigung von feindlicher Seite usw. Wenn heute bei hochgestellten Persönlichkeiten eine Ehrenwache aufgestellt wird, sind das Relikte solcher Vorstellungen. Zum Teil strebte man auch an, sich vor den Wirkungen zu schützen, die von dem Toten ausgingen. Was sich in der Angst vor Gespenstern oder einem ›Zurückkommen‹ des Toten ausdrückt, hat aus geisteswissenschaftlicher Sicht den Hintergrund, dass im Umkreis eines Toten auch in der Welt der Elementarwesen große Bewegungen vor sich gehen. Wenn sich jedoch das Ich eines Menschen in wachen und spirituell wahren Gedanken mit dem Tod auseinandersetzt, bringt das Ruhe in diesen Bereich. Ungute Wesen werden fern gehalten, und der Verstorbene kann ungestört sein Lebenstableau erleben.

Es gibt von Rudolf Steiner nur ganz sparsame Aussagen zu den Bräuchen der Aufbahrung. Entscheidend ist jedoch, dass der Verstorbene im Erleben dieses Panoramas nicht gestört wird. Dieser Tatsache sollte in allen Fällen das größte Gewicht beigemessen werden. Das Erleben dieses Panoramas ist so erfüllt von höchster Freude und Kraft, dass der Verstorbene noch keine anderweitige ›Hilfe‹ zum Verarbeiten seines Lebens braucht. Auch die Wahrnehmung des irdischen Geschehens tritt dabei in den Hintergrund. Das wesentlichste Kriterium für alles Geschehen im Umkreis des Verstorbenen ist liebevolle, ehrfürchtige Ruhe. Dazu gehört auch, dass alle nicht unbedingt notwendigen Ereignisse, beispielsweise zusätzliche Transporte, vermieden werden. Ist das nicht möglich, da eine gerichtliche Obduktion angeordnet ist, kann man versuchen, auch diesen unvermeidlichen Dingen mit größtmöglicher Ruhe zu begegnen und die Gedanken immer wieder auf das Licht des Todesaugenblickes und die Größe des Lebenspanoramas zu lenken.

Angeregt durch die Geisteswissenschaft haben sich in Kreisen der Christengemeinschaft und anthroposophisch orientierter Menschen manche gute neue Bräuche für die Aufbahrung und die Totenwache entwickelt. Sie sollten aber nie als dogmatische Regeln verstanden werden, sondern als Vorschläge, die oft auf jahrzehntelangen guten Erfahrungen beruhen.

Dazu gehört vor allem, im Umkreis des Aufgebahrten aus dem Evangelium zu lesen. Wenn man in dem Bewusstsein, dass das Erdenleben des Christus Jesus die Ur-Menschenbiografie ist, auf das vergangene Leben eines lieben Angehörigen hinschaut, fällt dabei oft auf die für diesen Menschen besonders wichtigen Stellen ein neues Licht. Auf diese Weise in die Tiefe des Evangeliums einzutauchen, kann in diesen Tagen trotz Ernst und Trauer zu beglückenden Erlebnissen führen.

Die Meditationen, die Rudolf Steiner für die Verstorbenen gegeben hat, sind noch nicht für die ersten drei Tage gedacht, denn sie sollen für die Erlebnisse von Hitze und Kälte in der Kamaloka-Zeit schützende Kraft entfalten. Diese Erlebnisse sind aber erst nach der Bestattung wirksam. Während des Zeitraumes der Aufbahrung sind das Vaterunser, das Evangelium und das Erinnern der Biografie die wesentlichsten Inhalte der Begleitung.

Aussegnung

Sind etwa dreieinhalb Tage seit dem Todesaugenblick verstrichen, ist der richtige Zeitpunkt für Aussegnung und Bestattung gekommen. Der erste Teil des Rituals, die Aussegnung, findet an dem Ort statt, an dem der Verstorbene aufgebahrt war, im Idealfall zu Hause, wo er gelebt hat und sich nun von dem vertrauten Umkreis verabschiedet.

Wir können nun miterleben, wie die Seele des Entschlafenen langsam zu ihrem neuen Bewusstsein erwacht. In den ersten Worten des Rituals wird sie noch nicht mit ihrem Namen angesprochen. Es ist nur von dem ›Entschlafenen‹ die Rede, sodass er sich auf dem Weg in das Licht der Geisteswelt langsam wiederfinden kann als einer, der vom Schlaf wieder erwachen soll in der anderen Welt. Im Aufblick zum Wesen des ewigen Geistes werden die ersten Worte von dem Geist gesprochen, der in dem Entschlafenen, in den Angehörigen, den Anwesenden, die die Aussegnung begleiten, wirksam ist. Und dann wenden sich durch Christus, der im Entschlafenen und in den Menschen wirkt, alle gemeinsam an den Vatergott im Gebet des Vaterunsers. Indem die Anwesenden nach dem Vaterunser ihre Gedanken dem zukünftigen Reich zuwenden, in das der Verstorbene wandert, erwacht er langsam immer deutlicher durch die Kraft des Christus, der ihm auf diesem Wege begegnet und seiner Seele die Fähigkeit erschließt, in der geistigen Welt zu schauen. Solange die Seele in der anderen Welt noch nicht wahrnehmen kann, fühlt sie sich wie schlafend und kann noch nicht auf ein ihr bewusstes Ziel zugehen. Je deutlicher sie jedoch wahrnehmen lernt, desto lebendiger wird sie durch die Kraft des Christus und ergreift aktiv die Verarbeitung ihres Schicksals.

Wenn am Ende der Aussegnung die gleichen Worte von der Ruhe des Seelenseins und dem Licht der Geisteswelt gesprochen werden wie am Anfang, ist dies nun verbunden mit der Nennung des Namens des Verstorbenen. Dadurch wird für alle Anwesenden erlebbar, dass der Verstorbene sein Selbstbewusstsein neu ergreifen und sich an seinen neuen Zielen orientieren kann. Die Kraft des geweihten Wassers hilft ihm in diesem Augenblick, alle Lebenskräfte, die noch mit der Umgebung und mit dem Leib verbunden sind, zu lösen, sodass ein freier Übergang in die andere Welt möglich wird.

Die Bestattung am Grab bzw. im Krematorium

Eine der eindrucksvollsten Gebärden in allen kultischen Formen der Christengemeinschaft ist die Art, in der das Kreuz bei der Bestattung über dem Grab (bzw. im Krematorium über dem Sarg) gezeichnet wird. Mit einer kraftvollen Gebärde erscheint zuerst der liegende Balken des Kreuzes und dann, von Aufrichtekraft durchdrungen, der senkrechte Balken, sodass sichtbar wird: Der Leib des Verstorbenen liegt in seinem Sarg, sein Geist richtet sich aber auf, indem er durch das Kreuz den Christus und sein eigenes Wesen neu wahrnehmen lernt.

Der Augenblick, in dem nun der Leib den Elementen übergeben werden soll, ist für den Verstorbenen vielleicht die größte Krise, die er durchzustehen hat, denn mit diesem Augenblick, in dem der Leib in das Grab versenkt oder dem Feuer übergeben wird, fällt die Stütze weg, die mit dem physischen Leib verbunden war und die das Ich-Bewusstsein im Erdenleben trug. Für viele Menschen war der Leib ein Leben lang mit dem eigenen Ich beinahe identisch. Soll er nun lernen, ohne diesen Leib in der geistigen Welt zu leben, braucht er eine entsprechende Kraft, die sein Ich-Bewusstsein stützt und aufrechterhält. In diesem Augenblick, drei Tage nach dem Tod, würden manche Seelen sich hilflos fallen fühlen, wenn keine Kraft ihnen entgegenkäme, an der sie sich halten könnten.

Im Ritual der Bestattung wird nun, verbunden mit drei weiteren aufrecht stehenden Kreuzen, die Trinität angerufen. Durch die Gedanken der Angehörigen, die sich zum Vater, zum Sohn und dem Heiligen Geist erheben, soll dem Verstorbenen offenbar werden, was aus diesen drei Wesen der göttlichen Welt sein eigenes Wesen hält und trägt. Das ist für die Angehörigen ein Aufruf zur inneren Aktivität, ein Aufruf, sich selbst in das Gebiet zu erheben, in das der Verstorbene wandert. Es ist ein Aufruf, nicht am eigenen Leid des Verlustes hängen zu bleiben, sondern sich dafür verantwortlich zu fühlen, dass dem Verstorbenen die rechte Hilfe zukommt. Unsere Liebe, die ihm folgen soll, offenbart sich am sichersten darin, dass wir bejahen: Er geht jetzt einen Weg, den wir nicht unmittelbar mit ihm gehen können, aber in Gedanken werden wir die Verbindung zu ihm nicht verlieren. Je aktiver diese Hilfe entsteht, desto sicherer geht davon auch der stärkste Trost aus, den Angehörige brauchen, um sich nicht allein und verlassen zu fühlen. Denn sie lernen ja ihre innere Zuwendung zu dem Verstorbenen aus dem Wesen des Christus selbst zu gestalten. In den Worten des Rituals ist jedoch nicht von Trost die Rede, sondern von diesem Aufruf zur Aktivität, durch die der Christus im Inneren jedes Menschen schaffen und ihm dadurch helfen kann, sein Leid und seine Verzweiflung zu überwinden.

Mit dem Wirken des ewigen Geistes, der nun angerufen wird, sind die Engel, die Erzengel und die Urkräfte verbunden. Wir wenden uns an sie, damit die Seele des Verstorbenen von ihrer Kraft erfasst wird und er die Begegnung mit ihnen aktiv ergreifen kann. Die Engel, Erzengel und Urkräfte bringen im Denken, Fühlen und Wollen des Menschen, in denen er später ihre Hilfe zur Korrektur seines ganzen Wesens braucht, neue Kraft zur Entwicklung. Sie helfen ihm, sein geistiges Dasein in der geistigen Welt zu verstehen. Hat er so gelernt, sich als Geist unter Geistern zu erleben, dann kommt in der Begegnung mit Christus die unmittelbare Erfahrung: Wenn ich den Leib zurücklassen muss, wenn mein Ich-Bewusstsein nicht mehr von den Erdenerfahrungen getragen werden kann, dann ist Er die Stütze meines Ich und die Kraft meines innersten Wesens, an dem ich mich selbst wiederfinden kann. Die Worte der Bestattung schließen an dieser Stelle unmittelbar an die Schilderung der Auferweckung des Lazarus im Johannes-Evangelium im 11. Kapitel an. Zu Martha, der Schwester des Verstorbenen, spricht Christus die Worte: »Ich bin die Auferstehung und das Leben. Wer an mich glaubt, der wird leben, auch wenn er stirbt. Und wer da lebet und glaubet an mich, der wird nimmermehr sterben.« So wie Lazarus durch den Christus selbst aus der Gewalt des Todes herausgerufen wurde, um wieder in das Erdenleben zurückzukehren und hier seine Lebensaufgabe zu vollenden, wird jeder Mensch nun durch diese Worte des Christus bei der Bestattung aus der Gewalt des Todes in das neue Leben der geistigen Welt hinein auferweckt. Indem Christus von seiner Kraft der Wiedergeburt im Tode spricht, führt er den Menschen zu der neuen Geburt in der geistigen Welt – und damit zu dem neuen Leben, das aus dem Sterben auferstehen soll und das wir finden, wenn wir seine Kraft in uns erleben. Wo seine Kraft in unseren Gedanken wirkt, kann sie zur Auferstehung unseres lebendigen Denkens und zur unmittelbaren Verbindung mit ihm in der geistigen Welt führen.

Was im Todesaugenblick die unmittelbare Begegnung mit Christus war, der Höhepunkt alles Erlebens in der persönlichen Biografie, da man sich in seiner Liebe wieder aufgenommen fühlte, wird jetzt bei der Bestattung auf eine höhere Stufe gehoben. Durch Christus, der ihm entgegenkommt, findet der Mensch sein wahres Wesen wieder, er wird wieder neu auf sein ewiges Ziel, »Ebenbild und Gleichnis Gottes« zu sein, ausgerichtet.

Nun schauen alle geistigen Wesen auf den, der neu in ihren Kreis aufgenommen werden soll, und schauen auf den Christus in ihm, auf den Christus in allen Anwesenden. An diesen Augenblick schließt sich die Ansprache für den Verstorbenen an, in der zum Ausdruck kommen soll, »was der Verstorbene wert war für die Welt«, wie Rudolf Steiner es in einem Vortrag ausdrückt (GA 182, 2. Vortrag). An den Worten der Ansprache sollen die liebevollen Erinnerungen aller Anwesenden erwachen können. Vor allem aber soll versucht werden, mit den Augen des Christus auf den Verstorbenen zu sehen, den roten Faden seines Lebenslaufes kennen zu lernen, Lebensrhythmen und entscheidende Knotenpunkte des Schicksals zu erkennen sowie das, was daraus an geistigen Entwicklungen möglich war, für den Verstorbenen und für die Anwesenden, aber auch für die Wesen der geistigen Welt hörbar zu machen. Wir können es uns vielleicht der Situation ähnlich denken, in der wir einen Menschen in einen Kreis von Freunden einführen und auf seine Fähigkeiten und besonders liebenswerten Eigenschaften hinweisen, über die vielleicht Verbindungen zu den anderen entstehen können. So stellen wir den Verstorbenen den Wesen der geistigen Welt vor, die ihn erwarten und begrüßen.

Grundlage dieses Augenblicks kann nur die unbedingte Wahrhaftigkeit sein. Alles unwahrhaftige Lob müsste das Bild des Verstorbenen verfälschen, und jede Unwahrheit kann in der geistigen Welt Zerstörung und Trübung anrichten. Es ist aber unbedingt berechtigt, nach dem wirklich Guten in seinen Taten, seinem Lebenslauf, seiner Bedeutung für Menschen und Erde zu suchen und das so lebendig wie möglich darzustellen. Wir können davon ausgehen, dass die guten Taten, die ein Mensch vollbracht hat, die guten Gedanken und Willensimpulse sowie die liebevollen Verbindungen zu anderen Menschen objektive Bedeutung für die ganze geistige Welt, für die ganze Menschheit haben.

In Verbindung mit dem Rückblick auf das Leben ist die Übung der Positivität und der Unbefangenheit, die Rudolf Steiner unter den unerlässlichen ›Nebenübungen‹ für jede Art der geistigen Schulung angibt, besonders hilfreich (u.a. GA 245). Sie sollen hier kurz mit dem besonderen Blick auf den verstorbenen Menschen beschrieben werden.

Die Übung der *Positivität* »besteht darin, allen Erfahrungen, Wesenheiten und Dingen gegenüber stets das in ihnen vorhandene Gute, Vortreffliche und Schöne aufzusuchen ... Diese Übung hängt zusammen mit dem, was man die Enthaltung von Kritik nennt. Man darf diese Sache nicht so auffassen, als ob man schwarz weiß und weiß schwarz nennen sollte ... Es gibt einen Standpunkt, der sich liebevoll in die fremde Erscheinung oder das fremde Wesen vertieft und sich überall fragt: Wie kommt dieses andere dazu, so zu tun oder so zu sein? Ein solcher Standpunkt kommt ganz von selbst dazu, sich mehr zu bestreben, dem Unvollkommenen zu helfen, als es bloß zu tadeln und zu kritisieren ...«

Zu den negativen Taten, zu all dem, worin er schuldig geworden ist, durch Probleme und Krisen ging, oder wo es ihm nicht gelang, sein eigenes Leben sicher zu gestalten, zu all diesen Dingen entwickelt er im persönlichen Karma den Willen, alles auszugleichen und aus eigener Kraft sowie mit der Hilfe der geistigen Welt wieder in Ordnung zu bringen. Deshalb braucht dies in der Ansprache nicht zum Ausdruck zu kommen. Es sind seine persönlich für ihn zu ordnenden Dinge, die nicht in der Weise Bedeutung für das Weltenschicksal haben wie die aus den guten Entwicklungen kommenden Taten. Wenn es gelingt, in unbereinigt gebliebenen Konflikten bis zur Ansprache bei der Bestattung eine wirkliche innere Bereinigung herbeizuführen, zum Beispiel dadurch, dass einer der Anwesenden das Schicksalssakrament (siehe dazu Punkt 3 im Beitrag Irmgard Bauers) sucht, um dem Christus die ungelösten Schicksalsknoten entgegenzutragen und um seine Hilfe zu bitten, dann kann aus der Ansprache ein leuchtendes Bild des Verstorbenen sichtbar werden, das nichts Unwahres enthält, und dem auch kein stummer Widerspruch in einem der Zuhörer begegnet.

Oft wird ja der Inhalt der Ansprache zwischen dem Priester und den Angehörigen gemeinsam erarbeitet. Gemeinsam sucht man die leuchtenden Punkte dieses Lebens, den roten Faden darin, und stellt die Frage, welche Dinge noch zu bewältigen sind, selbst wenn diese bei der Bestattung nicht sämtlich angesprochen werden. In diesem Erinnern liegt eine der entscheidendsten Hilfen, all das zur Verwandlung zu führen, was im Erdenleben des Verstorbenen noch offen geblieben ist.

Bei der Übung der *Unbefangenheit* »versuche man dann, in sich das Gefühl auszubilden, völlig unbefangen einer jeden neuen Erfahrung gegenüberzutreten … Er muss bereit sein, jeden Augenblick eine völlig neue Erfahrung entgegenzunehmen. Was er bisher als gesetzmäßig erkannt hat, was ihm als möglich erschienen ist, darf keine Fessel sein für die Aufnahme einer neuen Wahrheit.«

Oft sind unsere Bilder von anderen Menschen stark durch die vergangenen Erfahrungen geprägt. Wenn wir gegenüber einer unguten Angewohnheit aber sofort mit dem Seufzer »Schon wieder!« reagieren, lassen wir dem Menschen keinen Freiraum, sich künftig zu ändern. An der Schwelle zur geistigen Welt aber ist das der Wille, den er am intensivsten sucht: sich ändern zu können, seine Schwächen zu überwinden, endlich frei zu werden von Gewohnheiten und Eigenschaften, die ihn möglicherweise furchtbar belasten. Solange wir ihm Unverziehenes nachtragen, ein Bild seines Wesens festhalten, das der Vergangenheit angehört, und nur die alten Emotionen damit verbinden, kann die gerade am Schmerzlichen anstoßende Ichkraft nicht erwachen.

Gelingt in der Ansprache des Priesters ein wirklich dem Ich des Menschen entsprechendes Wesensbild, dann können überraschende Züge seiner Biografie aufleuchten und stellen so auch die mit ihm verbundenen Menschen neu in das Licht der Wesen, die nun auf den Neuankömmling der geistigen Welt hinsehen und gespannt erwarten, welche Erfahrungen und Lebensschätze er von der Erde mitbringt. Von den Engeln können wir die Kraft der Unbefangenheit und Positivität unmittelbar lernen. Denn sie üben jeden Tag in immer neuer Lebendigkeit, auf unsere Entwicklungsfähigkeit, nicht auf unsere vergangenen Fehler hinzusehen.

Im Sinne des Christus-Wortes »Ich bin die Tür« wird nun im weiteren Verlauf der Bestattung sichtbar, dass durch die Verbindung mit dem Wesen des Christus der Weg in der geistigen Welt weiterführt. Der Verstorbene lernt durch ihn die geistige Welt wieder als seine Heimat zu erleben. Vielleicht konnte er dieses Gefühl einer vertrauten Heimat in der göttlichen Welt sein ganzes Erdenleben hindurch bewahren, weil seine Seele diese Heimat noch kannte oder wieder suchte. Lernen wir, ihm in diesen Bereich zu folgen, diese geistige Heimat wieder zu ahnen, wo er nun wirkt ›als Geist unter Geistern‹, dann kann daraus auch der kraftvolle Trost für die Angehörigen entspringen: Sein Wirken wird zum Heil der ganzen Welt, zum Heil der einzelnen Schicksale weitergehen. Und er wird die Verbindung zu dieser Heimat in der geistigen Welt gerade für die Angehörigen in lebendiger Weise aufrechterhalten können, wenn er nicht aus ihrem Bewusstsein verloren geht.

Nun wird der Sarg mit geweihtem Wasser besprengt, und dadurch wird den ätherischen Kräften eine Hilfe gegeben, sich von dem Körper zu lösen und wieder in den Weltenäther überzugehen. Was an Lebenskräften noch im Leib gebunden war, kann nun sicher und frei in den Weltenumkreis strömen, wenn die Seele und der Geist des Menschen sich von dem Christus getragen fühlen.

Nach der Begegnung mit dem Christus in den Worten von der Auferstehung und dem Leben, der Wiedergeburt im Tode, folgt nun an dieser Stelle der zweite Höhepunkt des Bestattungsrituals. Es wird von dem »Atem des Lichtes« gesprochen, der von dem dreieinigen Geiste ausgeht und diese Seele jetzt durchdringt. Wir können uns in diesem Augenblick an den Anfang der Schöpfungsgeschichte erinnern. »Da machte Jahve den Menschen aus Erde vom Acker und blies ihm den Odem des Lebens ein in seine Nase, und so ward der Mensch ein lebendiges Wesen«, heißt es in Luthers Übersetzung vom 1. Buch Mose 1,7. Damals wurde der Mensch durch die Kraft Jahves zu einem auf Erden lebenden Seelenwesen geschaffen, die Seele dem Körper eingehaucht, um darin leben zu können. Nun wird in der Bestattung damit zugleich ein zweiter Augenblick aufgegriffen, in dem auch von dem göttlichen Atem im Menschen die Rede ist.

Am Ostersonntagabend erscheint der Auferstandene den Jüngern, die im Kreise versammelt sind, und spricht zu ihnen die Worte: »Der Friede sei mit Euch. Wie mich der Vater gesandt hat, so sende ich Euch.« Und als er das gesagt hatte, hauchte er sie an mit seinem Atem und sprach zu ihnen: »Nehmet auf in Euch den Heiligen Geist.« Durch die Kraft dieses Geistes sollen sie in seinem Namen in der Verwandlung der Menschenschicksale schaffen lernen. Nun darf der Verstorbene im Namen der Trinität, durchdrungen vom Atem des Lichtes, von der dreieinigen Gottheit, aus der Kraft der Auferstehung, des Neu-geschaffen-Werdens in der geistigen Welt, an der Verwandlung seines Schicksals in der Zukunft arbeiten – für sich, für die anderen, für die geistige Welt.

Die vergebende, heilende Liebe des Christus wirkt so in das Innerste des Menschen hinein und gibt ihm die Kraft, alles im Vertrauen auf die zukünftigen Verwandlungen zu bejahen.

Aus dem Neu-geschaffen-Werden im Atem des Lichtes in der geistigen Welt wird nun der ganze weitere Weg vollständig verwandelt. Schaffen zu lernen aus göttlichen Zielen, nicht nur mitgebrachtes Schicksal zu verwandeln, kann hier als neue schöpferische Kraft entstehen und sich entsprechend dem Willen des Verstorbenen immer stärker durch sein Wesen offenbaren. Im aufsteigenden Weihrauch, der nun entfaltet wird, können wir etwas von den Wolken ahnen, in denen der wieder erscheinende Christus dem Verstorbenen begegnet. Und in den beiden Kräften des Lichtes und des Rauches werden die Urkräfte der Schöpfung wieder sichtbar, die in Luft und Licht die Seelenwelt aus den Kräften höchster göttlicher Wesen schaffen (siehe dazu: GA 132, 1. und 2. Vortrag).

Im letzten Teil der Bestattung ist der Verstorbene über das unmittelbare Anschauen seines Schicksals schon hinausgewachsen. Er darf sich zum rein Menschlichen, zu dem er wieder neu geschaffen wurde, erheben. So lernt er sein Wesen im Wesen der Menschheit im Übersinnlichen wiederzufinden, als individueller Mensch sich dem Weltenmenschen einzugliedern. Und entsprechend wird nicht nur er, sondern werden alle anwesenden Menschen angesprochen mit dem Ruf:»Bedenke, oh Mensch …!« Und nun wird dazu aufgerufen, die Verantwortung zu erkennen, die jeder Mensch für seine Gedanken, Worte und Taten vor der geistigen Welt trägt. Angesichts des Todes kann sie jedem Anwesenden neu lebendig werden und die innerste Gewissenskraft für das eigene Denken, Tun und Handeln in der Welt wecken. So hinterlässt der Verstorbene als bleibenden Eindruck seines Wesens die von Ich zu Ich wirkende, weckende Kraft, die durch den Ernst des Todes vor allen steht und die jetzt, jenseits aller Trauer und aller Oberflächlichkeit gegenüber dem Göttlichen im Menschen, die zukünftige Verbindung sein kann.

Die Urnenbeisetzung

Mit der Bestattung sind die unmittelbar den Abschied vom Leib betreffenden Schritte vollzogen. Der Verstorbene hat sich in der geistigen Welt so eingelebt, dass er der Erde seinen Leib bewusst zum Geschenk machen kann – dieses Geschenk trägt die lebendigen Spuren seines Erdenlebens. Er ist das größte Kunstwerk, an dem der Mensch sein ganzes Leben lang gestaltet hat, auch wenn ihm das kaum bewusst war. Bis in alle Zellen hinein ist der Materie ein unverwechselbarer Abdruck der Individualität eingeprägt. Für die Erde hat das große Bedeutung, denn dadurch erhält sie einen Impuls der Vergeistigung. Ein letzter Schritt nach der Bestattung ist die Beisetzung der Urne. Da der Abschied von den irdischen Resten des Körpers schon vollendet ist, ist dafür kein eigenes Ritual notwendig. Doch ist es üblich, dass auch diesen Augenblick eine kurze Feier begleitet, indem der Priester das Glaubensbekenntnis, das Vaterunser oder einen Evangelientext an der Stelle spricht, an der die Urne aufbewahrt werden soll.

Die Menschen-Weihehandlung für den Verstorbenen begleitet dann seine Seele auf dem Weg durch die Sternensphären.

Das Grab als Ort der Erinnerung

Das Gedächtnis des Menschen ist und war vor allem in der Vergangenheit stark mit dem sichtbaren Raum verbunden. Wenn wir an einen Ort kommen, an dem wir früher viel erlebt haben, so steigen im Anschauen dieses Ortes viele Erinnerungen selbstverständlich aus unserem Inneren auf. Jedes Denkmal hat die Funktion, im Raum einen Anstoß zur Erinnerung zu geben und dadurch wesentliche Ereignisse, Menschen oder geistige Tatsachen lebendig zu erhalten.

Das Gebet auf dem Friedhof, die Pflege eines Grabes und das liebevolle Gestalten des Umkreises sind vielen Menschen eine große Hilfe, ihre Verstorbenen regelmäßig und lebendig in Erinnerung zu behalten. Und immer wieder wird darauf hingewiesen, dass es für die Angehörigen von verunglückten Menschen oder im Krieg Gefallenen schwer zu verkraften ist, den Ort des Todes nicht zu kennen und die Verbindung zu dem Verstorbenen nicht physisch, am Grab, pflegen zu können. Es kann aber auch zu einer Belastung werden, wenn ein Mensch zu viele Gräber zu versorgen hat und dabei allein gelassen ist. Wir müssen also eine realistische Form finden, beiden Seiten gerecht zu werden. Nicht das, was wir für Sarg, Grab, Grabstein und Grabpflege aufwenden, ist entscheidend, sondern die Gedanken, mit denen diese Dinge begleitet werden. Eine Hilfe für die Gestaltung dieser häufig auch mit vielen Emotionen und sozialen Erwartungen verbundenen Dinge ist es, sich ein konkretes, in Gedanken geführtes Gespräch mit dem Verstorbenen vorzustellen, und die Frage zu stellen, was seinem jetzigen Leben – nicht seinen Gewohnheiten zu Lebzeiten – am besten entspricht.

Wissen wir um den Weg der Seele, den sie jetzt geht, und können ihn in Gedanken mitgehen, dann sind die äußeren Zeichen, die mit dem Grab verbunden sind, nicht mehr der einzige Quell der verbindenden Gedanken. Für viele Angehörige ist die Menschen-Weihehandlung ein viel wichtigerer Ort der Begegnung mit den Vorangegangenen als das Grab.

Wie können Kinder Tod und Bestattung miterleben?

Ursula Hausen

Immer wieder wird die Frage gestellt, wie Kinder am besten lernen können, mit einem Todesfall in der Familie umzugehen. So gern wir das tun würden, wir können die Kinder nicht davor bewahren, dem Tod irgendwann zum ersten Mal zu begegnen. Deshalb ist die erste Frage die, wie wir ihnen schon vorher Vertrauen zu ihrem Leben vermitteln können – und dazu gehört auch, dass Leben und Tod zwei Seiten der einen großen Welt sind. Man braucht sich also nicht vor dem Kommen des Todes zu fürchten, da er ein Tor zu der anderen Seite des Lebens darstellt.

Die Vermittlung dieser Tatsache kann etwa in Gesprächen vor dem Abendgebet geschehen. Auch im Religionsunterricht gibt es Gelegenheit dazu, wenn die Lehrer merken, dass die Kinder mit dieser Frage in Berührung kommen.

Eine ganz besondere Hilfe in dieser Frage bildet die Sonntags-handlung der Christengemeinschaft für die Kinder. In diesem Gottesdienst für Kinder zwischen sieben Jahren und dem Konfir-mationsalter wird immer wieder der Satz gesprochen, dass Gott alles Lebende im Tod zu neuem Leben führt, und dass er das Tote ins Leben führt, damit es da den Geist schauen lernt. Kinder, die regelmäßig an diesem Kindergottesdienst teilnehmen, erleben so die Verbindung zwischen den beiden Seiten der Welt als eine Grundlage ihres Lebens, als etwas, das Vertrauen zu dem Gottesgeist weckt, bei allem, was ihnen begegnet. Wenn dieser tragende Hintergrund entstanden ist, werden sie eines Tages auch konkrete Erlebnisse vom Tod in der eigenen Familie oder im sonstigen Umkreis auf gesunde Weise verkraften lernen.

Entscheidend für die Frage, ob und wie Kinder an den Ereignissen im Umkreis des Todes teilnehmen können, ist vor allem, ob sie durch die Erlebnisse belastenden Emotionen ausgesetzt werden. Es macht beispielsweise einen großen Unterschied, ob sie die Verzweiflung eines Menschen miterleben, der den Tod noch nicht akzeptieren kann, oder ob sie erleben, dass die Erwachsenen, die ihnen die Situation verständlich machen wollen, ruhig und sicher sind, und trotz Ernst und Trauer ein Bejahen der Situation vermitteln.

Drei Beispiele

Eine Frau hatte als Kind immer wieder kleine Abendspaziergänge mit dem Großvater auf dem Friedhof, der direkt neben dem Haus lag, machen dürfen. Und wenn der Großvater mit ihr zusammen die Stelle anschaute, an der einmal sein Grab sein würde, war damit eine ruhige und zuversichtliche Stimmung verbunden. Er erzählte auch von den Namen der Bekannten auf den Grabsteinen und sie lasen gemeinsam einen Spruch Goethes:

> Über allen Gipfeln
> Ist Ruh,
> Von allen Wipfeln
> Spürest du
> Kaum einen Hauch;
> Die Vögelein schweigen im Walde.
> Warte nur, balde
> Ruhest du auch.

Als sie etwa 6 Jahre alt war, erlitt der Großvater plötzlich einen Schlaganfall und starb kurz darauf. Die Bestattung des Großvaters hat sie als ein wirkliches Fest in Erinnerung. Der große Raum in der Aufbahrungshalle war festlich geschmückt mit unendlich vielen Blumen, und beim Anblick der Kerzen hatte sie das ganz deutliche Gefühl, hier leuchte das Licht Gottes. Und der Großvater durfte nun in diesem Licht Gottes den Weg zum Himmelstor gehen. Trotz einer großen, ernsten Menschenmenge und vieler unverständlicher Reden schwebte über allem das Gefühl, man begleitete den Großvater auf einem großen, ernsten, sicheren Weg zu einem schönen Ziel. Mutter und Tante, die während der Bestattung weinten, hatten schon vorher gesagt: »Du musst nicht traurig sein, wenn wir weinen. Wir wissen, dass es gut ist.« Und dass auch Erwachsene manchmal weinen, gehört zum Leben. Vom Tag der Bestattung an gehörte es zu den Besuchen bei der Großmutter dazu, dass eine Kerze auf dem Grab des Großvaters angezündet wurde. Und im Winter, wenn kein Grün an den Bäumen war, konnte man vom Haus aus die Kerze unten am Friedhof leuchten sehen. Dadurch war deutlich, dass der Großvater und auch die anderen aus der Familie, die dort begraben waren, weiterhin zum Leben gehörten. Der Kummer über ihren Tod konnte überwunden werden und immer wieder war für einen Augenblick eine große, stille Gemeinschaft spürbar. Wer die ersten Erfahrungen mit dem Tod in dieser Weise macht, hat es im späteren Leben einfacher, auch schwierige Ereignisse zu verkraften.

Ein zweites Beispiel kann zeigen, dass der Augenblick des Todes für ein Kind auch zu bewältigen ist, wenn keine religiöse Orientierung unmittelbar im Hintergrund steht.

Dana ging noch nicht zur Schule. Durch den Waldorf-Kindergarten hatte ihre Familie die ersten Beziehungen zur Christengemeinschaft geknüpft. Sonst hatte aber die ganze Familie keinerlei religiöse Bindung. Sie war aus der Kirche ausgetreten, sodass nun die Frage, wie man mit dem bevorstehenden Tod des schwer krebskranken Vaters umgehen könne, sehr dringlich war. Die Mutter wandte sich mit der Frage an die Christengemeinschaft, ob man ihr helfen könne, mit dem Kind über den Tod zu sprechen. Sie selber fühle sich dazu nicht in der Lage. So entstand in dieser Familie eine außergewöhnliche Situation. Mutter und Großeltern und immer wieder auch andere Verwandte, die zu Besuch waren, hörten in den letzten Tagen vor dem Tod des Vaters dem Kinde zuliebe den Geschichten zu, die ihr von der Pfarrerin erzählt wurden, und die ihr helfen sollten zu verstehen, wohin der Vater nun gehe und was auf diesem Wege alles zu beachten sei. Die letzten Tage, die der Vater im Hospiz verbrachte, gestalteten Dana und ihre kleine Freundin, die sie bei all diesen Ereignissen begleitete, in dem Bewusstsein, die wichtige Aufgabe zu haben, den Abschied des Vaters auf der Erde und seinen Empfang im Himmel mit vorzubereiten. Bei diesen kurzen Besuchen im Hospiz waren die beiden Kinder mit einer ungeheuren Wachheit dabei. Der Vater konnte nicht mehr sprechen oder sich aktiv am Geschehen beteiligen, wirkte aber ganz gefasst im Blick auf das, was vor ihm lag. Auch er hörte den Geschichten mit wachem Interesse zu. Wenn die Mutter dann bei dem Vater blieb, ging der Großvater mit dem Kind schwimmen. Und in allem, was sich sonst abspielte, war noch Zeit und Raum, unbefangen zu leben, wie ein anderes Kind in diesem Alter auch.

Im Todesaugenblick war nur die Mutter anwesend. Doch bei der Vorbereitung auf die Aussegnung zeigte sich, dass Dana und ihre kleine Freundin etwas vorbereitet hatten. Das Bett war mit einer blauen Bettdecke bezogen, und unendlich viele kleine Gänseblümchen, die die Kinder gepflückt hatten, machten die Himmelswiese auch hier auf der Erde sichtbar. Nun saßen die beiden Hand in Hand ganz ernsthaft bei dem Bett, sahen, dass der Vater nicht mehr atmete, sahen aber auch, dass die Sterne des Himmels, die sie selber mitgeschmückt hatten, hier unmittelbar sichtbar waren. Während die Aussegnung im Hospiz im kleinen Kreis der Familie stattfinden konnte, war die Bestattung dann ein großer, feierlicher Akt auf dem Dorffriedhof, wo viele Polizei-Kollegen des Vaters anwesend waren, den Sarg trugen und mit im Trauerzug gingen.

In einem dritten Beispiel wird deutlich, dass es nicht immer möglich ist, so harmonische Umstände herbeizuführen. Manches Kind muss eine erschütternde Schocksituation aushalten. Aber ich bin überzeugt, dass ein Mensch, der so etwas wahrnimmt, auch wenn er dem Kind noch so fremd ist, die Möglichkeit hat, irgend etwas, und sei es noch so unscheinbar und klein, für dieses Kind zu tun.

So war es, als ich im Urlaub im Schwarzwald von meinen Gastgebern gebeten wurde, einen ihrer Bekannten, der nach einem Unfall schwer verletzt im Krankenhaus lag, zu besuchen. Im gleichen Krankenhaus befanden sich auch die Verunglückten aus dem anderen beteiligten Fahrzeug: eine Familie mit einem Kind. Die Großmutter des Kindes war bei dem Unfall ums Leben gekommen, das Kind nur leicht, die beiden Eltern schwerer verletzt. Meine Frage bei den Erwachsenen ergab, dass sie keine Gespräche wünschten. Das kleine Mädchen aber lief ratlos im Zimmer auf und ab und stellte immer wieder dieselbe Frage: »Was heißt das: Großmutter ist gestorben?« Die Eltern konnten die Frage nicht beantworten. Am Abend, im Nachsinnen über dieses Erlebnis, stand das Märchen von den heimlichen Helfern der Menschen vor meinem Bewusstsein. Gemeinsam mit einer künstlerisch geübten Bekannten auf dem Bauernhof entstand noch in der gleichen Nacht ein kleines Märchenbuch, das wir am nächsten Morgen als Geschenk für das kleine Mädchen ins Krankenhaus brachten. Ein weiteres Begleiten dieser Familie war nicht möglich, aber auch kleine Gesten bringen es oft mit sich, ein Keim für weitere Entwicklungen zu sein.

Zwei für Kinder besonders gut verständliche Motive sind zum Einen das Bild des Schmetterlings, der aus der Raupe ausschlüpft und seine Flügel im Licht entfaltet, sowie das Bild der Verwandtschaft von Schlaf und Tod. Wenn man Kindern erzählt, dass man einen Verstorbenen zwar jetzt hier auf der Erde nicht mehr sehen kann, ihm aber begegnen wird, wenn der Engel einen nachts in die geistige Welt führt, ist ihnen dadurch viel Trost gegeben. Auch Gebete für Kinder, die die Verstorbenen einschließen, sind eine besondere Hilfe. Ihnen ist die geistige Welt noch ganz nahe und dadurch ist für sie vieles, was dem intellektuellen Denken der Erwachsenen oft schwer begreifbar bleibt, ganz unmittelbar einleuchtend.

Was die Teilnahme an den Ritualen betrifft, wird immer wieder eine individuelle Entscheidung notwendig sein. Die Menschen-Weihehandlung ist grundsätzlich für Kinder ab neun Jahren verständlich. Von diesem Alter an ist es auch möglich, an der Bestattungsfeier teilzunehmen. Möglichst sollte darüber jedoch eine Verständigung mit dem Priester, der die Bestattung hält, herbeigeführt werden, da dieser die unmittelbar vorliegende Situation am besten beurteilen kann.

Die große Wanderung –
Der Weg der Seele nach dem Tod
und die Menschen-Weihehandlung

Ursula Hausen

Vorbemerkung

Vielen Menschen ist der Anfang des nachtodlichen Weges vertraut.
Immer wieder begegnen uns Darstellungen der Verarbeitung des
vergangenen Schicksals oder der Hilfe geistiger Wesen, die dem
Verstorbenen entgegenkommt. Unser Bewusstsein hat in diesen
Bereichen noch am ehesten die Fähigkeit, die geistigen Tatsachen
ahnend oder denkend erfassen zu können. Auch in Träumen können
lebendige Erfahrungen dieser Sphäre auftreten. Schwieriger ist es
jedoch, die nach dem Kamaloka folgenden Erlebnisse der Verstorbenen nachzuvollziehen. Denn die höheren Bereiche der geistigen
Welt zu verstehen, erfordert ein Bewusstsein, das sich von dem
Gebundensein an die Sinneswahrnehmungen weitgehend befreien
und in rein geistigen Inhalten leben kann. Das ist normalerweise nur
nach intensiver geistiger Schulung möglich. Deshalb ist es für Leser, die mit der Anthroposophie nicht näher vertraut sind, eventuell
schwierig, das folgende Kapitel nachzuvollziehen.

Einen jedem Menschen auch ohne Voraussetzung zugänglichen
Weg, die höchsten Erfahrungen des Geistigen im wachen Erdenbewusstsein zu erleben, bildet aber die Menschen-Weihehandlung.
Wer sie andächtig und mit wachen Sinnen miterlebt, kann finden,
wie sich hier die beiden Welten immer intensiver durchdringen,
auch wenn er noch nicht jede Einzelheit denkend erkennen kann.
Das schafft etwa bei Menschen, die lange mit der Menschen-Weihehandlung als innerer Kraftquelle leben, das Vertrauen, dass der Tod
ihnen immer weniger Furcht einflößt.

Die in diesem Kapitel dargestellte ›große Wanderung‹, die die
Seele nach dem Tod im Aufsteigen durch alle Sternensphären
durchlebt, ist in der Menschen-Weihehandlung wie in einem irdi-

schen Spiegel der geistigen Tatsachen enthalten. Durch die Hilfe der Anthroposophie können wir die einzelnen Schritte entschlüsseln und finden dann, dass sich die geisteswissenschaftlichen Erkenntnisse, die religiösen Erfahrungen und die Entwicklungen im nachtodlichen Leben in einer staunenswerten Weise gegenseitig stützen und beleuchten. Während die Seele nach dem Tod in die Sphären des Kosmos aufsteigt, bewegt sich die Menschen-Weihehandlung in der Sinneswelt. Wir erleben mit, dass die Wesen, die uns nach dem Tod begegnen, sich zur Erde neigen und dem Menschen die Hilfen entgegenbringen, die wir sonst erst nach dem Tod finden können. Ein reales Zusammenarbeiten unserer Gebetskraft mit dem Willen der göttlichen Welt kann so entstehen.

Allerdings wird dies meist erst erlebbar, wenn man sich sowohl mit der Menschen-Weihehandlung als auch mit der Kosmologie Rudolf Steiners über längere Zeit vertraut gemacht hat. Deshalb ist dieses Kapitel möglicherweise nicht jedem Leser gleich zugänglich. Wer an den speziellen Fragen der geistigen Kosmologie kein näheres Interesse hat, kann es deshalb auch überschlagen, da das Verständnis der folgenden Kapitel nicht von diesen Inhalten abhängt.

Andererseits kann die Menschen-Weihehandlung für die Leser, die die Verbindung zwischen Geisteswissenschaft und Religion suchen, die lebendigste Quelle der Erfahrung werden. Wenn die hier gegebenen Anregungen zu weiteren Studien ermutigen und vor allem hinsichtlich der Verbindung zwischen Lebenden und Verstorbenen durch die Menschen-Weihehandlung etwas beitragen können, haben sie ihren Sinn erreicht.

Die große Wanderung

Naive Vorstellungen vom Leben nach dem Tod führen uns zu den oft auf Gräbern zu findenden Worten »Ruhe sanft«, »Ewige Ruhe« oder Ähnlichem, was der Hoffnung Ausdruck verleiht, von allen Beschwerden des Erdenseins frei zu sein und ruhen zu dürfen.

Rudolf Meyer, einer der Gründer der Christengemeinschaft, hat dieser Auffasung in einem lebhaften, von Tatendrang strahlenden

Gedicht eine ganz andere Sichtweise des Lebens in der geistigen Welt entgegengestellt. Es spricht von der Vorfreude auf die große Wanderung, die aktiv und zielgerichtet alle Begegnungen in der geistigen Welt sucht, die zur weiteren Entwicklung helfen können:

Der Weltenpilger

> Die Planeten haben alle
> die metallnen Tore weit getan ...
> (Goethe, *West-Östlicher Diwan*)

Tragt ihr mich einst hinaus, sprecht nicht: »Zur ew'gen Ruh!«
Legt mir zum Pilgerkleid ins Grab zwei Wanderschuh!

Drei Tage halt ich Rast, dann schreit ich meinen Weg,
Hie Gletscher und hie Glut: schmal ist der Geistersteg.

Die Höhenluft ist gut; ich werde bald gesunden.
Mein Schritt steigt erdbefreit durch sieben Sternenrunden.

Ich trug ein Erdgewand; es war nicht fleckenrein.
Im Tau der Mondenflut wird's bald geläutert sein.

Geh ich den Büßerpfad, getreu der Silberspur –
Leiht meinem Pilgerschritt die Flügelschuh Merkur.

Des Weges Müdigkeit weicht frohem Geisterschwung:
Der Venus Gnade strahlt und macht den Pilger jung.

Wie Rosen glutverklärt, wie Lilien kinderrein –
Kehrt durch das Sonnentor die Menschenseele ein.

Der Sonnen-Engel winkt: Empfange Speer und Schild!
Dich ruft zum Weltenkampf das weite Marsgefild!

Willst du, ein Menschengeist, zu Weltengeist erwachen –
Am Glanz des Jupiter musst du dein Licht entfachen!

Der Tod und Leben eint, Saturn wahrt ew'gen Hort,
Aus Schweigen reift Geburt: »Im Anfang war das Wort.«

Das Weltenwort erklingt aus allen Sternengründen,
Die ew'ge Geistgestalt dem Sterben zu entbinden.

So wächst des Menschen Geist, am Gotteslicht verklärt,
Bis er im Liebesdrang zur Erde wiederkehrt.

Er kennt nicht »ew'ge Ruh«, – ihm ziemt das Pilgerkleid,
Dazu zwei Wanderschuh: zum Schicksalsgang bereit.

Treten wir eine große Reise an, so sind wir gewohnt, auf der
Landkarte dem Weg, den wir uns vorgenommen haben, bewusst
zu folgen. Dadurch sind wir auf viele Besonderheiten vorbereitet,
und an markanten Punkten erkennen wir, dass sich in der Realität
bestätigt, was wir erreichen wollten. So schildert Rudolf Meyer den
Weg durch die Sternensphären als einen vertrauten, zu guten Wesen
führenden Pilgerweg mit höchsten Zielen.

Die Menschen-Weihehandlung umfasst diesen ganzen Weg des
Mensch-Werdens und gibt uns dadurch eine Art Wegweiser oder
Landkarte unseres gesamten Entwicklungsweges. Dabei werden die
beiden Bereiche des Lebens auf der Erde und des Weges nach dem
Tod durch den Kosmos in den Sternensphären mit den Hierarchien
in ihrem inneren Zusammenhang durchschritten.

Im ersten Teil, dem Staffelgebet, mit dem Aufruf an die Seele zum
würdigen Vollbringen der Weihehandlung, der Bekreuzigung und
dem Gebet der Festeszeit, wird unser Erdenleben von dem Bewusstsein durchdrungen, dass die geistige Welt mit uns lebt und
in unser Erdenleben hereinwirkt. Die höchste Kraft entfaltet sie im
Irdischen, wenn durch das Verkündigen des Evangeliums die Taten
des Christus in unserem gegenwärtigen Leben zur Wirksamkeit
kommen können. Was Er damals tat, geschieht auf höherer Stufe
neu für alle Menschen, die sich Ihm im Hören des Evangeliums öffnen wollen. Als Antwort des Menschen erklingt dann das Glaubensbekenntnis, in dem sich die Taten des Christus in konzentriertester
Form verdichtet wiederfinden. Der abschließende Segen bringt in
uns das Wirken des Christus zur lebendigen Gegenwart. Damit ist

der Höhepunkt dessen, was Er auf Erden vollbrachte, in unserem Bewusstsein gegenwärtig.

Mit den weiteren Stufen der Menschen-Weihehandlung schreiten wir schon über das rein irdische Dasein hinaus. Für unser Erdenbewusstsein heißt das, dass wir uns der Schwelle der geistigen Welt nähern, die wir sonst nur im Einschlafen oder im Tod überschreiten. Das Sakrament macht es uns möglich, unser Bewusstsein in dem Bereich aufrechtzuerhalten, den wir im Schlaf nur unbewusst betreten können. Dadurch lernen wir die wesentlichsten Bereiche der geistigen Welt im unmittelbaren Erleben kennen.

Der Todesaugenblick in der Menschen-Weihehandlung

Was geschieht, wenn wir uns der Schwelle der geistigen Welt mit wachem Bewusstsein nähern? Wodurch wird uns lebendig, dass sich uns geistige Wesen unsichtbar nahen? Wir fühlen, dass wir wahrgenommen werden! Die Augen göttlicher Wesen richten sich auf uns, prüfend, ernst, aber liebevoll. Im Erdenbewusstsein nehmen wir das nicht wahr, aber jetzt treten wir bewusst vor die Wirklichkeit der göttlichen Welt.

Während wir diesen Schritt tun, wird nichts gesprochen, er vollzieht sich schweigend. Nichts bleibt verborgen vor dem Schauen geistiger Wesen, die unser Kommen erwarten; die irdischen Hüllen fallen und bleiben zurück. Das ist der Augenblick, in dem der Priester den Kelch enthüllt. Was zunächst unter dem Kelchtuch verborgen war, steht nun enthüllt auf dem Altar: das goldene Gefäß in seiner dreigliedrigen Gestalt: offen nach oben, um sich mit göttlicher Kraft zu erfüllen, durch den Knauf sicher in der eigenen Form gehalten, mit dem Fuß fest auf dem Boden gegründet. Der leere Kelch. Es ist das reine Urbild für den Menschen, der sich dem Christus nähert, um sein Wesen in sich aufzunehmen. Das ist es, was die Wesen der geistigen Welt erhoffen: dass wir als Menschen uns so zum Gefäß des Christus machen wollen. Wenn sich das vollendet, ist der Sinn dessen, wohin uns unser Engel führen soll, erfüllt. Denn der Sinn unseres Menschseins ist es, sich mit der schaffenden Kraft des Christus zu erfüllen und dann mit ihm an der Zukunft der Erde und der Menschheit zu arbeiten.

Im ersten Augenblick, in dem wir wahrgenommen werden, sehen wir also auch selbst unser höchstes Ziel vor Augen: zum goldenen Gefäß zu werden, in dem das Wesen des Christus leben und wirken kann. Das wahre Wesen des Menschen ist der Gral. Der Gral ist das Urbild alles Menschseins, der Gedanke Gottes: »Lasset uns den Menschen machen als unser Ebenbild und Gleichnis.« Ebenbild Gottes sind wir, wenn Christus in uns lebt. Vor den Augen der geistigen Welt werden wir so in unserem wahren Wesen als der Gottesgedanke sichtbar, der in unsere Wesen gelegt wurde, golden, rein und offen für die zukünftige Entwicklung.

Dabei ist es gut zu wissen, dass der Blick auf das goldene Gefäß das Erste ist, was von uns wahrgenommen wird. So erleben wir die Liebe und die Erwartung, die sich auf unser zukünftiges Wesen richten. Das gibt uns Mut, den nächsten Schritt zu vollziehen: unsere jetzige irdische Existenz vor dem prüfenden Blick der göttlichen Welt zu erleben. Wäre das andere nicht vorausgegangen, müssten wir vor Scham vergehen, sobald wir erleben, wie weit unser Wesen sich von seinem Ursprung entfernt hat und den geistigen Wesen entfremdet ist.

In der Geschichte des Schöpfung und des Sündenfalls entspricht dies dem Augenblick, in dem Adam und Eva, nachdem sie von dem Apfel gegessen haben, sich verstecken und dann die Stimme Gottes erklingt: »Adam, wo bist du?« Das gehört zu den erschütterndsten Erlebnissen der Gegenwart göttlicher Wesen, dass wir fühlen, wie wir von ihnen wahrgenommen werden und die Wahrheit dessen, was sie sehen, kaum ertragen können.

Die Opferung

Mit dem Beginn der Opferung fangen wir an, den Weg zurückzugehen, den Adam damals noch nicht finden konnte: Wir wollen uns vor dem Blick Gottes nicht verstecken, sondern ihn bewusst ertragen lernen, um daran zur Selbsterkenntnis zu erwachen. Indem wir anerkennen, wie wir erkannt werden, lernen wir die Wahrheit sehen, auch wenn sie sehr schmerzlich ist. Das liegt nun in den ersten Worten der Opferung: Es wird uns bewusst, dass wir noch weit entfernt davon sind, unser Menschenziel erreicht zu haben, und wir empfinden uns als »unwürdiges Geschöpf«, das sich vom Wesen des Schöpfers entfernt hat, dessen Eigenwille noch nicht mit dem göttlichen Willen schaffen kann.

Unser Ich ist verstrickt in die Abirrungen der Seele, die das göttliche Ziel immer wieder aus den Augen verliert, es verleugnet immer wieder seinen Ursprung bis in die unbewussten Reaktionen unserer Lebenskräfte, und ist den Schwächen des physischen Leibes ausgeliefert, auch wenn es den guten Willen hat, sie zu überwinden. Aus eigenen Kräften wären wir nicht in der Lage, den Weg zurückzugehen, den wir durch den Sündenfall herabgefallen sind.

Nun geht der Gang der Menschen-Weihehandlung über in den Weg, den die Seele nach dem Tod im Kamaloka vor sich hat: alles erkennen zu wollen, was der geistigen Welt gegenüber in Ordnung gebracht werden muss, und die neuen Zukunftsimpulse zu fassen, die zu dieser Korrektur helfen können.

Was opfern wir in der Opferung?

Diese Frage wird immer wieder neu gestellt, weil der Gedanke des Opferns uns heute nicht mehr in seiner ursprünglichen Bedeutung selbstverständlich ist.

Im alltäglichen Sprachgebrauch hören wir von Opfern eines Verbrechens, Verkehrsopfern etc., Begriffe, die einen Beigeschmack von Härte, Schmerz und unfreiwilligem Hergeben-Müssen in sich tragen. Gerade das ist aber überhaupt nicht der Gedanke des Opfers in der Menschen-Weihehandlung, im Religiösen überhaupt. Hier geht es darum, etwas der göttlichen Welt zu übergeben, von dem wir wissen, dass es zu unserer Entwicklung die Aufnahme in der göttlichen Welt braucht.

Sighrafr, Christus erscheint im Kelch. Detail auf dem Taufstein in Grötlingbo (Gotland), 12. Jh.

Als ein Beispiel im Alten Testament sehen wir: Abraham ist bereit, seinen Sohn Isaak Gott zu opfern. Er weiß darum, dass ein Mensch nach seinem Tod in der göttlichen Welt weiterlebt und dort große Entwicklungswege vor sich hat. Er ist bereit anzuerkennen, dass Isaak in der göttlichen Welt gebraucht wird, um den Zielen Gottes für die Zukunft besser dienen zu können als nach den Vorstellungen seines Vaters auf der Erde. In Liebe etwas dorthin zu geben, wo es sich weiterentwickeln kann, ist der Grundgedanke des Opfers. Indem Abraham dies versteht, ist der Gedanke, den Sohn Gott zu opfern, kein grausamer Akt. Er bedeutet den Verzicht auf alles egoistische Besitzen-Wollen. Deshalb kann der Sohn ihm auch für die Erdenentwicklung in diesem Augenblick neu geschenkt werden. Michael zeigt ihm den Widder, den er nun an Stelle seines Sohnes opfern darf.

Die ersten Sätze der Opferung führen uns also dahin, dass wir den Sinn des Opferns wiederfinden: Wir haben uns von dem göttlichen Weltengrund so weit entfernt, dass Ungutes von uns zu ihm geflossen ist. Wir sind Gott gegenüber unwürdige Geschöpfe, die sich von ihm getrennt haben. Nun wollen wir die neue Verbindung wieder herstellen, indem wir etwas opfern, was zu neuer Entwicklung führen kann. Als einzelne Menschen können wir Gott nicht allein durch den eigenen Wunsch erreichen. Der Weg des Sakramentes führt uns durch die Gemeinschaft wieder zu ihm hin. Der Sinn aller religiösen Gemeindebildung liegt darin, dass der Einzelne aus der Gemeinschaft die ihm fehlenden Kräfte erhalten kann und dass er selbst auch für die anderen mit betet.

Zuerst wird dazu die Gemeinschaft mit allen begründet, die in der Gemeinde anwesend sind, »alle, die hier weilen« bringen das Opfer gemeinsam. Dann weitet sich unser Bewusstsein aus über alle wahren Christen, die auf Erden leben. Auch mit ihnen sind wir verbunden auf dem Weg der Menschen-Weihehandlung, denn das wahre Ich jedes Menschen ist mit Christus immer verbunden. Im dritten Schritt beziehen wir auch die Verstorbenen mit ein, und unsere Seele wird immer weiter und größer durch die Gemeinschaft, in der sie sich geborgen und getragen fühlt in ihrer Sehnsucht nach Gott.

Unser persönliches Schicksal wird von unserem Engel geführt und gestaltet. Wo wir einer Gemeinschaft angehören, etwa dem Volk, in dem wir geboren sind und dessen Sprache unsere Muttersprache ist, befinden wir uns in der Verbindung mit den Erzengeln, die als Volksgeister große Menschengemeinschaften führen. Die Zeitgeister oder Archai schließlich tragen das Schicksal der ganzen Menschheit für eine Zeitepoche in ihrem Bewusstsein.

Vom einzelnen, engen Erdenbewusstsein aus sind wir durch die Gemeinschaft aller zur ganzen Menschheit aufgestiegen. Jetzt kann uns neu bewusst werden, dass der Schöpfungsgedanke der göttlichen Welt das Wesen der Menschheit als höchstes Ziel der Erde geschaffen hat. Wir finden dieses Ziel, indem wir ahnen, wie der Vatergott es aus seinem eigenen Wesen hat hervorgehen lassen. Dieses Wesen der Menschheit, das als unser höchstes Ziel über uns schwebt, verbindet alle einzelnen Menschen, alle einzelnen höheren Ichwesen in seinem kosmischen Wesen, das im Übersinnlichen in der Gemeinschaft mit dem dreieinigen Gott lebt.

Einmal hat dieses höchste Wesen der Menschheit, ihr Urbild, in einem Erdenmenschen gelebt: In Jesus von Nazareth, der den Christus in sich tragen sollte. Wenn wir so Mensch werden wollen, wie es diesem Urbild entspricht, dann kann Christus in uns wirken. Aber auch das Umgekehrte gilt: Wenn Christus in uns zu wirken beginnt, werden wir unserem Urbild wieder gleich und finden unsere wahre Wesenheit wieder.

Wir geben bei den Worten vom Wein unseren menschlichen Willen, der sich von dem Vatergott getrennt hat, hin, damit er sich mit ihm wieder vereinigen kann. Alle in den unbewussten Tiefen unseres Wesens wirkenden Kräfte unseres Willens wenden sich zu dem göttlichen Vater.

Der entscheidende Akt des Opferns geschieht, wenn der Priester den Kelch ergreift und mit den Substanzen von Wein und Wasser die Seelenkräfte der Menschen sich verbinden. Unseres Wesens wirkende Lebensimpulse können sich nun neu dem Willen des göttlichen Vaters öffnen.

Unser Fühlen ist mit der Substanz des Wassers verbunden. Es

kann sich mit der Kraft des Christus wieder durchdringen, wenn wir auf all unsere engherzigen Empfindungen verzichten und so erleben lernen, wie Christus unserem Wesen, unseren Erlebnissen und unserer Umgebung gegenüber fühlt. Hier liegt auch ein Schlüssel zu der Frage der Vorbereitung auf die Menschen-Weihehandlung: Wir bringen die Erlebnisse der vergangenen Zeit mit als die seelische Substanz, die wir opfern wollen. Mit all diesen Erlebnissen sind unsere Gefühle verbunden, vor allem den Menschen gegenüber, denen wir begegneten. Wir sind etwa unzufrieden mit den Taten eines anderen Menschen, von dem wir etwas erwarteten, wir sind ungeduldig, weil ein erhofftes Ereignis auf sich warten lässt, wir sind dankbar für eine besondere Freude usw.

Um den Augenblick der Opferung wirkungsvoll vorzubereiten, können wir nun versuchen uns vorzustellen: Christus schaut mich an und erkennt meine Gefühle gegenüber all dem, was er mir als mein Leben hat zukommen lassen. Wie sehen Seine Gefühle aus, wenn ich sie mit meinen vergleiche? Er weiß, warum sich die Hoffnungen, die wir anderen gegenüber haben, noch nicht erfüllen können. Er weiß, warum er uns aufgibt, Geduld zu üben. Er nimmt aber auch unsere Dankbarkeit unmittelbar in sein Fühlen auf, weil er erlebt, dass wir verstanden haben, was er uns schenken wollte in der Freude. Das kann zu einer ganz konkreten Übung werden, in der Vorbereitung die eigenen Gefühle mit denen des Christus zu vergleichen. In der Menschen-Weihehandlung lernen wir in diesem Augenblick der Opferung, auf unsere egoistischen Gefühle völlig zu verzichten und mit Seinen Maßstäben für unser Leben wieder zu verbinden.

Wenn unser Denken im Leben des Heiligen Geistes leben lernen soll, dann ist der erste Akt des Opferns, bewusst alle unsere Irrtümer erkennen zu wollen. Wie oft sind wir überzeugt davon, dass unser Leben ›anders‹ sein müsste, als es ist! Im Licht des Heiligen Geistes wird sichtbar, warum einem Menschen eine Krankheit, ein unangenehmes Erlebnis oder eine Enttäuschung von der Schicksalsführung zugedacht ist. Wir können mit unserem Erdenbewusstsein nicht immer erkennen, was gemeint ist, wenn etwa eine Krankheit, die unsere Arbeit unterbricht, zu einer wichtigen Menschenbegegnung mit einem Arzt im Krankenhaus führen wird. Wir sollen lernen zu warten, um nicht in Zukunft durch Ungeduld und Unruhe einen Schritt der inneren Entwicklung zu zerstören. Indem wir darum bitten, dass unser Denken im Leben des Heiligen Geistes lebe, opfern wir unsere Irrtümer, um die Weisheit des Heiligen Geistes in unser Leben aufnehmen zu können.

Wir opfern also unser enges, von allem Göttlichen abgeschnittenes Erdenbewusstsein, um uns stattdessen zu unserem wahren Wesen wieder erheben zu können. Es kann die größte Freude und innere Freiheit in uns wecken, unser Wesen so hingeben zu dürfen, dass uns die Menschen-Weihehandlung aus der Enge unseres niedrigen Ich befreit und zu unserem wahren Wesen wieder zurückfinden lehrt. Nicht etwas, was wir eigentlich lieber behalten wollten, geben wir hin, sondern wir befreien uns aus den Fesseln, die wir sonst kaum bemerken, die uns aber fortwährend einengen. Opfern heißt also: das eigene Wesen so an das Göttliche hingeben, dass es in der Liebe neue, befreiende Entwicklung findet.

Durch dieses Opfer unserer eigenen Wesenheit treten wir die Nachfolge Jesu in kleinen Schritten an, und streben danach, unser Leben in den Dienst des Christus zu stellen. Die Freude, die daraus entsteht, ist zugleich die Freude, die jede Berührung mit Christus als höchstes inneres Ziel mit sich bringen kann. Sie kann uns befähigen, in Seinem Dienst auch schwere und ernste Aufgaben zu übernehmen.

Die Schritte, die wir so im Teilnehmen an der Menschen-Weihehandlung üben können, finden in ihrer vollen Größe im Leben nach dem Tod statt. Es ist der Sinn der Schicksalsverarbeitung im Kamaloka, auf diese Weise das eigene Wesen mit der göttlichen Dreieinigkeit wieder in Einklang zu bringen. Die Schmerzen der Schicksalsverarbeitung kommen daher, dass wir es als schmerzhaft empfinden, zu erleben, wo unser Erdenleben in Diskrepanz stand zu den göttlichen Zielen. Deshalb sind es heilende Schmerzen, die dazu führen, diesen Einklang wiederherzustellen.

Die Gemeinschaft zwischen den Menschen
im Leben nach dem Tod

Nachdem der Leib bei der Bestattung der Erde übergeben wurde, erlebt der Verstorbene, dass sich sein ganzes Bewusstsein gegenüber dem Erdenleben verändert hat. Er beginnt, in den Umkreis seines damaligen Lebens einzutauchen und die Menschen, mit denen er verbunden war, neu zu erleben. Hat er vorher nur das empfunden, was ihn selbst betrifft, so fühlt er jetzt, was sein Verhalten anderen gegenüber bewirkt hat. Sie werden zu einer lebendigen Wirklichkeit, in deren Seelen er lesen lernt.

Wo wir nach dem Tod in die Erlebnisse der mit uns verbundenen Menschen eintauchen, werden wir aufgefordert, die Entschlüsse für die kommende Inkarnation vorzubereiten und dafür zu sorgen, dass wir für alle unguten Dinge, die wir anderen Menschen zufügten, wieder einen Ausgleich schaffen. Freude muss an die Stelle von Schmerz gesetzt werden, so können wir das Gelernte in die Tat der Zukunft verwandeln. Dadurch kann die Gemeinschaft mit allen uns durch das Karma verbundenen Menschen erneuert und vertieft werden. So wird in der Mondensphäre das Erdenschicksal verwandelt.

In den weiteren Schritten des nachtodlichen Lebens bildet sich die immer größer werdende Menschheitsgemeinschaft, aus der wir uns bei der Geburt verabschieden mussten, wieder neu: In der Sphäre des *Merkur* finden wir die mit uns verbundenen Menschen, und in der Sphäre der *Venus* die Gemeinschaft all derer wieder, die mit uns in der gleichen Religionsgemeinschaft verbunden sind. Und schließlich finden wir im *Sonnenreich* die Gemeinschaft mit der ganzen Menschheit wieder, die Christus durch seine Tat auf Golgatha neu zusammengeführt hat, damit sie das Urbild der Menschheit in sich verwirklicht.

Christus ist für die ganze Menschheit zur Erde gekommen. Er wirkt immer für die Gesamtheit mit seiner Erlösungstat. Deshalb ist es notwendig, dass wir uns als einzelne Menschen in die Gemeinschaft der ganzen Menschheit eingliedern wollen, damit das Urbild der ganzen Menschheit durch jeden individuellen Menschen erneut in Erscheinung treten kann.

Der Augenblick, in dem wir dies erreicht haben, wird in der Weihehandlung durch eine interessante Wortschöpfung dargestellt: unser »Urständen im Geiste«. Darin liegt der Uranfang der Menschheitsentwicklung in der Schöpfung, zugleich aber auch das Ziel des ganzen Weltenwerdens in der Auferstehung, denn »Urständ« ist ein mittelhochdeutsches Wort für Auferstehung. Es hat sich noch in einer Formulierung unseres Sprachgebrauchs erhalten: »Fröhliche Urständ« zu feiern bedeutet, dass etwas auf neue Weise wieder da ist, nachdem es verschwunden war.

Von diesem Ursprungs- und Auferstehungswesen der Menschheit, von ihrem ewigen Wesen also, geht eine segnende Kraft aus, die sich mit dem aufsteigenden Weihrauch verbindet und zu uns herabsteigt. Durch diesen Segen können wir im nächsten Satz sprechen: »Christus in uns.« So wie Christus in dem Menschen Jesus, der Träger des wahren Menschenwesens war, leben konnte, kann er in der Gemeinde leben, die diesen Weg des Menschwerdens gehen will.

Im letzten Teil der Opferung erleben wir, dass die geistige Welt geschützt werden muss vor allem Bösen, das aus der Erdenwelt in sie eindringen könnte, wenn wir unbedacht die Schwelle zu überschreiten suchen. Das Weltengewissen, das in der Sphäre der Cherubim lebt, prüft, was wir mitbringen.

Ist unsere Liebe auf dem Weg zur geistigen Welt zu einer lebendigen Kraft geworden, dann kann jetzt das »Feuer der wesenschaffenden Liebe«, das Feuer der Seraphim, uns die Kraft geben, an dem Cherub mit dem feurigen Schwert vor der Pforte des Paradieses vorbeizukommen. Dann kann das läuternde Feuer unsere Seele reinigen, ohne sie zu verzehren, da wir stark genug sind, diesem Feuer durch innere Liebekraft standzuhalten.

Die Wandlung

Mit der Wandlung sind wir im Sonnenreich des Christus angekommen. Er kann in uns leben und in uns die Harmonie unter allen
Menschen immer wieder aufs Neue schaffen, wenn wir ihn durch
die Weihehandlung suchen. Im nachtodlichen Leben müssten wir
in dieser Sphäre ganz einsam werden, wenn wir weiterhin auf der
Trennung von allen Menschen beharren wollten, die uns nicht leicht
zu verkraften ist. Denn die Kraft der Sonne kann nur wirken, wenn
sie Licht, Liebe und Leben ausstrahlt.

Aus diesem Sonnenreich der Christusgemeinschaft strahlt die
»schützende Kraft« der Verstorbenen in unsere Erdengemeinschaft
herein. Dadurch, dass Christus in ihnen lebendig wurde, dürfen sie
mit ihm wirken und das Erdenleben mit ihrer schützenden Liebe
begleiten.

In der Wandlung von Brot und Wein schließlich verbindet Christus die ganze Sonnenkraft seines Wesens mit den Erdenstoffen, die
unseren Leib durch die Himmelsnahrung neu aufbauen können und
so allmählich zur Auferstehung führen. Hier wird nun das Opfer, das
wir von der Erde her brachten, durch Christus aufgenommen und
mit seiner Kraft durchdrungen. Das Brot wird sein Leib, der Wein
sein Blut. Die größte Verwandlung aber findet als die Verwandlung
des Menschen selbst statt: Durch das Wort der Wandlung wird »das
Göttliche wiedergegeben den Menschen«. Wir haben vorher unser
verwandlungsbedürftiges Wesen in der Opferung angeschaut und
ihm alles entgegengebracht, was wir aus der Enge unseres Eigen-
wesens in die göttliche Weite der Welt zurückbringen wollen. Nun
wird uns unser göttliches Urbild, nach dem wir geschaffen wurden,
neu geschenkt, dem einzelnen Menschen und der ganzen Menschheit. (»Im Bewusstsein unserer Menschheit beginnen wir die Weihehandlung« – nicht nur für unser persönliches Ich.)

Wenn wir dies in unser Denken aufnehmen, werden wir wieder
›wahre Menschen‹, durch die Christus an der Erdenzukunft schaffen kann. Unser Opfer findet seine Vollendung dann dadurch, dass
Christus in uns einzieht. Auf dem Weg der Seele nach dem Tod
findet hier die neue Vereinigung mit Christus im Sonnenreich statt,

sodass er uns durch die höheren Sphären begleiten und das künftige Karma mit uns und für uns schaffen kann.

Das Vaterunser

Als Christus seine Jünger auf ihre Bitte hin beten lehrte, war es das Gebet, durch das er selbst bei seinem Vater für alle Menschen bittet. In der Menschen-Weihehandlung erleben wir nach der Wandlung, dass Christus in den verwandelten Substanzen unmittelbar gegenwärtig ist. Wir können üben, durch die Stimme des Priesters hindurch auf die von ihm gesprochenen Worte lauschen zu lernen, wie er mit der betenden Gemeinde betet. Die Verstorbenen können es in kraftvoller Weise erleben, wenn sie im Sonnenreich die Beziehung des Christus zu seinem Vater und seine Fürbitte für uns Menschen wahrnehmen.

Die Kommunion

Das erste der Kommunionsgebete führt uns über die Sonne hinaus in die Sphäre des *Mars*. Er war in früheren Zeiten als der Planet bekannt, von dessen Wesen die kriegerischen Auseinandersetzungen der Menschheit ausgingen. Aus dem Wirken des Christus aber strahlt eine Kraft, die ihn zu einem völlig verwandelten Planeten macht, wobei jedoch die Aktivität der Marskraft als schöpferische Wirkung des Weltenwortes erhalten bleibt. Wir hören den Christus selbst sprechen in dieser Sphäre. Und was er spricht, führt zur Verwandlung der zerstörerischen Mars-Impulse: Das Wort des Friedens erklingt, wie es in der Heiligen Nacht über den Hirten von Bethlehem jubelnd erklang. Er schenkt uns seinen Frieden, weil er die Macht des Todes überwunden hat. Wir machen uns diese Kraft zu Eigen, wenn wir darum bitten, dass Christus uns erkraften möge, dass auch wir wie er Frieden mit allen Erdenschicksalen finden können.

In der Sphäre des *Jupiter* wird uns aus dem heilenden Geist der Weltenweisheit für unseren Menschengeist heilende Kraft geschenkt. Hier wird die »Heilung der Sündenkrankheit« zum realen Geschehen, das uns auf der Erde in der Menschen-Weihehandlung berührt. Nach dem Tod dürfen wir in dieser Sphäre die heilende Kraft der Weltenerkenntnis erleben, die uns hilft, diese heilenden Impulse in die nächste Inkarnation hineinzutragen.

Saturn, der der Bringer aller Todes- und Verwandlungskräfte ist, wird, wenn wir uns mit dem »Christus in uns« seiner Sphäre nähern, zum Vorboten der Auferstehung. Es strahlen seine tiefgeistigen Wirkungen in unser Erdenleben herein und schenken uns neues Leben der Seele und der Bildekräfte, damit die heilenden Wirkungen angenommen werden können.

Wird nun die Kommunion zuerst vom Priester und dann von der Gemeinde aufgenommen, sind alle auf dem Weg durch die Sternensphären wirkenden Wesen, die unser Schicksal begleiten und uns nach dem Tod führen, an diesem Geschehen beteiligt. Was wir in der Opferung Christus entgegengebracht haben, damit er es verwandeln kann, das schenkt er uns jetzt aus der höchsten der göttlichen Welten als neu von ihm durchdrungenes Karma für die Zukunft, so wie er jeden Menschen von der Weltenmitternacht aus neu auf die Erde begleitet.

Die Wandlung am Altar und die Verwandlung im Verarbeiten des Karma nach dem Tod

Als »Geheimnis des Glaubens«, nach dem man nicht fragen darf, wurde in früheren Zeiten die Wandlung am Altar ehrfürchtig vor den intellektuellen Gedanken der Menschen geschützt. Aus unserer Betrachtung wird nun deutlich, dass es in diesen Zeiten noch nicht möglich war, gedanklich tiefer in das Geschehen der Wandlung einzudringen, da damals dem Christentum die Fragen der Reinkarnation und des Karma noch verschlossen waren. Seit durch die neuen Entwicklungsstufen des Christentums diese Fragen in das Bewusstsein der Menschen Eingang fanden, ist uns eine völlig neue Verständnisgrundlage für die tiefsten Geheimnisse des Christentums geschenkt worden.

Die beiden Seiten des Lebens beleuchten sich gegenseitig: Nach dem Tod erleben wir die Erkenntnis unseres ganzen Erdenlebens sowie die aus dieser Erkenntnis entstehende Heilung, die zu dem Willen führt, in einem neuen Erdenleben den notwendigen Ausgleich für die nicht gelungenen Schicksalsereignisse zu schaffen. Auf dem Erdenweg finden wir Hilfe, alle offenen Lebensfragen mit Christus so zu bereinigen, dass wir nicht warten müssen, bis wir nach dem Tod zur Erkenntnis und Verarbeitung kommen. Schon im Erdenleben werden uns die Verarbeitungshilfen aus der geistigen Welt entgegengebracht, wenn wir im Gebet, in der Weihehandlung darum bitten.

Die beiden Gesetzmäßigkeiten, nach denen sowohl das Karma von Erdenleben zu Erdenleben Verwandlungskräfte schafft als auch die Wandlung am Altar sich vollzieht, gehören intensiv zusammen. Wer die Karmagesetze verstehen lernt, kann die Wandlung am Altar verstehen – wer die Wandlung miterlebt, kann schon im Erdenleben die Schicksal schaffenden Mächte der geistigen Welt erfahren, die uns nach dem Tod begegnen.

So finden wir uns immer lebendiger in ein aktives Verstehen und Ergreifen der Weltengesetze hinein, die auf Erden und im Kosmos wirken und die wir in Zukunft mitgestalten sollen. Die Freude auf diesen Weg nach dem Tod, die uns aus dem kleinen Gedicht Rudolf Meyers entgegenstrahlt, kann auch die Freude auf das aktive Ergreifen der Menschen-Weihehandlung beleben. Denn was könnte es Schöneres geben, als mit Christus und all seinen Dienern in der geistigen Welt zusammenzuarbeiten in der Freude am Schaffen des Guten für die Weltenzukunft!

Die Weihehandlung für die Verstorbenen

Wer sich im Erdenleben schon mit der Menschen-Weihehandlung vertraut gemacht hat, kann nach dem Tod durch sie eine besondere Hilfe für die Verstorbenen finden, diesen Wegweiser durch die Sternensphären in das durch den Tod verwandelte Bewusstsein aufzunehmen. Wir können von unserem heutigen Bewusstsein aus nur zu ahnen versuchen, welche strahlende Größe an geistigen Entwicklungsschritten dadurch aufleuchtet.

Der Ernst des Todes wird sichtbar in der schwarzen Farbe der Gewänder und des Altars. Vom Augenblick der Evangelienlesung an wird er jedoch überstrahlt von der Sonne der Auferstehung Jesu Christi, denn als Evangelium wird die Botschaft der Auferstehung am Ostermorgen gelesen. Dadurch wird für den Verstorbenen der eigene Tod mit der überwindenden Kraft des Christus verbunden.

Abgesehen von der Altarfarbe und der Evangelienlesung findet die Menschen-Weihehandlung in der gewohnten Weise der jeweiligen Festeszeit statt. Oft finden sich charakteristische Beziehungen zwischen der Biografie und der Persönlichkeit des Verstorbenen sowie dem Zeitpunkt seines Todes.

Beim Teilnehmen an der Kommunion können die mit dem Verstorbenen verbundenen Menschen oft die Nähe zu ihm in lebendiger Weise fühlen. Was an Verbindung durch den Christus in diesem Geschehen lebendig wird, wirkt im Empfangen der Kommunion als verbindende Kraft zwischen den beiden Seiten der Welt, die sich in der Weihehandlung in besonderer Weise berühren und durchdringen. Dabei kann die Intention mitwirken, dass die feiernde Gemeinde alle Kraft der Weihehandlung durch ihre Fürbitte dem Verstorbenen zuwendet. Eine Hilfe kann es sein, in diesem Augenblick darauf zu verzichten, die eigenen persönlichen Schicksalsfragen und die Bitte um Hilfe bei ihrer Bewältigung in den Vordergrund zu stellen, um alle Seelenkraft dem Verstorbenen zuzuwenden.

Während in den persönlichen Schicksalszusammenhängen die unmittelbar blutsverwandten Menschen oft am stärksten von dem Schwellenübertritt eines Menschen betroffen sind, erleben wir immer wieder in unseren Gemeinden, dass die durch das gemeinsame Ziel verbundenen Menschen eine lebendige Wahlverwandtschaft begründen und dadurch, gerade über den Tod hinaus, die tiefsten Freundschaften wirken können. Diese Verbundenheit durch Christus selbst wird im Teilnehmen an der Kommunion gestärkt.

Indem wir die Weihehandlung in der Gemeinde für einen Verstorbenen miterleben, entsteht ein sicherer Ausgangspunkt für alle weitere Fürbittekraft in Verbindung mit der Menschen-Weihehandlung. Was in einem einmaligen Augenblick vollzogen wurde, wirkt weiter durch die zukünftigen Weihehandlungen an dem großen gemeinsamen Weg zum »Wesen der Menschheit in dem Übersinnlichen«, das uns durch Christus wieder geschenkt wurde und in dem wir die große Geborgenheit aller Menschen in Christus wiederfinden sollen.

Die Weihehandlung für einen verstorbenen Menschen wird als der letzte unmittelbar an diese Seele gerichtete Schritt der Begleitung durch unsre Rituale gefeiert. Sie findet im Allgemeinen am Samstag nach der Bestattung statt. Dadurch wird erlebbar, dass der Karsamstag der Tag war, an dem der Christus nach seinem Tod am Kreuz in der Ruhe des Grabes den Verstorbenen begegnete und sie als die Ersten seine Auferstehungskraft erleben durften. Während die vier Evangelien von dem Geschehen dieses Tages schweigen – nach der Grablegung wird ohne Erwähnung der Geschehnisse des Karsamstags von der Auferstehung am Ostermorgen berichtet –, sind in den apokryphen Texten des Nikodemus-Evangeliums dramatische Auseinandersetzungen mit der Macht des Todes im Reiche des Satan geschildert. In bildhafter Form enthalten diese Texte das, was uns aus Rudolf Steiners Geisteswissenschaft über die Grablegung Jesu Christi und sein Ringen mit der Macht des Todes bis zum Sieg über seine Gewalt Erkenntnishilfen gibt. Jeder Samstag gibt im großen Weltenzusammenhang die Gelegenheit, dass sich diese Tat des Christus für die inzwischen verstorbenen Menschen aufs Neue vollzieht.

Gelegentlich taucht die Frage auf, ob eine Toten-Weihehandlung auch längere Zeit nach der Bestattung noch eine sinnvolle Hilfe für den entsprechenden Menschen sein kann. Das ist grundsätzlich immer der Fall. In besonderen Fällen, in denen etwa nach einem Suizid der Verstorbene deutlich erlebbar macht, dass er Hilfe sucht, um die schweren Erlebnisse seines Todes besser bewältigen zu können, liegt hier sicher die entscheidende Möglichkeit, ihm solche Hilfe zukommen zu lassen. Dabei muss jedoch darauf geachtet werden, dass der Verstorbene das Geschehen lebendig aufnehmen kann. Zur Vorbereitung kann entscheidend beitragen, wenn Angehörige, Freunde oder die Gemeinde zuerst über längere Zeit in Verbindung mit der Weihehandlung für den Verstorbenen beten. Ob und zu welchem Zeitpunkt dann eine Weihehandlung für diesen Menschen vollzogen werden kann, ist am besten im Gespräch mit dem verantwortlichen Priester zu klären.

Abschließend sei zu dieser Frage noch kurz darauf hingewiesen, dass in jeder Menschen-Weihehandlung alle Verstorbenen eingeschlossen sind. Vielleicht gehört das zu den schönsten Aufgaben, die uns in der Christengemeinschaft aufgetragen sind, dass wir dadurch ein neues, kraftvolles Bewusstsein für alle Menschen entwickeln lernen und immer mehr Verantwortung für den zukünftigen Weg der Menschen nach dem Tod mit übernehmen dürfen. Dann kann Christus in uns für die ganze Menschheit wirken und uns selbst dadurch zu seinen Mitarbeitern berufen. So wird die Gemeinschaft aller Christen ein Keim für die neue Menschheit, die Johannes in der Apokalypse schaute: eine Gemeinschaft mit der Aufgabe, aus den alten Menschheitszusammenhängen durch ihre Verbindung zu Christus das geistige Urbild des Menschen als »Ebenbild und Gleichnis Gottes« wiederzufinden.

Gebet und Fürbitte –
Rudolf Steiners Meditationen für die Verstorbenen

Ursula Hausen

> Der Tod eines heißgeliebten Menschen
> ist die eigentliche Weihe für eine höhere Welt.
> Das habe ich in der letzten Zeit aufs Innigste empfunden.
> Man muss auf Erden etwas verlieren, damit man
> in jenen Sphären etwas zu suchen habe.
>
> *Friedrich Hebbel*

Wenn man einen Verstorbenen in der Weihehandlung im Bewusstsein haben will, ist der entscheidende Schritt, sich kurz vor der Weihehandlung oder auch am Abend vorher ein paar Minuten Zeit der Ruhe zu nehmen, um an diesen Menschen zu denken, ihn einzuladen und zu sagen: »Da begegnen wir uns, da begegnen sich die beiden Welten, Diesseits und Jenseits.« Man braucht ihn dann nicht während der Weihehandlung gedanklich ständig gegenwärtig zu haben (und sollte das auch nicht). Viel wichtiger ist es, auf den Weg, den man jetzt gemeinsam geht, zu schauen und zu sagen:»Ich lade dich ein, mit mir an der Weihehandlung teilzunehmen.« Man kann sich das auch konkret vorstellen – gerade bei Menschen, die einem nahe waren, mit denen man die Weihehandlung vielleicht auch gemeinsam erlebt hat. Schließlich nimmt man ja auch gemeinsam mit Bekannten an der Weihehandlung teil, ohne sich persönlich zu unterhalten – die Verbindung findet auf einer höheren Ebene statt. Der Verstorbene kann da sein, er ist eingeladen, er kann von sich aus diesen Weg suchen. Dann geht jeder auf diese Begegnung mit all den Kräften der geistigen Welt zu.

Als Beispiel können wir einen kürzlich verstorbenen Menschen nennen, der vielen Menschen durch sein Wirken in der Öffentlichkeit bekannt ist. Die im März 2002 verstorbene Marion Gräfin Dönhoff war ein Mensch, dessen Lebensweg von tiefer und aufrichtiger Menschlichkeit geprägt war. Das sind gleichzeitig die tiefsten Kräfte, die uns die Menschen-Weihehandlung vermitteln soll: wirkliche Menschen zu werden in der Weise, wie das Urbild in der Schöpfung war – der Mensch als Abbild des Göttlichen.

Ich möchte auf eine kleine Beobachtung in ihrer Biografie hinweisen. Das Jahr 1909 ist das Jahr, in dem die Wiederkunft Christi, das heißt ein völlig neuer Impuls des Christuswirkens beginnt. Die Menschen, die in diesem Jahr geboren sind, haben möglicherweise ihren Geburtsimpuls bewusst für diese Zeit gesucht – bei den Menschen dieses Geburtsjahrganges, die in unseren Gemeinden bestattet werden, findet man in den Biografien oft außerordentlich deutlich etwas von der Frage: Wie findet man in unserer Zeit einen neuen Weg zu dem Christus, einen Weg, der im klaren Denken fassbar wird, und der ein ganz neues, sachliches, aber tief warmherziges Verhältnis zu den Erdentatsachen schafft?

Solchen Biografien gegenüber können wir einen kleinen Seitenblick auf einen Weg werfen, der sich mir aus einer einzelnen Biografie ganz unmittelbar erschlossen und wiederholt bewährt hat: Bei den Menschen, deren Geburt in den Zeitraum fällt, in dem Rudolf Steiner gewirkt hat, suche ich: Was hat Rudolf Steiner am Tag der Geburt dieses Menschen getan oder gesprochen? Kann man dort vielleicht einen feinen Fingerzeig auf die einer Biografie zugrunde liegenden Impulse finden, eine Anregung, die manchmal ganz erstaunliche, mit diesen Menschen verbundene Motive zum Vorschein bringt?

Marion Gräfin Dönhoff wurde am 2. Dezember 1909 geboren. An diesem Tag spricht Rudolf Steiner über »Buddha und Christus« (GA 109). Es geht dort um die Verwandlung des alten, vorchristlichen, von der Erde wegführenden Meditationsweges zu einem Weg, der den Menschen durch den Christus mit allem Erdengeschehen verbindet und Wachheit schafft, um im Irdischen Verantwortung zu übernehmen und den Weg für die Zukunft vorzubereiten. Das Zusammenklingen dieses Motivs mit dem Leben dieser Persönlichkeit war für mich ein lebendiger Verbindungspunkt.

In den Meditationen, die Rudolf Steiner zur Begleitung Verstorbener gegeben hat, ist das erste Motiv, von der ganz unmittelbar persönlichen Verbindung zu diesem Menschen abzusehen und eine Kraft als Hilfe hinzuzunehmen, die Freiraum schafft, um auf ein gemeinsames höheres Ziel hinzuschauen. Alles zu Persönliche kann für die Verstorbenen noch an individuelle Gefühle gebunden und auch schmerzhaft sein. Wenn man über den Verlust eines Menschen zu tief trauert und diesen zurückhaben will, ist das für ihn nicht einfach. Aber wir wissen: Wir gehen auf ein gemeinsames Ziel hin. Der Christus verbindet die beiden Welten, und die Engel, die im Dienst des Christus die Schicksale führen, helfen uns, gegenüber den persönlichen Erlebnissen objektiv zu werden und auf die Richtung hinzuschauen, wo jetzt die Entwicklungen stattfinden. Dann ist die Möglichkeit zu einem gemeinsamen Erleben oder zu einem Ahnen der Gemeinsamkeit leichter und unbelasteter zu finden. Rudolf Steiner schildert mit außerordentlicher Lebendigkeit, wie die Verstorbenen auf die Erde zurückblicken, und zugleich, wie die Seelen der ungeborenen Kinder die Erde wahrnehmen. Diese Imagination kann uns helfen, den Verstorbenen nahe zu kommen und eine objektive Gemeinsamkeit, die weit über die persönlichen Erlebnisse hinausgeht, aufleben zu lassen. Es sind die größten Ziele der Erdenentwicklung, die darin sichtbar werden: der Blick auf das Neue Jerusalem, das sich seit dem Ereignis von Golgatha als Keim in der Erde zu entwickeln beginnt (siehe dazu im Anhang Rudolf Steiners Vortrag vom 1. April 1918, GA 181).

Der Engel

Eine der wesentlichsten Meditationen Rudolf Steiners für Verstorbene ist die folgende:

> Geister Eurer Seelen, wirkende Wächter,
> Eure Schwingen mögen bringen
> Unserer Seelen bittende Liebe
> Eurer Hut vertrauten Erdenmenschen (Sphärenmenschen).

Dass, mit Eurer Macht geeint,
Unsere Bitte helfend strahle
Den Seelen, die sie liebend sucht!

»Eurer Hut vertrauten Erdenmenschen« – wenn man für Menschen auf der Erde betet; »Sphärenmenschen«, wenn man an Menschen denkt, die schon verstorben sind. Nur dieses eine Wort unterscheidet sich dann in der Fürbitte. Rudolf Steiner hat bei seinen Vorträgen in der Zeit des Ersten Weltkrieges dieses Gebet immer für die im Feld stehenden »Erdenmenschen« und für die gefallenen »Sphärenmenschen« gesprochen.

Welche Kraft geht davon aus, wenn man einen Menschen seelisch vor sich hat und versucht, den Engel dieses Menschen zu finden? In welchem Verhältnis steht der Engel zu diesem Menschen? Er schaut nicht nur auf das, was geworden ist, was einzelne Ereignisse sind, sondern auf das, was dieser Mensch werden kann, denn er trägt das Urbild dieses Menschen in sich. Alles, was er tut, hat das Ziel, dass dieses wahre Wesen sich entfalten kann. Der Mensch wird durch Erfahrungen geführt, die ihm Lernmöglichkeiten geben und ihm durch Schmerz Tiefe vermitteln, die ihm durch Freude Dankbarkeit und schöpferische Kraft geben. Der Engel schaut immer auf das wahre Wesen, das sich entwickeln will. Der Schritt, den wir im Bewusstsein haben können, ist also: Was sind die Entwicklungsprozesse, die uns mit diesem Menschen verbinden?

Um sich an den Engel zu wenden, damit er unsere Liebe aufnehme und in einer gereinigten und objektiv gewordenen Kraft dem Verstorbenen zukommen lasse, bedarf es keines weiteren Wissens. Rudolf Steiner beantwortete die Frage: »Wie soll ich mir den Engel denn vorstellen?«, schlicht mit: »Tun Sie es einfach! Er wird es schon korrigieren, wenn es fehlerhaft ist.« Man kann also ganz direkt und lebenspraktisch damit umgehen. Man versucht, auf den Engel zuzugehen, sein Wesen zu finden und sich ihm zu öffnen.

Dann folgt in diesem Spruch eine Stelle, die auf etwas Besonderes im Wesen dieses Engels hinweist: »Eure Schwingen«. Das ist auch so wohlklingend im Rhythmus der Worte: »Eure Schwingen mögen bringen« – ein ganz lebendiger Rhythmus. Man kann sich den Menschen, an den man im Gebet denken will, in einer Situation vorstellen, in der man sein strahlendes inneres Wesen erlebt hat – im Hintergrund versucht man, den Engel zu erahnen, der seine Flügel ausbreitet, aus denen die Kraft strahlt, die er dem Menschen schenkt. Das kann man so konkret wie möglich als Bild vor sich haben. Manche Menschen finden es hilfreich, sich den Engel so vorzustellen, wie Künstler sie etwa auf Bildern der Renaissancezeit gestalteten. Für andere wiederum sind diese Bilder zu stark an der Vergangenheit orientiert; diese können versuchen, ganz aus sich heraus, aus den Kräften des Lichtes, der strahlenden Kraft der Flügel, selber ein Bild zu gestalten. Man kann fragen: Was hilft mir dazu? Zeigt mir der Engel irgendetwas, wodurch er gefunden werden kann in meinem Bewusstsein?

Der Inhalt dieses ersten Gebetes ist zusammengefasst: Der Engel nimmt meine Liebe zu diesem Menschen auf. Und indem er sie aufnimmt, wird sie in ihrer höchsten und reinsten Kraft lebendig, und es kann zurückbleiben, was in mir noch zu persönlich gefärbt war. Das Ganze bekommt nun eine objektive, viel stärkere und wärmere Kraft, weil der Engel seine Kraft dazugibt. Das Wissen darum, dass wir mit den Engeln zusammenarbeiten dürfen, gehört mit zu dem Schönsten, was diese Gebete vermitteln. Nicht unsere persönlichen Kriterien sind maßgeblich für das, was jetzt werden soll, sondern das, was der Engel will. Dabei wollen wir mitarbeiten lernen. Und so geben wir einfach die ganze Liebe, die wir haben, diesem Wesen des Engels hin. Mit der Kraft, die aus den Flügeln des Engels strahlt – aus diesen bewegten, Zukunft schaffenden Schwingen, die auch Wahrnehmungsorgane nach hinten, nach oben, zur göttlichen Welt sind –, soll unsere Liebe zu den verstorbenen Menschen strömen. So können wir herzliche Empfindungen diesem Engel gegenüber entwickeln. In diesem ersten Gebet liegt eine ganz tiefe und große Kraft, aus Liebe eine Verbindung zwischen den Welten zu schaffen. Michael Bauer, ein wirklicher Helfer für die Verstorbenen, der vieles von dem, was Rudolf Steiner erarbeitet hat, auf ganz eigenen Wegen gefunden und vertieft hat, sagte: »Wenn wir die untrennbare Verbindung zwischen Liebe und Leben erkannt haben, dann können wir verstehen, dass die Liebe das Einzige ist, was den Tod überwindet. Denn das Leben jenseits des Todes ist zwar anders als unser Leben, aber es ist Leben, und als solches im Bereich der Liebe.«

Bei den weiteren Sprüchen, die die Erlebnisse des Verstorbenen im Kamaloka noch gezielter einbeziehen, spielt folgende Frage eine entscheidende Rolle: Wie muss verarbeitet werden, was dieser Mensch aus seinem Schicksal mitbringt? Was er als Taten in die Welt geschickt hat und jetzt als eigenes Erlebnis in sich findet?

> Meine Liebe sei den Hüllen,
> Die Dich jetzt umgeben –
> Kühlend Deine Wärme,
> Wärmend Deine Kälte –
> Opfernd einverwoben!
> Lebe liebgetragen,
> Lichtbeschenkt, nach oben!

Alles, was gut, kraftvoll und liebevoll war, macht diese Wärme und Lichtkraft zwischen den Menschen neu erlebbar. Man erlebt die eigenen Begierden, Triebe und Egoismen wie eine große Hitze, wie es in dem, wenn auch verzerrten, Bild des ›Fegefeuers‹ zum Ausdruck kommt. Entsprechend bewirken Lieblosigkeit und Gleichgültigkeit Erlebnisse der Kälte.

Das Bild des Feuers ist das, was wirklich Realitätsgehalt hat. Alles, was in uns noch egoistisch ist, wird durch dieses Feuer – durch Schmerz – geläutert. Entsprechend kann alle seelische Kälte auch nur durch das Erleben der auf das eigene Wesen zurückwirkenden Kälte verwandelt werden. Erst indem ein Mensch erlebt, was von ihm aus in die Welt strömte, was die anderen an ihm erlebten, kann er zur vollen Selbsterkenntnis seines Wesens kommen und daran die notwendigen Zukunftsentwicklungen vorbereiten.

Indem ein Verstorbener erlebt: Was ich meinen Angehörigen an Lieblosigkeit entgegengebracht habe, das kommt nun als eine Erfahrung der Kälte auf mich zurück, lernt er zu verstehen, was sie erlebten. Er nimmt es in sein eigenes Erleben auf und fasst den

Entschluss, diesen Menschen in Zukunft mit gutem Willen zu einem Ausgleich zu helfen.

Mir wurde vor einiger Zeit von einer Frau erzählt, die – ohne ein weiteres Bewusstsein davon zu haben, was ein Verstorbener erlebt – träumte, dass ihr Vater wie in einem Eisblock von den Hüften an nach unten bis zu den Füßen eingefroren sei – also in dem Bereich, in dem der Wille sich betätigt. Ihr Vater hatte keine spirituellen Interessen und verhielt sich auch der eigenen Familie gegenüber oft recht egozentrisch oder sogar lieblos. Sie fragte sich etwas ratlos, was sie mit solch einem Traum anfangen sollte. Deutlich war, dass sie eine Beziehung zu ihm erlebte und das Gefühl hatte, er würde etwas von ihr erwarten, ihre Hilfe brauchen. Gelingt es aber, gegenüber solchen Erlebnissen von Kälte eine wirklich wärmende Liebe aufzubringen? Selten wurde mir so konkret wie in diesem Traum beschrieben, dass die Kälteerlebnisse bis zu einem ganz starren, eisartigen Sich-gefangen-Fühlen führen. Die Gebetskraft und Liebekraft muss nun eine Wärme entwickeln, die der Sonnenwärme auf der Erde entspricht. Da kann man durch Gebetskraft und Liebe tauende, liebevolle Wärme entwickeln und wissen, was unsere Gedanken in der geistigen Welt tun. Wir sollten auch bedenken, dass wir dem Verstorbenen nicht von einem Moment zum anderen alles Schmerzliche ersparen können, was jetzt für sein Schicksal notwendig ist. Aber wir können ihm, wie bei einem Krankenbesuch, etwas an Liebe, Herzlichkeit und Zuwendung mitbringen, ihm Lebenskraft geben, damit er das Unumgängliche und Notwendige mit weniger Angst bewältigen und die Zuversicht entwickeln kann, dass alles, was Schmerz erzeugt, zur Entwicklung führt. Es geht nicht um das Vermeiden von Schmerzen, sondern um das aktive Durchleben und Bewältigen, um daraus Ich-Kraft zu schaffen.

Wenn man beim Begleiten eines Verstorbenen in der Kamaloka-Sphäre auch Schmerzliches miterlebt, ist eine liebevolle, starke Vertrauenskraft vonnöten. Ich habe einmal erlebt, dass eine Patin ihrem Patenkind in einer schwierigen Situation einfach nur sagte: »Du heißt doch Michael, du kommst schon durch!« Sie gab dem Vierzehnjährigen, der von seinen Eltern weggelaufen war, keinen Rat. Und er sagte hinterher: »Dieser eine Satz, davon war ich überwältigt, dass jemand solches Vertrauen zu mir hat – du heißt doch Michael, und das ist mein innerstes Wesen. Ich fühlte mich verstanden«. Daran konnte er sich neu orientieren. So etwas brauchen wir den Verstorbenen gegenüber. Nicht Mitleid, das zu sehr auf das Leid hinschaut und sagt: »Das dürfte nicht sein, wenn das doch anders wäre! Ich kann es nicht ertragen, ihn leiden zu sehen«, sondern die Sicherheit: »Das ist ganz und gar richtig. Es entspricht dem innersten Willen dieses mir lieben Menschen, es zu bewältigen und daran neue Kraft zu entwickeln.« Wenn man diese Wahrheit erlebt, kann es gutgehen. Das ist der Spruch: »Meine Liebe sei den Hüllen, die dich jetzt umgeben …« Dann kommen die Motive von dem Lindern der Wärme und dem Lindern der Hitze. Dann kann diese freie Liebekraft in der Wärme wieder ganz neu entstehen.

Wie lange begleitet der Engel einen Menschen nach seinem Tod?

Der Engel bleibt mit dem Menschen verbunden. Es kommen aber später die weiteren, höheren Hierarchien noch hinzu, und einer der Sprüche Rudolf Steiners begleitet den Weg so, dass man all die Hierarchien durch die weiteren Stufen in den Himmelssphären anspricht. Mit dem sollte man nur in dem Fall umgehen, wenn man sich auch ein einigermaßen lebendiges Bild von diesen Wesen schaffen kann, sonst bleiben nur abstrakte, ungefüllte Worte: die Exusiai, die Kyriotetes, die Dynamis. Aber wer sich ein Bild von dem nachtodlichen Leben und von den Sphären des Kosmos schaffen kann, der kann durchaus versuchen, mit dem weiteren Denken an die höheren Wesen sehr aktiv das Mitwirken mit der geistigen Welt kennen zu lernen. Der Engel bleibt mit dem Menschen verbunden. Dann kommen im Wirken der Erzengel die übergeordneten Schicksalskräfte hinzu, die ihn jetzt mit der Menschengemeinschaft, zu der er gehörte, mit der Volksgruppe, verbinden, wodurch auch bestimmte Eigenschaften, Temperamente usw. damit verbunden sind, dass man etwa in Mitteleuropa lebt oder in Südamerika oder in Skandinavien.

Man kann dann versuchen, die weiteren Stufen zu denken und zu sagen: Wenn ich einen Menschen begleite, der mit dem deutschen Volksgeist verbunden ist und der vielleicht im Dritten Reich gerade die dämonischen Gegenkräfte intensiv kennen gelernt hat, dann ist es sehr hilfreich, ein solches Wesen aktiv einzubeziehen. Viele Schicksale der heute Sterbenden oder Verstorbenen sind ja durch die absoluten Erschütterungen gegangen, dass sie eine Begeisterung für den deutschen Volksgeist mitbrachten, für einen neuen Impuls, der in Mitteleuropa entstehen sollte, der weltweit menschheitlich verbindend wirken sollte und stattdessen – bewusst oder unbewusst – sich einem Wesen angeschlossen haben, das gerade die dämonischen Gegenbilder von Abgeschlossensein im Nationalismus, von Abwehr gegen alles andere bringt.

Es gibt die Möglichkeit, zu dem Engel den Erzengel, den Volksgeist, dazuzunehmen. Rudolf Steiner hat ganz tief bewegend von dem Wesen des deutschen Volkes gesprochen, was eine menschheitlich verbindende, geistbegründete Kultur schaffen sollte, wo gerade die Befreiung von den Vererbungsgrundlagen, die Befreiung von den Einseitigkeiten entsteht und wo eine mit Michael als dem Geist unserer Zeit verbundene Kultur für die ganze Menschheit Neues bringt und – entgegen dem, was der Nationalsozialismus als Gruppenegoismus entwickelt hat – eine Selbstlosigkeit, die verbindend wirken und koordinieren kann zwischen den verschiedenen Fähigkeiten, die die verschiedenen Volksgeister mitbringen.

In dem Kapitel ›Die große Wanderung‹ wird angedeutet, dass die Menschenweihe-Handlung den Weg der Seele durch alle Sphären des Kosmos erlebbar macht. Hier wirken die Wesen der höheren Hierarchien, die wir oft nicht einmal mehr dem Namen nach kennen: die Zeitgeister, die die Schicksale ganzer Weltenepochen lenken, die Geister der Form, die Geister der Bewegung, die Geister der Weisheit und schließlich die Throne, die Cherubim und Seraphim.

Für Menschen, die sich intensiver mit diesen Bereichen des nachtodlichen Lebens beschäftigen wollen, ist sicher zuerst ein gründliches Studium der anthroposophischen Erkenntnisse empfehlenswert. Dann gewinnen die Gebete eine Tiefe, die auch diese hohen

Wesen ahnend empfinden lässt. Eines der großartigsten Gebete in diesem Zusammenhang hat Rudolf Steiner in seinen Karmavorträgen dargestellt.

Es empfangen Angeloi, Archangeloi, Archai im Ätherweben
das Schicksalsnetz des Menschen.

Es verwesen in Exusiai, Dynamis, Kyriotetes
im Astralempfinden des Kosmos
die gerechten Folgen des Erdenlebens des Menschen.

Es auferstehen in Thronen, Cherubim, Seraphim
als deren Tatenwesen
die gerechten Ausgestaltungen des Erdenlebens des Menschen.

Das Wort ›Verwesen‹ findet in diesem Zusammenhang seinen ursprünglichen Sinn wieder: Es ist nicht in unserem heutigen Sprachgebrauch als Verwesen der körperlichen Substanz gemeint, sondern es bedeutet, dass der Verstorbene sein Wesen den geistigen Wesen zuwendet, um sich mit ihnen wieder vereinigen zu können und in ihrem Schaffen mitwirken zu lernen bei der Verarbeitung des alten und dem Bilden des zukünftigen Schicksals.

Suizid

Ursula Hausen

Das Rosenkind

Einen Menschen nach dem Suizid zu begleiten, gehört zu den großen, aber auch manchmal sehr belastenden Aufgaben, die das Schicksal uns stellen kann. Da oft gerade die nächsten Angehörigen unmittelbar von den vorangegangenen Problemen betroffen sind, sehen sie sich unter Umständen mit eigenen Fragen konfrontiert, ehe sie in der Lage sind, dem Verstorbenen wirklich frei Hilfe zukommen zu lassen. So ist es sehr wichtig, dass ein Mensch, der von den Ereignissen des Suizids unmittelbar mitbetroffen ist, einen Gesprächspartner hat, der ihm zur Seite steht und die Möglichkeit der Verarbeitung des Erlebten im Gespräch möglich macht. Bevor die konkreten Hilfen dargestellt werden, die für Verstorbene nach einem Suizid möglich sind, sollen zuerst einige grundlegende Fragen und auch Missverständnisse, die mit diesem schwierigen Thema verbunden sind, besprochen werden.

Geht es um einen Menschen, der durch Suizid verstorben ist, sollte man sich möglichst klar vor Augen halten, dass dieser Mensch wirklich intensiv leidet und dass es für ihn nun am allerwichtigsten ist, darauf zu vertrauen, dass er gerade durch sein Leiden die Kraft entwickeln kann, die ihn dann weiterführt.

Ich möchte an dieser Stelle gern von einem Erlebnis berichten, das ich mit einem mir nahe stehenden Menschen hatte. Das Märchen»Rosenkind« (siehe Anhang) habe ich für diese Frau geschrieben. Sie hieß mit Vornamen Rose, war Psychotherapeutin und wurde selbst sehr schwer psychisch krank. Sie hat sich in ihrem Leben sehr viel mit Märchen von der psychoanalytischen Richtung her beschäftigt, wo sicher manches in der Art, wie man mit den Bildern umgeht, auch hilfreich ist. Es erreicht allerdings nicht die Qualität der Imagination, die den Märchen zugrunde liegt.

163

Diese ganz schwere psychische Erkrankung und eine Sehbehinderung, die im Lauf ihres Lebens schließlich zur vollkommenen Blindheit wurde, waren nur ein Teil des großen Leides, das sie erlebt hat. Ich habe erstaunlicherweise in dem Moment, in dem sie in einer psychiatrischen Klinik die Möglichkeit gefunden hatte, ihr Leben zu beenden, sehr intensiv an sie gedacht mit einem Märchen, das ich ihr beim nächsten Besuch erzählen wollte. Mein Eindruck war im Nachhinein: Sie hat sich, in dem Moment, in dem ich eben mit einem Märchen beschäftigt war, bemerkbar gemacht, so dass sich eine wirkliche Verbindung gezeigt hat. Als ich davon hörte, dass es wirklich Suizid war, habe ich relativ schnell, wie ein Geschenk, das einem in solch einem Moment zukommt, ein Märchen vor Augen gehabt, das ich ihr in Gedanken erzählte. Es handelt von der Hoffnung, den Prinzen, von dem die ganzen Zukunfts- und Hoffnungskräfte ausgehen, zu finden, und davon, dass sich ihr auf der Suche nach ihm Hindernisse entgegenstellen. Sie wird in einen finsteren Kerker gesperrt und erlebt schließlich eine solche Verzweiflung, dass sie meint, sie wäre blind geworden. Den rechten Augenblick, in dem die Befreiung naht, kann sie nicht abwarten und befreit sich gewaltsam.

Das Hauptmotiv, das mir dann wichtig geworden ist, und das, wie ich meine, schon einige Menschen, die ich begleitet habe, erreicht hat, ist das Erlebnis: Dieses gewaltsame Sich-Befreien führt zum Blindwerden. Es ist das Erlebnis, das ein Mensch nach dem Suizid vielleicht am ehesten verstehen kann: Man macht sich durch diese Tat blind für die Kräfte, die helfen wollen. Das fehlende Vertrauen und die zu intensive Identifikation mit dem eigenen Körper hat die Illusion erzeugt: Wenn ich den Körper beseitige, ist das Problem gelöst.

In diesem Märchen gibt es den Moment, in dem das Mädchen versucht, sich gewaltsam zu befreien, während der Prinz, auf den sie wartet, schon lange unterwegs ist. Er kommt in dem Moment, da die Rosen wirklich aufgeblüht sind. Dadurch, dass sie den Vornamen Rose hatte, war das Bild von den Rosen auch ein sprechendes, das in vielen Märchenbildern bis hin zu der Rosenkreuz-Meditation eines der größten Urbilder der geistigen Welt ist. Durch die Dornen hat sie sich blind gemacht, aber der Prinz, der kommen sollte, wenn die

Rosen aufgeblüht sind, ist schon unterwegs. Jetzt zeigen sich in den Bildern des Märchens in imaginativer Form die ersten Erlebnisse im nachtodlichen Leben, die auch oft von großer Angst begleitet sind. Manche Angehörigen können das spüren und erleben auch selber eine Bedrückung, aus der heraus sie sich dann fragen: Wie werde ich davon frei? Die Angst ist oft verbunden mit Schuldgefühlen, die auch die Menschen im Umkreis ungeheuer bedrängen können. Da sind jetzt die Bilder in diesem Märchen außerordentlich sprechend: Dieser Prinz ist da, aber sie kann ihn nicht wahrnehmen. Und er will ihr helfen und sie begleiten, aber jedes Geräusch erschreckt sie erst noch, weil sie denkt, er sei ihr Verfolger. Er legt jetzt alles, was ihn sozusagen zum Königssohn macht, seine Rüstung, die Krone, ab, lässt auch das Pferd zurück, um ihr nur noch ganz leise als Helfer nah zu sein. Er begleitet sie auf dem Weg, auf dem sie sich im Dunkeln versucht zurechtzufinden, geht vor ihr her und macht ihr den Weg frei, geht neben ihr, wenn Gefahren von der Seite kommen, geht hinter ihr, wenn von hinten irgendetwas droht, was sie nicht wahrnehmen kann, sodass sie eigentlich umgeben ist von einer schützenden, helfenden und liebevollen Kraft. Wenn sie schläft, deckt er den Mantel über sie, wacht neben ihr und ruft sie dann am Morgen bei ihrem Namen, damit sie wach werden und den weiteren Weg gehen kann.

So muss jetzt dieser Zeitraum überbrückt werden, der eigentlich bis zum vom Schicksal gemeinten Todesaugenblick führt. Die helfenden Kräfte sind da, aber der Verstorbene kann sie noch nicht wahrnehmen. Wenn man versucht, sich in dieses ganz liebevoll beschützende, behutsame Begleiten einzufühlen – das auch nicht zu sehr an die konkreten Erinnerungserlebnisse anstößt, weil sie alle Angst wecken und Sorge machen, sondern das die Richtung zum Ziel so intensiv wie möglich anschaut –, dann kann man vielleicht wirklich einem Verstorbenen den Mut, diesen Weg zu gehen, stärken und wecken und vor allem auch für sich selber als ganz entscheidende Kraft wissen: Es ist nicht so, dass dieser Mensch verlassen ist. Das würde mit nichts von dem, was wir von Christus wissen, zusammenstimmen. Aber dieser Mensch kann nicht wahrnehmen, welche Liebe ihm entgegenkommt, weil er eben durch den gewaltsamen Versuch, sich zu befreien, blind geworden ist.

Grundlegende Gedanken zur Natur unseres Gewissens

Zu den am schwersten zu bewältigenden Gefühlen nach einem Suizid gehören die manchmal mit erdrückender Gewalt auftauchenden Schuldgefühle. Je besser es gelingt, diese in eine ruhige und zuversichtliche Haltung zu verwandeln, aus der heraus alles Geschehene bejaht werden kann, desto lebendiger kann dies auch dem Verstorbenen vermittelt werden. Dabei ist es hilfreich, sich immer wieder ins Bewusstsein zu rufen: Unser Gewissen ist die höchste lebendige göttliche Kraft in uns – wenn es ein gesundes Gewissen ist. Es wirkt als lebendiger Maßstab für die reinen menschlichen Qualitäten und kann uns zu neuer Aktivität aufrufen, wenn wir hinter diesem uns mitgegebenen Maßstab zurückbleiben. Dabei kann als Richtschnur gelten: Ein mit Christus verbundenes Gewissen ist immer ›gut‹. Denn es hat seinen lebendigen Gesprächspartner mehr oder weniger bewusst vor sich. Es ist das wahre Erkenntnisorgan für den Christus. Deshalb reagiert es so sensibel auf alles, was mit seinem Wesen nicht harmonisch zusammenklingt. Christus aber macht uns niemals Vorwürfe. Er hat uns ja gerade die Freiheit, Fehler zu machen und dadurch die Liebe zum Guten zu entwickeln, geschenkt. Wenn wir sie ergreifen können, also ein ›gutes‹ Gewissen haben, sind wir fähig zu neuen Schritten. Zuerst kann ein inneres Gespräch mit Christus ihm alles Geschehene entgegenbringen, damit nicht unsere eigenen Maßstäbe, sondern die Seinen als gültig anerkannt werden. Das bringt aber als Folge mit sich, dass alles Nagende, Bohrende der Schuldgefühle wegfällt, weil eine neue Entwicklung beginnt.

Wenn das Gewissen mit fortwährenden Selbstzweifeln, Selbstvorwürfen und quälenden Gedanken nicht zur Ruhe kommen kann, sind dies nicht die von Christus her wirkenden Kräfte, sondern ein anderes Wesen macht sich darin bemerkbar. In der Apokalypse des Johannes im 12. Kapitel, nach dem Kampf Michaels mit dem Drachen, wird es auf exakte Weise dargestellt: »Nun ist begründet das Heil und die Kraft und das Reich unseres Gottes, und die Schöpfermacht seines Christus. Gestürzt ist der Verkläger unserer Brüder. Er kann sie nun nicht mehr Tag und Nacht verklagen vor dem Angesichte Gottes ...« Der Verkläger des Menschen vor Gott ist Luzifer, der zuerst verführt und dann anklagt. Genau das ist die Stimme des ›schlechten Gewissens‹, die uns durch ihre anklagenden Gedanken daran hindert, einen neuen Entschluss zu fassen und das Gewesene aktiv zu bereinigen.

Demgegenüber bleiben ein tiefer Ernst und ein neues Gefühl der Verantwortung für die eigenen Taten in dem Moment wach im Bewusstsein, wenn ein lebendiges, gedankenklares Gewissen sich bemerkbar macht. Daran lernt das Ich sich wieder frei zu erleben und ist nicht von lähmenden, quälenden Gedanken und Gefühlen geplagt, die alle Ichkraft ersticken. Die Tatsache, dass wir Menschen schuldig werden können, ist der wesentlichste Ansporn für unsere Ich-Entwicklung, und solange der Blick sich nach vorn richtet und neue Wege für die Zukunft sucht, kann aus allem Geschehenen Neues werden.

Durch ein gesundes, waches Gewissen sind wir auch davor geschützt, den erschütternden Ernst, den das Bewusstwerden einer schweren Schicksalstatsache bedeutet, zu relativieren. Die Lebenswendepunkte, die sich häufig in großen Biografien finden, sind Zeugnis für die schöpferische Kraft, die aus einem wachen Gewissen entstehen kann. Aber ein solches Gewissen ist zukunftsgerichtet und trotz seines Ernstes an einem positiven Werden-Wollen orientiert.

Leider sind bei sehr vielen Menschen aber die gesunden, ichhaften Gewissenskräfte überlagert durch zu hohe, strenge Forderungen aus einer Erziehung, in der die freie Entfaltung der eigenen Maßstäbe durch rigide Ge- und Verbote behindert wurde. Es darf nicht übersehen werden, dass gerade auf religiösem Gebiet hier schwerste Fehler begangen und schon von Kind auf viele Menschen in ihrer Entwicklung dadurch behindert wurden, etwa indem Gott oder Christus vor allem als strenger, fordernder Richter oder strafender, zorniger Rächer dargestellt wurde. Die Fehlentwicklungen, die es uns schwer machen, unsere gesunde Gewissenskraft jederzeit verfügbar zu haben, reichen von den subtilsten Formen (etwa Druck auf das Gewissen eines Menschen, um Macht auszuüben) bis hin zu dem vielfältigen Missbrauch des Beichtsakramentes als Mittel, sich zum Herrn über das Gewissen der Menschen zu machen. Diese Fehlentwicklungen sind deshalb so hinderlich für jede gesunde Entwicklung, weil sie einen von außen aufgestellten Maßstab an die Stelle der innersten Kräfte unseres Bewusstseins stellen.

Wie geht Christus mit unserem Gewissen um? Ein lebendiges Beispiel finden wir in der Schilderung von der Ehebrecherin im 8. Kapitel des Johannes-Evangeliums. Die Feindschaft der Hohenpriester und Schriftgelehrten entzündet sich ihm gegenüber daran, dass er nicht die üblichen Formen richtender Strenge ausübt, sondern sich den ›Sündern‹ besonders zuwendet. Es wäre allerdings auch ein Irrtum, anzunehmen, er kehrte alle Vergehen mit einer oberflächlichen Gleichgültigkeit unter den Tisch. Sein Wirken ist eindeutig: Die Wahrheit wird rückhaltlos aufgedeckt und kein Betrug oder Selbstbetrug über das Geschehene kann vor seinen Augen bestehen. Nichts wird beschönigt – aber auch nichts verurteilt, weder bei der Angeklagten noch bei den Anklägern. Die Wahrheit allein ist das Entscheidende. Und diese Wahrheit ist die schaffende Kraft. Da braucht keiner mehr dem anderen Vorwürfe zu machen, da er mit den eigenen Fragen ausreichend beschäftigt ist. So erkennt jeder, dass er kein Recht hat, »den ersten Stein zu werfen«, sobald er sein Gewissen darüber befragt, was Christus wohl über ihn selbst in die Erde eingeschrieben hat.

Nur zwei Sätze sind es, die er am Ende zu der Angeklagten spricht, der erste auf die Vergangenheit, der zweite auf die Zukunft bezogen: »Ich verurteile dich nicht«, und »Von nun an sündige nicht mehr«. Damit ist der Weg für die Zukunft frei. Wenn die Wachheit des Bewusstseins durch eine Regung des Gewissens erreicht ist, muss nicht ständig zurückgeblickt werden. Und dann folgt die große, strahlende Offenbarung seines Wesens: »Ich Bin das Licht der Welt. Wer mir nachfolgt, wird nicht mehr in der Finsternis wandeln, das Licht des Lebens wird ihm leuchten.«

Es geht also nur um eines: mit ihm gemeinsam die Wahrheit unseres Lebens anschauen zu lernen und uns mit seiner klaren Erkenntnis zu verbinden. Könnten wir unser Leben mit seinen Augen sehen, würden wir unbeschönigt alles sehen, was uns von ihm trennt, dabei aber gleichzeitig die Liebe in seinem Blick erleben, die von jedem Geschehen aus schon einen neuen Weg in die Zukunft vorbereitet.

Das Erkennen, dass er niemals etwas Geschehenes ablehnt, ist eine der erstaunlichsten Erfahrungen, die wir durch ihn machen können. Er bejaht alles, was ist, solange wir ihm Wahres entgegenbringen. Dabei ist es nicht wesentlich, ob diese Wahrheit uns angenehm oder schmerzlich ist – wenn er von sich selbst sagt: »Ich Bin die Wahrheit!« (Johannes 14), dann sind wir in dem Augenblick, in dem wir die Wahrheit in unserem Leben sehen, bei ihm angekommen. Dann nimmt er uns in sein Wesen auf und richtet den Blick auf den weiteren Weg. »Die nicht sehen, sollen sehend werden« (Johannes 9), das ist vielleicht einer der tiefsten Sätze, die uns seine Haltung unserem Gewissen gegenüber verständlich machen können.

Wo die Erinnerung an bedrückende Erlebnisse über längere Zeit als bohrender Zweifel an sich selbst wirkt und jede Entwicklung lähmt, ist also eine andere geistige Macht am Werk als Christus. In dieser Kraft Luzifers wirkt auch verborgen erstaunlicherweise die Überheblichkeit mit: dass wir gern besser sein wollen, als wir sind – wir wollen nicht die Wahrheit, sondern eine Illusion über uns selbst anschauen.

Auf dem Hintergrund dieser Überlegungen wird deutlich, dass bei der Begleitung nach dem Suizid oft zuerst die Auseinandersetzung mit den eigenen Maßstäben, Schuldgefühlen und auch mit den vielleicht noch ungeklärten Vorwürfen dem Verstorbenen gegenüber notwendig ist. Eine entscheidende Hilfe dazu kann das Schicksals- oder Beichtsakrament sein. Wer es kennt, kann mit seiner Hilfe zu einem tiefen Zwiegespräch mit Christus kommen. Sinn dieses Sakramentes ist es, alle Erlebnisse mit den Augen des Christus sehen zu lernen und die eigenen Beurteilungen einer Situation, die wir ja immer nur fragmentarisch überschauen können, wieder zu einer Frage nach dem noch nicht entdeckten Sinngehalt zu verwandeln. Das befreit von unseren engherzigen Beurteilungen und hilft uns, wie Er es tut, alles Geschehene zu bejahen und nun den weiteren Weg zu suchen.

Notwendig sind also eine Stimmung der aktiven Zuversicht und das Vertrauen darauf, dass auch die allerschwersten Erlebnisse und Enttäuschungen letztlich zu einem guten Ziel führen – und jedes Problem uns Christus näher bringen kann, wenn wir es mit seiner Hilfe verarbeiten.

Vergeben und Verzeihen

Lernen wir durch die Anthroposophie die Gesetze des Karma kennen, so finden wir eine klare Orientierung für das Weiterwirken aller Taten und Schicksalszusammenhänge. Bei der Größe mancher Probleme unserer Zeit ist jedoch kaum zu sehen, wie die Kraft, diese Zusammenhänge nach den Gesetzen des Karma wieder zu verwandeln, gefunden werden kann.

Von der Auferstehung des Christus aber geht eine Kraft aus, die stärker ist als alle karmischen Gesetze. Er ist für uns heute der Herr des Karma, der gerade die notwendigen Schicksalsfolgen so gestaltet, dass sie zum größtmöglichen Heil für alle führen können. Wenden wir uns an ihn, kann er das nicht in unserer Macht Stehende für uns verwandeln. Er kann vergeben und die Schicksalsfolgen in neuer Freiheit gestalten, wenn wir ihn darum bitten. Wer schon einmal, durch einen anderen Menschen oder durch Christus selbst, wirkliche Vergebung erlebt hat, kennt die befreiende Kraft, die davon ausgeht.

Im Vaterunser bitten wir um Vergebung und sehen gleichzeitig den Zusammenhang zwischen der Vergebung Gottes und unserer Bereitschaft, selbst vergeben zu lernen. Das ist in den Verstrickungen, die in Biografien nach einem Suizid oft sichtbar werden, eine große, nicht sofort zu bewältigende Aufgabe.

Folgende Gedanken können uns aber dabei helfen, das Ideal des Vergebens und Verzeihens lieben zu lernen.

Verzeihen bedeutet: Ich will verzichten darauf, dass ein anderer das, was er mir angetan hat, in seinem künftigen Karma mir gegenüber wieder ausgleichen muss. Das ist möglich, wenn ich für ihn so viel Liebe aufbringen kann, dass dadurch heilt, was sonst durch den Schicksalsausgleich in der Zukunft erst geschehen könnte.

Vergeben dagegen heißt: Ich kann so viel Liebekraft aufbringen, dass dadurch auch alles heilen kann, was der Täter sich durch die ungute Tat in seinem eigenen Wesen zugefügt hat. Es ist also ein Akt der höchsten inneren Aktivität, nicht zu vergleichen damit, dass man einfach nur sagen würde: Ich denke nicht weiter an das erlittene Unrecht. Wer wirklich verzeihen lernt, der kann ahnen, dass dadurch Christus selbst im Menschen zu wirken beginnt. Seine Kraft ist es, die es uns möglich macht, zu verzeihen. Er ist es, der dann auf andere Weise den Schicksalsausgleich in Freiheit – statt unter dem Zwang karmischer Gesetze – herbeiführt. Daran mitwirken zu dürfen, bedeutet aus Freiheit neues, zukünftiges Karma erleben zu lernen. So werden Menschen im Verzeihen zu wirklichen Mitarbeitern der Engel und der höheren Hierarchien. Wo ein Mensch verzeihen kann, werden all die Kräfte frei, die sonst die Engel für die Gerechtigkeit im Ausgleich einsetzen müssten. Diese frei werdenden Kräfte sind nun für schöpferische Taten verfügbar. Ist es nicht eine der größten Freuden, daran mitwirken zu dürfen, dass Engel durch die Liebe eines Menschen schöpferische Taten zum Heil der Menschen tun können?

Überforderung durch das Begleiten?

Sollte ein Angehöriger oder Freund sich verpflichtet fühlen, einem Verstorbenen zu helfen, gleichzeitig aber unsicher sein, ob er dies ohne zu große emotionale Belastung bewältigen kann, ist ein orientierendes Gespräch mit einem Priester oder in diesen Fragen erfahrenen Menschen anzuraten. Oft ist es schon eine entscheidende Hilfe, den Besuch der Weihehandlung mit den Gedanken an den Verstorbenen zu verbinden, wenn ein zu persönliches Erinnern im täglichen Gebet noch zu viele Belastungen mit sich bringt. Das oberste Kriterium für Hilfe im nachtodlichen Leben ist, dass die seelische Stabilität des Helfenden nicht durch Überforderung leidet. Es verhält sich wie bei der Frage, ob wir einem Ertrinkenden helfen können, bei der wir auch zunächst überlegen müssen, ob die eigene Kraft ausreicht, um ihn sicher ans Ufer zu bringen. Was wir auf jeden Fall tun können, ist die Arbeit an der Vorbereitung der Verbindung zu den helfenden Wesen der geistigen Welt, damit von dort Hilfe kommen kann. Dazu ist die Menschen-Weihehandlung ein objektiver, sicherer Weg.

Das nachtodliche Leben nach dem Suizid

Für den Verstorbenen besteht der erste Schritt nach dem Tod im Realisieren dessen, was geschehen ist. Wer damit gerechnet hat, die eigene Existenz durch den Tod auslöschen zu können, muss nun den Schock verkraften, dass dies ein Irrtum war – denn es ist nicht möglich, sich durch den Suizid aus einer schwierigen Lage herauszuziehen.

Oft ist die Orientierungslosigkeit so groß und der Verstorbene ist noch so verstrickt in die ungelösten Schwierigkeiten, die ihn zum Aufgeben seines Lebenswillens brachten, dass ein klares Bewusstsein seiner neuen Situation in der geistigen Welt noch nicht entstehen kann. Einige Erfahrungen George Ritchies zeigen, dass alle Gedanken, Wünsche, Ablehnungen und heftige Emotionen so stark auf die Verstorbenen wirken, dass sie sich wie eine selbst geschaffene Wirklichkeit vor das unmittelbare Geschehen stellen und ihn noch nicht wahrnehmen lassen, wo er sich befindet und welche unerwarteten Aufgaben jetzt vor ihm stehen.

Hat man es mit einem erst unmittelbar zuvor Verstorbenen zu tun, dann kann, wie bei allen Todesfällen, das Vaterunser die große Brücke zu dem Menschen und der geistigen Welt bilden. Der vertraute Wortlaut ruft eine Gebetsstimmung wach und kann die Aufmerksamkeit in Andacht verwandeln. Eine große Hilfe ist es, wenn die betenden Gedanken so den Weg zu dem Christus hin weisen können, denn durch die Emotionen von Verzweiflung, Einsamkeit und Hilflosigkeit, die den Selbstmord auslösten, konnte dieser Weg oft nicht mehr gesehen werden. Die liebevollen Gedanken, die ein Mensch auf ihn richtet, lassen sein Wesen leichter erfahrbar werden. Das wesentlichste Ziel jeder Hilfe ist jetzt, dass der Verstorbene trotz aller Verzweiflung, die er erlebt hat, Ihm so begegnen kann und lernt, seine helfende Liebe zu fühlen.

Realisiert der Verstorbene, dass er nicht mehr in seinem Leib lebt, er selbst seinem Leben ein Ende bereitet hat und nun nicht ›alles vorbei‹ ist, muss viel Kraft aufgewendet werden, diesen Augenblick zu ertragen und die Erkenntnis zu bejahen, dass es nicht möglich ist, sich durch den Suizid aus einer unerträglichen Situation zu befreien. Zur Überraschung des Verstorbenen ist das Problem nicht nur nicht aus der Welt geschafft, man ist ja sogar noch viel intensiver in dieses Problem verstrickt, denn jetzt stehen einem die Lösungsmöglichkeiten, die das Erdenleben bot, deutlich vor Augen.

Wir können versuchen, uns probeweise in die Lage zu versetzen, in der eine solche Erwartung nun zu heftigster Ent-Täuschung führt. Denn es war ja meist eine Täuschung, die zum Suizid führte. Wer würde, wenn er die Gesetze der geistigen Welt und des Schicksals kennt, sich noch das Leben nehmen? Was mag ein Mensch wie Mohammed Atta erlebt haben, der Pilot eines der beiden Flugzeuge, die am 11. September 2001 in das World Trade Center gesteuert wurden? Davon ausgehend, er wurde von der Hoffnung gesteuert, sich durch diese Tat den direkten Zugang zum Paradies verdient zu haben – können wir uns die Enttäuschung und das Entsetzen angesichts der realen Folgen seiner Taten ausmalen? Ungeheurer Mut ist notwendig, um jetzt die Wahrheit nicht zu leugnen! Dazu, dem Verstorbenen Mut zu machen, dass auch in den verzweifeltsten Situationen Christus stärker ist als der Tod, die Enttäuschungen und alle notwendigen Schicksalsfolgen, kann jeder helfende Mensch beitragen. Der sicherste Weg, diesen starken Helfer als Verbündeten für die weiteren Schritte im nachtodlichen Leben bei sich zu haben, ist es, die Wahrheit der nun eingetretenen Tatsachen anzuerkennen, wie Christus sie anerkennt: Als eine Wahrheit, die den Ausgangspunkt zu weiteren Entwicklungen bildet.

»Ich Bin der Weg und die Wahrheit und das Leben.« Dieser Satz kann grundlegende Orientierung geben.
Der weitere Weg ist nur in Christus selbst zu finden, der in der geistigen Welt das Ich des Verstorbenen, das sich selbst infrage gestellt hat, trägt. Er muss jetzt in der geistigen Welt neu gesucht werden.

Christus selbst ist die Wahrheit. Wo wir etwas nicht wahrhaben oder leugnen wollen, wenden wir uns von der Wahrheit ab. Es kommt dabei gar nicht darauf an, ob die Wahrheit, die wir vor Augen haben, angenehm oder schmerzlich ist, sondern darauf, dass unsere Liebe zur Wahrheit stärker ist als die Scham über das Geschehene, das wir deshalb verdrängen wollen. Wir können an dieser Stelle echte, innerste Positivität üben im Hinblicken auf schwere Tatsachen. Dabei darf die Grenze der Wahrhaftigkeit nicht überschritten werden.

Christus selbst ist es, der das Leben auf beiden Seiten der Welt schafft und trägt. Das Leben jenseits des Todes ist anders als diesseits, aber es ist Leben.

Die Rückschau

Die Erkenntnis, nun keinen Leib mehr zu besitzen, der die noch nicht erfüllten Lebensmöglichkeiten verwirklichen kann, ist hart. Deshalb ist der Augenblick bei der Bestattung, durch die der Leib der Erde zurückgegeben wird, besonders schwer. Anders als bei einem im hohen Alter vertrauensvoll auf den Tod zugehenden Menschen, der das Ablegen des Leibes als freudige Befreiung erlebt, ist der Schmerz darüber, die Zerstörung dieses kostbarsten irdischen Besitzes nicht mehr rückgängig machen zu können, unerträglich.

Wenn man ihm diesen Schmerz auch nicht abnehmen kann, so kann man ihn doch lindern. Behutsam bei der Lösung der Seele von ihrem Leib zu helfen, ist dadurch möglich, dass man nicht den Vorgang der Kremation wählt, in dem der Leib sehr schnell durch das Feuer verzehrt wird, sondern den langsameren Weg der Erdbestattung, der durch den langsameren Prozess ein Beruhigen und Sich-Verabschieden erleichtert. Vor allem ist es jetzt notwendig, die unerschütterliche Sicherheit, dass der Weg nach vorn führt und alle rückwärts gerichteten Wünsche sinnlos oder sogar störend sind, durchzutragen.

Im Bild können wir es damit vergleichen, wie ein im Gebirge abgestürzter Bergsteiger sich der Hilfe der Bergrettung anvertrauen muss. Da hilft kein Wunsch, den Weg zum Gipfel doch noch zu suchen, denn jetzt müssen zuerst die Verletzungen versorgt und der Transport ins nächste Hospital akzeptiert werden. Dann wird der Arzt sagen können, ob und wann die Wanderung zu dem ersehnten Ziel fortgesetzt werden kann, oder ob ein grundlegender Wandel aller Zukunftserwartungen die einzige Perspektive ist.

Von jenseits der Todesschwelle werden nun die ganzen Reichtümer des weggeworfenen Lebens sichtbar. Erst im Augenblick des endgültigen Verlustes zeigt das vergangene Leben mit all seinen Schicksalschancen, die in den Problemen verborgen waren, seinen wahren Wert. Ein ungeheurer Schmerz um dieses kostbare Leben, das jetzt unerreichbar geworden ist, muss bewältigt werden, nachdem es aus eigenem Entschluss vernichtet wurde. Schmerz um die noch unausgelebten Möglichkeiten der eigenen Biografie, die jetzt in ihrer ganzen sinnvollen Ordnung sichtbar werden, während von der Erde aus vielleicht alle Schwierigkeiten sich wie unüberwindbare Berge auftürmten. Schmerz und Sehnsucht richten sich nun auch auf die Menschen, die zum Schicksalsumkreis gehörten, die aber jetzt nicht mehr in der gleichen Weise wie im gemeinsamen Erdenleben erreichbar sind.

Der Verstorbene erlebt jetzt zunächst den Rückblick auf das zurückliegende Leben. Oft wird eine große Sehnsucht nach den Menschen und den Aufgaben, an denen sich die Verzweiflung vor dem Tod entwickelt hatte, spürbar. Anders als wenn ein Mensch nach einem erfüllten, langen Leben »alt und lebenssatt«, wie es in der Bibel formuliert wird, stirbt, hat der durch Suizid Verstorbene vieles hinter sich gelassen, was er eigentlich noch als Schicksalsaufgaben hätte ergreifen wollen. Er erlebt erst jetzt, wie wichtig gerade die Probleme, denen er sich entziehen wollte, für seine weitere Entwicklung sind – gewesen wären. Doch jetzt, da er den Wert neu erkennt, hat er nur noch den Verlust vor sich und die bittere Wahrheit, dass er diesen Wert zu spät erkennt.

Selbsterziehung, um helfen zu können

Ahnt man die Schmerzen, die ein Verstorbener nun durchmacht, kann das zu intensivstem Mitleid mit seinem Leid führen. Wollen wir ihm wirklich helfen, dürfen wir aber nicht ganz in den Gefühlen des Mitempfindens steckenbleiben. Wir sollen ihm ja gerade den Weg durch diese Gefühle hindurch bahnen können, damit sein Ich den Verlust akzeptieren und neue Hoffnungen in neue Ziele setzen kann. Das Ich braucht die Kraft, sich über das seelische Gefühl des Mitempfindens erheben, im Geistigen Kraft schöpfen zu können und in klaren Gedanken die notwendigen Schmerzen zu akzeptieren.

Hier liegt eine der Klippen, die Umsicht und Selbstdisziplin von dem begleitenden Menschen verlangen: Gerade bei intensiver Verbundenheit ist der gemeinsame Schmerz über die verlorenen Schicksalswege sehr tief. Sollen neue Wege möglich werden, die der Christus schaffen kann, hilft nur der bewusste Verzicht auf die nun nicht mehr lebensgerechten früheren Möglichkeiten.

Dieser Verzicht ist in manchem dem vergleichbar, was für einen Drogensüchtigen die Entziehungskur bedeutet. Man könnte bei den sehr bedrängenden Entzugssymptomen sofort Linderung schaffen, gäbe man dem Patienten auf seine Bitte hin wieder seinen ›Stoff‹. Aber die Linderung der Symptome durch diese Methode bedeutet zugleich eine unnötige, schädliche Verlängerung des Heilungsprozesses. Da ist es besser, ihm Mut zuzusprechen und zu sagen: Es ist schwer, dein Leid mit anzusehen, aber ich werde nicht auf unrichtige Weise versuchen, es dir zu erleichtern, indem ich alle Gedanken deiner Sehnsucht mit dir denke. Ich werde meinen Blick fest auf das Ziel richten, von dem dir die wahre Hilfe entgegenkommen kann, von dem Christus selbst.

Diese helfende Strenge ist von großer Bedeutung. Denn der Verstorbene kommt von der Sehnsucht nach den verlorenen Schicksalsbeziehungen nicht los und kann sich fortwährend an die mit ihm verbundenen Menschen klammern, wenn er nicht lernt zu verstehen, dass ihm das nicht hilft. Das Zurückblicken in die Vergangenheit und das Leben in den Illusionen des verlorenen Lebens hindert das Vorwärtskommen. Wer sich etwa aus enttäuschter Liebe das Leben nahm, muss nun akzeptieren lernen, dass der geliebte Mensch nicht verloren und die Sehnsucht nach ihm noch intensiver ist als vorher, dass aber kein Weg zurück zu finden ist. Nur das Verarbeiten des Geschehenen und das Vorwärtsschreiten auf dem neuen Weg in der geistigen Welt führt zur Verwandlung der gestörten Beziehungen. Manche Menschen erleben sehr stark, dass ein durch Suizid Verstorbener sich immer in ihrer Nähe befindet, was dazu führen kann, dass man sich in seinen seelischen Kräften wie ausgelaugt fühlt, da er immer wieder Zuwendung und Hilfe sucht. Ihm diese immer wieder neu und ohne klare gedankliche Orientierung zu geben, bedeutet aber nichts als die Verstärkung der ›Sucht‹.

Die Orientierung in der geistigen Welt

Wie kann eine solche Orientierung aussehen? Der Verstorbene ist noch blind für seine neue Umgebung, denn die geistigen Sinnesorgane werden ja durch das aktive Bewältigen aller Lebensaufgaben und Schicksalsereignisse im Laufe der Biografie gebildet. Dann sind sie im Todesaugenblick so weit ausgereift, dass der Mensch sich in der neuen Umgebung der geistigen Welt anfänglich zurechtfinden kann. Fehlt aber etwas bei dieser Vorbereitung, dann fehlt auch die Verständnismöglichkeit für den Empfang in der geistigen Welt. Die unverstandenen Wahrnehmungen der neuen Umgebung aber machen Angst, die durchaus mit der Angst zu vergleichen ist, die wir auf der Erde im Dunkeln erleben, wo uns harmlose Geräusche erschrecken, deren Ursache wir nicht erkennen können.

Für manche Angehörigen sind diese Unruhe, Unsicherheit und Angst, die unerfüllbare Sehnsucht nach dem Verlorenen und die noch unbeantworteten Fragen nach dem weiteren Weg als schwere Bedrückung zu erleben. Dabei muss ein Gedanke ganz eindeutig immer wieder gegen alle ihm widersprechenden Gefühle aufrechterhalten werden: Es ist niemals eine strafende Absicht hinter diesen schweren Erlebnissen zu denken. Die Liebe des Christus ist, völlig unabhängig von unseren Taten, für jeden Menschen in vollem Maße da, auch in dieser Bedrängnis nach dem Suizid. Er erlebt und leidet mit dem in seinen eigenen Taten gefangenen, hilflosen Menschen in tiefem Mitgefühl alles mit, was dieser erlebt. Aber es fehlt für den Verstorbenen die Fähigkeit, diese liebevolle Begleitung wahrnehmen zu können. Er hat sich selbst die Seelenaugen genommen, die nun notwendig wären, um sich zurechtzufinden.

In dem Märchen vom Rosenkind (siehe Anhang) kommt dies in dem Bild zum Ausdruck, dass der gewaltsame, verfrühte Versuch, sich aus dem Gefängnis zu befreien, durch die Dornen zum Erblinden des Rosenkindes führt. Die weitere Beschreibung seines mühevollen Weges aber macht sichtbar, dass es auch auf diesem Weg nicht allein ist. Der Königssohn, der das Mädchen liebt, ist als helfender, schützender Begleiter bei ihr. Dabei ist seine Hilfe so behutsam, dass sie nicht durch unerwartete und unerklärbare Wahrnehmungen aufs Neue geängstigt wird. Er ist bei ihr und sie kann lernen, Vertauen zu diesem stillen, liebevollen Begleiter zu fassen.

Das ist die Kraft, die dem Verstorbenen durch die Fürbitte vermittelt werden kann. So kommt er zu der Sicherheit, nicht allein zu sein, auch wenn er sich allein fühlt, nicht ohne neues Ziel zu sein, auch wenn dieses Ziel noch nicht zu erkennen ist.

Eine der schlimmsten Fehlentwicklungen in religiöser Hinsicht war ein heute zum Glück weitgehend überwundener Irrtum: Lange Zeit war es üblich, einem ›Selbstmörder‹ die kirchliche Bestattung zu verweigern. Was es an zusätzlicher Härte für die Angehörigen bedeutete, sich aus der Gemeinschaft, die gerade in dieser Situation als tragende Kraft unerlässlich ist, ausgegrenzt zu fühlen, ist kaum vorstellbar.

Wo solche Ablehnungen auch in unserer Zeit noch auftauchen, sollte ein Mensch, der sich zur Begleitung der Situation entschlossen hat, ruhig den Mut fassen, aus eigener Initiative eine schlichte Gestaltung des Bestattungsaugenblicks in Angriff zu nehmen. Mit den Worten des Vaterunsers, dem Glaubensbekenntnis und dem Evangelientext von der Auferweckung des Lazarus oder der Auferstehung Christi kann dem Verstorbenen gerade in dem Augenblick ein dringend notwendiger Halt gegeben werden, in dem der Leib vollkommen die Qualität verliert, weiterhin eine Stütze für das seelisch-geistige Wesen des Menschen zu sein. Wenn ihm in diesem Augenblick in den Worten des Christus eine tragende Kraft entgegenkommt, an der er neuen Halt finden kann, ist die wesentlichste Orientierungshilfe für den weiteren Weg gegeben.

Von Christus geht die absolute Bejahung jedes Menschen und jeder geschehenen Tatsache aus. Er wird niemals etwas ›ungeschehen‹ machen wollen, sondern immer ausgehend von der jetzt vorhandenen Situation den nächsten Schritt zur Lösung der Probleme weisen. Er schafft durch die Schicksalsfolgen den Weg, der zur Heilung führt. Deshalb muss sich jeder Helfer immer wieder ins Bewusstsein rufen, dass auch die schmerzlichen Schicksalsfolgen nur den einen Sinn haben, alles wieder zum Guten zu wenden.

Praktische Gesichtspunkte

Durch gewaltsamen Tod oder Suizid verändert sich oft die Atmosphäre des Ortes, an dem das Geschehen stattfand, vor allem für das Bewusstsein der betroffenen Angehörigen. Hat sich beispielsweise ein Familienmitglied im eigenen Haus das Leben genommen, so ist es für die anderen Mitglieder der Familie oft sehr belastend, täglich mit dem Ort, an dem er tot aufgefunden wurde, konfrontiert zu sein. Der Grund dafür kann darin liegen, dass auch die Welt der Elementarwesen auf das Geschehene reagiert, und die vorhandenen Spannungen und Ängste sich schwer lösen können, solange eine unverwandelte Erinnerung immer wieder angestoßen wird. Auch für den Verstorbenen selbst ist die Bindung an den Ort seines Todes manchmal schwer zu lösen.

Da kann es eine große Hilfe sein, wenn Freunde mit anpacken, dem Ort des Geschehens ganz praktisch eine neue Ausstrahlung zu geben. Wenn das Zimmer, der Dachboden oder der Kellerraum, in dem etwa ein Erhängter gefunden wurde, renoviert, neu getüncht und mit neuen Möbeln ausgestattet wird, ist schon viel getan, die konkreten Erinnerungen zu bewältigen und wieder Unbefangenheit einkehren zu lassen.

Werden Menschen, die an diesem Ort schlafen, auch von Alpträumen geplagt oder treten andere belastende Erlebnisse auf, kann man das Gespräch mit einem Priester suchen. Vielleicht zeigt sich dann, dass es eine Befreiung der Atmosphäre bewirkt, an diesem Ort einmal oder auch mehrmals das Vaterunser zu sprechen.

In manchen Fällen ist es ratsam, die Kraft des Gebetes durch Weihrauch zu unterstützen, um eine Klärung der Lebensprozesse an diesem Ort zu bewirken.

Getarnter Suizid

In vielen Fällen, in denen schwer oder unheilbar kranke Menschen ihren Lebenswillen nicht mehr aufrechterhalten können, ist heute – auch aufgrund der öffentlichen Debatte über die ›aktive Sterbehilfe‹ – damit zu rechnen, dass der Wunsch nach dem zu frühen Tod nachgeholfen hat, die Schwelle schneller zu erreichen, als es vom Schicksal her vorgesehen war. Auch bei Verkehrsunfällen und anderen erschütternden plötzlichen Todesfällen, vor allem wenn der Betroffene schon als gefährdet aufgefallen war, ist es unter Umständen ratsam, auch die Möglichkeit eines Suizids kurz in Gedanken zu nehmen, ohne sich deswegen in zu viele weitere Spekulationen zu verlieren. Wenn die Umstände in diese Richtung weisen, kann die geistige Welt einem Menschen, der helfen will, dadurch leichter einen Hinweis zukommen lassen, wenn die entsprechende Frage einmal gestellt worden ist.

So kann es auch verständlich werden, warum manche Verstorbenen nach dem Tod nicht so einfach ›erreichbar‹ sind, wie es vielleicht der eigenen Vorstellung entspricht. Versucht man in solchen Fällen, in denen der Unfall ein ›getarnter Suizid‹ sein könnte, dem Verstorbenen neben dem Gebet für ihn auch den auf den Suizid bezogenen Spruch zuzuwenden, kann sich zeigen, ob er dies als Hilfe empfindet, da es der Realität entspricht.

Die Meditation für Verstorbene nach Suizid

Der Spruch, den Rudolf Steiner für die Situation nach dem Suizid formulierte, wendet sich zuerst direkt an den Verstorbenen selbst und an den Ort, an dem er sich jetzt befindet. Das hilft ihm, seine Situation klar zu erkennen und die Richtung zu suchen, in der er dem Christus auf dem weiteren Wege wieder begegnen kann. Anders als der Spruch für die auf natürlichem Wege Verstorbenen enthält er keinerlei Hinweis auf die persönliche Liebe des Betenden. Gerade darauf muss hier verzichtet werden, um nicht die rückwärts gerichteten Wunschgedanken wieder zu wecken. Mit geradliniger Eindeutigkeit ist das eine große Ziel angesprochen: den Christus zu finden als den einzigen Helfer, der der Größe des Schicksalsproblems seine größere Stärke und Liebe entgegensetzen kann. Es mündet in die Friedensworte, die sich in besonderer Weise mit dem Empfangen der Kommunion in der Menschen-Weihehandlung verbinden und durch den Christus auch die Schicksalsverbindung zwischen dem Verstorbenen und den Hinterbliebenen auf objektive Weise neu schafft.

> Seele im Seelenlande,
> suche des Christus Gnade,
> die dir die Hilfe bringet,
> die Hilfe aus Geisterlanden,
> die auch jenen Geistern Friede
> verleiht, die im friedelosen
> Erleben verzweifeln wollen.

Es ist sicher deutlich geworden, dass der Verstorbene diese Hilfe dringend ersehnt und braucht, um mit seiner Einsamkeit fertig zu werden. Deshalb ist es ratsam, wenn man einen Menschen so begleitet, sich einen ruhigen Rhythmus der regelmäßigen Fürbitte und Zuwendung zur Aufgabe zu machen. Wenn das täglich etwa zur selben Zeit möglich ist, entsteht ein sicherer Vertrauenshintergrund, auf den der Verstorbene sich verlassen kann.

Von großer Bedeutung ist aber nicht nur die Zuwendung, sondern auch, dass sie wieder durch einen deutlichen Abschied am Ende begrenzt wird. Dies schützt davor, den Augenblick der Zuwendung länger, als es sinnvoll ist, festhalten zu wollen und dadurch in die unerfüllbare Sehnsucht nach dauernder Gemeinsamkeit zurückzufallen. So kann man die Zeit des Gebetes abschließen mit einem bewusst gestalteten Abschied: »Auf Wiedersehen bis morgen um die gleiche Zeit.« Oder: »Wir begegnen uns wieder am Sonntag bei der Menschen-Weihehandlung«. Ähnlich, wie wir einen Krankenbesuch nicht zu lang ausdehnen, da wir wissen, dass der Kranke Ruhe braucht, um gesund zu werden. Vor allem darf er durch zu lange Besuche nicht von den notwendigen Behandlungen abgehalten werden, die in dieser Zeit für ihn wichtig sind.

Die wesentlichste Aufgabe für den Verstorbenen ist es nun, den Christus sehen zu lernen, sich ihm zuzuwenden und sich in den neuen Bereich der geistigen Welt hineinzuarbeiten. Der auf der Erde Zurückgebliebene muss sich seinerseits seinen Aufgaben zuwenden und darf nicht mehr, als es durch den plötzlichen Todesfall schon geschehen ist, von seinen Pflichten und Aufgaben abgehalten werden. Die regelmäßige Verabredung gibt aber beiden Seiten die Sicherheit, dass der Verlust nicht endgültig und die Trennung zwischen den beiden Seiten der Welt nicht unüberbrückbar ist.

Auch für den Begleiter braucht es starke Selbstdisziplin, um sich nicht fortwährend mit den Gedanken an den Verlust, den Schmerz und die gemeinsamen Erinnerungen zu beschäftigen, sondern klare Grenzen zu ziehen, sobald das sinnvoll ist. Oft wird es gerade in der ersten Zeit nach dem Tod schwer gelingen. Dann ist es möglich, sich eine kleine Brücke zum Loslassen zu schaffen, durch einen kraftvoll in den Mittelpunkt des Bewusstseins gestellten Gedankeninhalt, der die Gefühle reinigt und das Ich stärkt. Das kann ein Gebet sein, die bewusste Vertiefung in eine lebendige Sinneswahrnehmung, das Auswendiglernen eines Gedichtes oder Ähnliches.

In manchen Fällen hat es sich für anthroposophisch Interessierte als sinnvoll erwiesen, sich eine der streng gedanklich aufgebauten Schriften Rudolf Steiners zur Erkenntnistheorie, etwa *Die Philosophie der Freiheit,* als wirkliche Übungsaufgabe vorzunehmen. Einen Abschnitt Satz für Satz zu lesen, wörtlich zu wiederholen und dann die Wiederholung beim dritten Durchgang am Originaltext auf Exaktheit zu prüfen, ist eine zwar anstrengende, aber sehr wirkungsvolle Methode, um wieder Herr über den eigenen Bewusstseinsinhalt zu werden und sich nicht von den aufgewühlten Gefühlen mitreißen zu lassen.

Überhaupt sind die Werke Rudolf Steiners oder auch Rudolf Meyers oder anderer Priester der Christengemeinschaft, wirkliche Hilfen, konkrete Bilder finden zu können: dass im Seelenland eben jede Seelenregung Wirklichkeit ist, die wir hier auf der Erde einem Menschen von außen nicht ansehen können. In der *Theosophie* Rudolf Steiners werden zum Beispiel die sieben verschiedenen Stufen beschrieben, wie die Begierden eines Menschen Wirklichkeit sind in der Region der Begierdenglut. Dass man das jetzt erleben muss – da gehe ich durch, so ähnlich wie man einem Menschen, der durch die Wüste geht, sagen kann: Du brauchst einen Sonnenschutz. Man kann es wirklich konkret mit irdischen Bildern vergleichen, muss es aber dann bewusst auf die nächsthöhere Stufe bringen. Wenn man weiß, ein Mensch macht eine Wüstenwanderung, ist das Beste, was wir für ihn tun können: Wir geben ihm Wasser mit, damit er ganz bestimmt genug zu trinken hat, und wir geben ihm Sonnenhut und Sonnenschutz mit und vielleicht die geeignete Kleidung, die vor dem unmittelbaren Getroffenwerden durch die zu heißen Sonnenstrahlen schützt. Das können wir jetzt durch die Fürbitte tun. Wir können ihm einen liebevollen ›Sonnenschutz‹ geben, damit die Glut nicht zu stark wird, sondern er die schaffende Wärme erleben kann, die da wirkt, und dann weiß: Der Weg durch diese Wüste hat hier eine Oase und dort eine Oase – das kann der Sonntag sein, an dem man zur Weihehandlung geht, bei der man dann wirklich in den heilenden Kräften für einen kleinen Moment ganz aufgenommen wird und wo es dann sehr wichtig ist, dass ein Mensch dem, der da mühsam vorwärts sich seinen Weg sucht, Mut macht: »Komm bis dahin, da treffen wir uns wieder. Bei dem Christus selbst ist unser gemeinsames Ziel. Von ihm kommt alle Hilfe, die wir brauchen, um unsere Aufgaben hier wie dort bewältigen zu lernen.«
    Es ist eine Erfahrung, dass viele Menschen, gerade wenn sie aktiv helfen wollen, auch eine gewisse Vorsicht brauchen, sich nicht

fortwährend beanspruchen zu lassen. Denn der Suizid-Verstorbene hat eine ungeheure Sehnsucht nach Hilfe und eine große Sehnsucht nach den zu früh auf der Erde zurückgelassenen Möglichkeiten.

Da habe ich auch als sehr konkrete Erfahrung die ersten drei Tage bis zur Bestattung gerade in diesem Fall der Verstorbenen, auf die sich das Märchen vom Rosenkind bezieht. Man kann sich in einem solchen Fall bewusst einsetzen und sagen: Da muss jetzt einfach manches andere liegen bleiben. Es liegt schon viele Jahre zurück, aber es ist für mich doch eine Art Urbild geworden, diese Situation zu verstehen, dass ein Mensch jetzt sehr auf Hilfe angewiesen ist. Man kann das durchaus damit vergleichen, wie man sich entscheidet, wenn ein Mensch durch einen Unfall schwer verletzt ist und ein anderer deshalb einige Tage Urlaub nimmt, um diese Situation so weit zu ordnen, dass sich alles einigermaßen in Ruhe weiterentwickeln kann und die ersten Panikerlebnisse aufgefangen werden können.

In der dann folgenden Zeit muss man sehr klar seine Kräfte einteilen, gerade wenn man ahnend miterlebt, wie schwer es ist, ähnlich der Pflege eines Schwerkranken: Es hat keinen Sinn, Tag und Nacht am Bett zu sitzen – und das vier Wochen lang. Es hat aber Sinn zu sagen: Ich sammle in den Zeiten, in denen ich für mich Ruhe und Kraft habe, meine Kraft, um zum rechten Zeitpunkt gezielt helfen und Kraft verschenken zu können. Deswegen ist es gerade in diesen Situationen sehr entscheidend, dass man die eigenen Kraftquellen pflegt und sich nicht sagt: Ich muss jetzt nur für diesen Menschen stundenlang beten. Man kann sich eine Viertelstunde vornehmen, wenn man so viel Zeit hat; es reichen auch fünf Minuten. Wichtig ist, dass man wirklich liebevoll an ihn denken kann.

Ich habe bereits das Bild verwendet, wie man als Entziehungshelfer einem Suchtkranken hilft, und dass man klare Vorstellungen braucht: Was hilft ihm wirklich? Und wo hat er Sehnsüchte und Begierden, die ungesund sind, selbst wenn sie im Augenblick scheinbar seine Qualen lindern würden? Bei einem Suchtkranken wissen wir: Wenn es ihm besonders schlecht geht durch die Entzugssymptome, dann bettelt er darum, dass wir ihm wieder Alkohol oder Drogen besorgen, weil es die Symptome lindert. Wenn man diesen Suchtkranken wirklich liebt, wird man ihm auf alle möglichen anderen Weisen zu helfen versuchen, aber nicht dadurch, auch wenn er noch so sehr bettelt. Denn man weiß: Das hilft ihm nicht, das macht ihn auf die Dauer nur noch abhängiger. Entsprechend wäre nach dem Suizid ein Sich-Anklammern an das Erdenleben und vor allem an die Menschen, mit denen er verbunden ist, nicht die wirkliche Hilfe. Die kann dadurch kommen, dass er den Christus sucht und bei ihm sein wahres Wesen wiederfindet, das sich durch den Suizid verdunkelt hat.

Ich habe vor Jahren eine Studie eines englischen Psychiaters gefunden, der bei der Beobachtung seiner Patienten ganz klar gesehen hat: Ein großer Teil der psychischen Krankheiten hängt immer wieder mit Verstorbenen zusammen, die im Umkreis des Patienten eine ungeklärte, erschütterte, unverarbeitete Trauer, Wut oder Hilflosigkeit verursacht haben, und die mit ihrer Situation nicht fertig werden können, weil sie zum Beispiel noch keine Hilfe haben, zu verstehen, wo sie sind. Wer mit einem materialistischem Bewusstsein gestorben ist und Angehörige hat, die auch nur so denken können, tut sich schwer, diesen Übergang zu schaffen, so wie wir uns schwer tun in einem Land, dessen Sprache und Bräuche wir nicht kennen und z.B. die Verkehrsmittel, die es dort gibt, nicht handhaben können. Dieser Psychiater hat die Erfahrung gemacht, dass sich – weil er selbst die Überzeugung hatte, dass für die Verstorbenen Gebete eine wirksame Hilfe sind –, viele Krankheitsbilder dadurch entspannten, dass er mit den Patienten über die Verstorbenen sprach oder sie anleitete, für sie zu beten, wenn sich im Therapiegespräch ein Ansatz dafür zeigte. Oft hat er einfach den Patienten gegenüber stellvertretend die Verantwortung für deren verstorbene Angehörige übernommen, indem er sie in sein Gebet und seine Erlebnisse im Gottesdienst einschloss. Auch die Erfahrungen von George Ritchie weisen in die Richtung, dass Verstorbene nach Suizid die zu ihnen gehörigen Menschen immer wieder erfolglos anzusprechen versuchen und dadurch noch zusätzliche Enttäuschungen durchmachen müssen. Jeder kurze, bewusste und ordnende Kontakt, der aus der Erkenntnis der Nöte des Verstorbenen entsteht, ist eine unschätzbare Hilfe, die ihm die Orientierung für sein Ziel in der geistigen Welt neu geben kann.

Deswegen ist es sehr wichtig, dass man auch für sich weiß: Ich muss klare Grenzen ziehen dürfen. Ich darf mich nicht beanspruchen lassen von jemandem, der jetzt den ganzen Tag, während ich meine Arbeit bewältigen muss, immer sagt: Hilf mir doch! Da sind klare Verabredungen fällig. Diese Verstorbenen können, wenn man im Gebet versucht einen sicheren Rhythmus zu pflegen, was ja auch nicht immer geht, einfach dadurch Kraft und Sicherheit finden: Morgen Abend wieder, und übermorgen Abend wieder! Man kann, wenn man für ihn gebetet hat und vielleicht ein paar persönliche Worte anschließt, mit der Verabredung enden: »Und morgen Abend zur gleichen Zeit treffen wir uns wieder! Jetzt gehst du deinen Weg, suche des Christus Gnade. Und ich habe hier meine Arbeit auf der Erde.« Das kann man mit ihm gemeinsam üben – zwischendrin lassen wir ganz los und konzentrieren uns auf unsere hier anstehenden Aufgaben.

Es fällt einem oft schwer, gerade wenn man den Menschen wirklich sehr geliebt hat und wenn man durchaus immer wieder spürt, dass er leidet und dass er nach Nähe und Hilfe fragt. Man darf dies nicht innerlich mit Härte verbinden, sondern muss, so wie bei einem Kind, klar und deutlich und liebevoll sagen: »Hier ist die Grenze, und es gibt dir auch Sicherheit, zu wissen, wie wir damit umgehen.« Dann kann man am besten weiterführen und sehen, dass der Atem kraftvoll wird und weit reicht und man sich nicht nach acht Tagen völlig verausgabt hat und selbst eigentlich am Rand dessen ist, noch irgendwie kraftvoll helfen zu können.

Einen praktischen Hinweis in diesem Zusammenhang kann man noch einfügen: So konsequent helfen zu können und die Grenzen richtig einzuschätzen und zu wahren, ist eine Aufgabe, die man auch bei gutem Willen nicht immer allein bewältigen kann. Deshalb sind oft in der Zeit nach dem Suizid eines nahen Menschen Gespräche z.B. mit einem Priester eine wesentliche Hilfe.

Eine andere Möglichkeit, auch die Fähigkeiten der Selbsterziehung in der richtigen Weise zu aktivieren, ist durch die Arbeit der

»Anonymen Alkoholiker« speziell für die Alkoholsucht entwickelt worden und hat für den Alkoholiker selbst und vor allem auch für die Angehörigen eine sehr empfehlenswerte Methode, das Arbeiten mit klaren Grenzen und verantwortungsvollem Erkennen der Konsequenzen von Handlungen zu lernen.

Bei dem Mantram »Seele im Seelenland, suche des Christus Gnade«, ist bis in die Laute auffällig, wie da immer die I-Kraft leuchtet, »die dir die Hilfe bringet« – gerade diese dritte Zeile, in der das Ich in seiner strahlenden Ich-Kraft, Laut-Kraft, angesprochen wird, und dann das ›A‹, das sich wieder öffnen kann. Da kann man, wenn man zum Beispiel Eurythmie macht und eine Liebe zu den Lauten entwickelt hat, aus dieser Kraft das, was im Seelenland wirkt und was man mit der Eurythmie auf die Erde holt, ganz lebendig machen. Oder auch mit ›I-O-A‹. Das sind eigentlich die Sonnenlaute, die das Reich des Christus in der Lautkraft erlebbar machen.

Ein Pfarrer der Christengemeinschaft hat erzählt, dass er mit einem Menschen, der im Koma lag, gesprochen habe. Er erzählte von dem Erlebnis, dass jemand neben ihm das Vaterunser gesprochen habe und er erlebte: Jeder Laut dieses Gebetes ist ein Wesen, das zu mir kommt und mir Kraft gibt.

Ich habe das Märchen vom Rosenkind immer wieder, in regelmäßigen Abständen, durch Suizid Verstorbenen erzählt. In solchen imaginativen Bildern liegt eine tiefe Hilfe. Wenn einem Menschen zum Beispiel das Evangelium nicht vertraut ist, kann man damit Brücken schaffen. Der Prinz ist eigentlich das Bild für den Christus, der Königssohn, der Sohn des Weltenkönigs, der mit jedem Menschen in der tiefsten Weise verbunden ist.

Das Vorlesen aus dem Evangelium ist eine ganz wunderbare und tiefe Hilfe, indem man die Stellen sucht, die einem selber das Wesen des Christus ganz lebendig machen können und seine Kraft, die hilft und heilt. Zum Beispiel die Heilung des Blindgeborenen, der um Hilfe ruft. Christus fragt ihn: »Was willst du, was ich dir tun soll?« In dem Moment, in dem er selber formulieren kann, was er braucht, und in seinem Ich-Bewusstsein das Ziel ergriffen hat, was er werden will, kommt ihm unmittelbar zu: »Dein Glaube hat dir geholfen.«

Wie geht es weiter?

So schwer die erste Zeit nach dem Suizid oft für den Verstorbenen und die Angehörigen ist, so sicher dürfen wir gleichzeitig auch darauf hinblicken, dass auch die schwersten Belastungen nicht nur die gegenwärtige Hilfe des Christus im Hintergrund haben, sondern dass sie eines Tages wirklich überwunden sein werden.

Wir können gegenüber einem suizidgefährdeten Menschen mit aller Überzeugung sagen: »Der Suizid ist nie eine Lösung für Lebenskrisen und Probleme«, und versuchen, ihn von dem drohenden Entschluss abzuhalten und ihm andere Lösungsmöglichkeiten anzubieten. Sobald wir einen Suizid jedoch trotz allem nicht vermeiden konnten, ist dies nicht die Situation, die Tat zu beurteilen. Jetzt geht es nur vorwärts, wenn wir alles bejahen, was geschehen ist und die durch diesen Entschluss geschaffenen Tatsachen anerkennen.

Wer unter dem Schock der Todesnachricht sagt: »Ich kann in meinem ganzen Leben nie wieder froh werden«, oder: »Es ist alles zerstört, was ich je an Glück hatte«, braucht Menschen im Umkreis, die ihm glaubhaft vermitteln können: »Ich verstehe, dass du im Augenblick nicht anders fühlen kannst, aber ich habe die Sicherheit, dass es eines Tages wieder besser gehen wird.« Ein solches Vertrauen kann im konkreten Geschehen von den Hinterbliebenen nicht immer gefordert werden. Oft ist es die härteste Prüfung für alle religiösen Überzeugungen oder alles anthroposophische Wissen, ob es gegenüber derartigen Extremsituationen aufrechterhalten werden kann. Aber Freunde und gute Bekannte können über solche Durststrecken hinweg versuchen, ihre innere Sicherheit nicht im Mitleid zu verlieren, sondern gerade im Mitempfinden stellvertretend um die aktiven Bewältigungskräfte zu ringen.

Wenn man die entsprechende Sensibilität für den Weg des Verstorbenen entwickelt hat, kann man auch spüren, wie sich das Erleben dieses Weges verändert. So kann deutlich das Gefühl entstehen, dass jetzt eine andere Meditation oder ein anderes Gebet als das auf den Suizid bezogene richtig ist. Dann sollte man ruhig dazu übergehen, den Suizidgedanken in den Hintergrund treten zu lassen und zu hoffen, dass jetzt ein neuer Weg für die zukünftige Biografie so weit errungen ist, dass dieser auch mit Freude wieder gegangen werden kann.

Eine solche Beruhigung tritt auf jeden Fall ein, wenn der vom normalen Verlauf der Biografie vorgesehene Todesaugenblick erreicht ist. Im Märchen vom Rosenkind zeigt sich das in dem Bild, dass »alle Rosen aufgeblüht« sind. Dies ist der Zeitpunkt, an dem der Königssohn die Seele in sein Schloss holen wollte, und an dem sie die Herrlichkeit seines Reiches neu sehen lernen darf.

Überraschend teilt in dieser Zeit vielleicht ein Traum etwas Neues mit: Der Verstorbene wird zu einem großen Fest eingeladen, er erhält ein Geschenk oder wird in der Begleitung eines großen Helfers und Freundes sichtbar. Dann darf man getrost annehmen, dass die schwere Zeit überstanden ist und von nun an eine neue Gemeinsamkeit, an zukünftigen Zielen orientiert, möglich wird.

Es gehört zu den besonderen Freuden, wenn man in der Begleitung von Schicksalen nach dem Suizid eines Tages auf die Frage: »Wie geht es Ihnen?« mit Überzeugung und Unbefangenheit die Antwort erhält: »Es geht mir gut!« Denn nach einiger Zeit sollten auch die Angehörigen wieder völlig unbefangen mit der veränderten Situation leben können und jede mögliche Freude um so bewusster genießen, nachdem man so Schweres durchstehen musste. Wer die Liebe des Christus wirklich ahnen lernt, und Ihm das Vertrauen entgegenbringt, dass Er aus allen Nöten neue Wege schaffen kann, der braucht sich nicht mit Selbstvorwürfen oder gar Selbstbestrafungen herumzuplagen, wie es manchmal aus einem missverstandenen Verantwortlichkeitsgefühl heraus geschieht. Vielleicht gehört es zu den größten Freuden des Christus selbst, wenn wir Ihm zutrauen, dass Er uns jede Freude trotz oder sogar wegen der schweren Ereignisse aufs Herzlichste gönnt!

Wir leben in einer Zeit, in der die Freiheit in den Entschlüssen der Menschen ausschlaggebend für die Zukunft werden soll. Je stärker wir statt an den Bedingungen, die aus dem Karma der Vergangenheit kommen, unser Leben an neuen Idealen ausrichten, desto mehr kann die geistige Welt uns dabei helfen, in Freiheit ergriffene Ziele zu verwirklichen. Es gibt Situationen, in denen man den Eindruck haben kann, dass sich gerade nach einem Suizid vieles verändert. Dies geschieht, wenn der Verstorbene die Not unserer Zeit unabhängig von den eigenen Problemen so wahrnimmt, dass er zu ihrer Überwindung etwas beitragen will. Je kraftvoller auch die Angehörigen die Initiative ergreifen, aus dem Gefangensein in den Vergangenheitsereignissen zu einem freudigen Bejahen der jetzt neu zu entdeckenden Entwicklungsmöglichkeiten zu finden, desto eher kann auch der Verstorbene den Mut dazu finden.

Tod und Auferstehung Christi denken lernen

Erdmut-M. Hoerner

Dieses Thema ist das allergrößte und allerschwierigste, das es überhaupt gibt. Daher haben große Menschengruppen es aufgegeben, auch nur den Versuch zu machen, die Auferstehung zu denken und zu verstehen. Man bescheidet sich dann damit zu sagen: Das ist ein großes Geheimnis, vielleicht Gottes unergründlicher Ratschluss, oder wie auch immer man das dann formulieren mag, und ich als Mensch versuche dazu ein Verhältnis zu bekommen, indem ich das einfach *glaube*. Man kann das so stehen lassen und muss die Tatsache gar nicht beurteilen, dass es viele Menschen gibt, für die das gelebtes Leben ist. Man könnte vielmehr sogar darüber staunen, dass nicht wenige diesen viel beschwerlicheren Weg gehen, sich im Glauben mit etwas zu verbinden, das ihrem Verständnis verschlossen bleibt. Gerade in den Augen solcher Menschen muss es ein fast aussichtsloses Unterfangen sein, sich daran zu begeben, das Schwierigste zu denken, was man nur denken kann. Denn die Auferstehung des Leibes – was ist denn das?

Ein bedeutender evangelischer Theologe, Rudolf K. Bultmann (1884 – 1976) stellt fest: »Ein Leichnam kann nicht wieder lebendig werden und aus dem Grabe steigen.« – Recht hat er! Aber wer sagt denn, dass bis unmittelbar vor der Auferstehung ein Leichnam im Grabe gelegen hätte? Und: Was ist eigentlich ein Leichnam? Auf drei Wegen soll der Zugang zu dem Thema gesucht werden. Der erste Weg soll zu einer differenzierten Anschauung des Wesens des Menschen führen, der zweite soll Klarheit darüber schaffen, was Inkarnation und Exkarnation des Menschen bedeuten. Dann erst kann auf dem dritten Weg ein Verständnis von Tod und Auferstehung Christi gesucht werden. Und gleich zu Beginn sei um Entschuldigung dafür gebeten, das schier Unmögliche dennoch zu versuchen, wie auch dafür, dass bei diesem Versuch vielleicht für den einen oder anderen etwas Ungewohntes oder Neues auftauchen könnte. Im Hinblick darauf sei daran erinnert: Warum fahren wir eigentlich in den Ferien in fremde Länder? Doch deswegen, um endlich einmal etwas Neues kennen zu lernen. Da suchen wir das Neue geradezu. In diesem Sinne sei dazu eingeladen, einfach dieses Neue einmal so unbefangen anzugehen, wie man in den Ferien auch etwas Neues unbefangen anschaut. Dann sei noch eine Bitte angefügt: Niemand möge das hier Dargelegte einfach nur glauben, auch soll niemand meinen, dass hier ein Dogma dargestellt werde. Vielmehr handelt es sich um den individuellen Erkenntniszugang des Autors zu dieser Frage. Das sei deswegen so stark betont, weil nicht überall bekannt ist, dass es in der Christengemeinschaft kein Dogma gibt, weder für die Priester noch für die Mitglieder und Freunde – und auch, weil es dem Leser mehr Freiheit gibt, die vielleicht neuen oder mindestens ungewohnten Gedanken entgegenzunehmen.

Im Blick auf das Wesen des Menschen ist es zunächst nötig, verschiedene Begriffe abzuklären, damit deutlich wird, von wem jeweils die Rede ist. Es gibt heute so merkwürdige Besonderheiten, dass etwa der große Anatom und Operateur Rudolf Virchow einmal gesagt hat: »Ich habe schon soundso viel Menschen operiert und soundso viel Leichen seziert, aber eine Seele habe ich noch nicht gefunden.« Gott sei Dank nicht! Denn es ist zu hoffen, dass er diejenigen, die er operiert, vorher anästhesiert hat. Damit ist für viele Menschen natürlich deutlich: Die Seele gibt es gar nicht; denn hinter dem, was man so ›Seele‹ nennt, steht eine Funktion der Materie, eine sehr komplizierte, aber doch eine Funktion der Materie. Diesem unglaublich vereinfachenden Ansatz, mit dem man letztendlich überhaupt gar nichts erklären kann, steht schließlich die Beobachtung gegenüber, dass immer als Erstes eine Gemütsbewegung auftritt, beispielsweise der Zorn, und danach erst die Adrenalinausschüttung aus dem Nebennierenmark geschieht.

Wenn man das einmal auf sich beruhen lässt und sich fragt: Wie wurde denn das Wesen des Menschen in der Vergangenheit verstanden, dann stellt man fest: Bei Aristoteles zum Beispiel war es noch völlig klar, dass der Mensch als ein viergliedriges Wesen angesehen wurde. Aristoteles wurde auch im Mittelalter rezipiert, und zu dieser Zeit bekamen die Begriffe, die Aristoteles auf Griechisch gefasst hatte, lateinische Namen. Die Anschauung von der Viergliedrigkeit des Menschen finden wir zum Beispiel noch in den tausend Jahre alten Fresken auf der Reichenau, wo deutlich vier Farbzonen als Bildhintergrund gegeben sind. Befragt man die einzelnen Farben nach ihrem Symbolgehalt, so kommt man zu dem gleichen Ergebnis: Diese vier Zonen bringen die Viergliedrigkeit des Menschen farblich ins Bild.

Beginnen wir nun unsere Betrachtung mit demjenigen Wesensglied des Menschen, das sich durch seine Sichtbarkeit, seine Räumlichkeit, sein Gewicht usw. oftmals in den Vordergrund drängt, nämlich dem Körper, lateinisch *corpus*. Laut Aristoteles ist er allein aber noch nicht der ganze Mensch. Die nicht sichtbaren Wesensglieder nennt Aristoteles *anima*, die er dreifach gliedert (siehe das Schema unten). Die erste heißt in der lateinischen Formulierung *anima vegetativa*. Damit ist der gesamte Zusammenhang der Lebensorganisation gemeint, der kein Leichnam ist, sondern ein lebendiger Leib. Man könnte sagen: *corpus* und *anima vegetativa* sind das, was bei uns allen während des Schlafes im Bett liegt, atmet und lebendig ist – ein lebender, atmender Leib. Jetzt kommt noch eine zweite anima dazu, die Empfindungen und Regungen haben kann, die etwas wollen, denken und fühlen kann. Sie heißt auf Lateinisch die *anima sensitiva*. Dann gibt es noch jemanden, der das Ganze steuert, der zu dem Schläfer zum Beispiel morgens im Bett sagt: »So, jetzt stehe ich auf!« Gäbe es diesen Jemand nicht, könnte man ganz lange darüber philosophieren, warum man jetzt noch im Bett liegen bleiben könnte; das kann man ja gedanklich fantastisch begründen. Derjenige, der sagt: »So, jetzt stehe ich auf!«, steht gewissermaßen über dem, der im Bett liegt und sich vormacht: »Eigentlich wäre es schön, wenn ich noch liegen bliebe.« Dieses Wesensglied nannte Aristoteles die ›ordnende Seele‹. Das heißt aber, die Seele, die mit Vernunft, mit Intellekt begabt ist, die *anima intellectiva*. Die lateinischen Begriffe sind nur deswegen eingefügt, damit man sieht, dass von Aristoteles über das Mittelalter bis in unsere Gegenwart die gleichen Anschauungen über das Wesen des Menschen herrschen.

Die Viergliederung des Menschen

ordnende, leitende Individualität	*anima intellectiva*	der Geist, das Ich
empfindende, tätige Seele	*anima sensitiva*	Astral- od. Seelenleib
Zusammenhang der Lebenserscheinungen	*anima vegetativa*	Äther- od. Lebensleib
irdischer Leib	*corpus*	physischer Leib

Die ordnende Instanz ist eigentlich wie der Wagenlenker, der die drei Seelenkräfte fortwährend steuert und auch zusammenhält. Wir nennen diese Instanz auch das Ich des Menschen, das Individuum oder die Individualität. Als Nächstes kommt das, was wir gemeinhin Seele nennen, dann der Lebenskräfteorganismus oder der Zusammenhang der Lebenserscheinungen, und schließlich der physisch-materielle Leib. In der Anthroposophie haben die vier eine etwas andere Bezeichnung bekommen, indem da vom ›Ich‹ gesprochen wird und dann von drei ›Leibern‹. Von der Seele wird als dem ›Seelenleib‹ oder dem ›Astralleib‹ gesprochen, weil sie – wie auch der physische Leib – ein in sich gegliedertes vollkommenes Ganzes ist. Genauso sind die Lebenskräfte in sich selber harmonisch zu einem Ganzen organisiert, deswegen spricht man auch da von einem Leib, nämlich von dem ›ätherischen Leib‹ und schließlich vom ›physischen Leib‹.

Das Problem ist zunächst gerade dieser physisch-materielle Leib. Was ist nun der Unterschied zwischen dem ›physischen Leib‹ und dem ›physisch-materiellen Leib‹? Um das besser zu verstehen, sei auf eine Erfahrung verwiesen, die manche schon gemacht haben. Man geht auf einer Brücke über einen Fluss und sieht da unter sich im Wasser einen Wirbel. Dem schaut man eine Weile zu – er bleibt da! Dann geht man weiter, kauft ein, kommt nach einer halben Stunde zurück, schaut wieder herunter – der Wirbel ist immer noch da! Kommt man am nächsten Tag, in einer Woche, in zwei Monaten – so steht der Wirbel immer noch an der gleichen Stelle. Aber jeder weiß, dass in der Zwischenzeit unendlich viel Wasser den Fluss heruntergeflossen ist. Man kann sogar beobachten, wie ein Stöckchen, das im Wasser treibt, in die Spirale gerät, immer schneller wird, hinuntergesaugt wird und dann ein paar Meter flussabwärts wieder an der Wasseroberfläche auftaucht. Das Stöckchen macht sichtbar, was mit jedem einzelnen Wassertröpfchen auch geschieht: Es gerät in den Strudel, geht durch ihn hindurch und verlässt ihn wieder. Was zeigt dieses Phänomen? Da ist eine Gestalt, die aus Kräften gebildet wird, und durch diese Gestalt fließt fortwährend Materie hindurch, unentwegt, nämlich das Wasser.

Was ist denn in diesem Beispiel jetzt das eigentlich Ewige und was ist das eigentlich Vergängliche? Hier haben wir einen Punkt, an dem man sich dazu aufgefordert fühlen könnte, etwas Neues zu denken. Denn in diesem Beispiel ist dasjenige, das Bestand hat, die Gestalt, und die Materie fließt durch diese Gestalt hindurch, sie ist das Vergängliche. Es ist jede Sekunde eine andere Materie, die da hindurchfließt. Damit hätte man einen ersten Hinweis darauf, was der Unterschied ist zwischen einem physischen Leib – das wäre die Gestalt des Wirbels – und einem physisch-materiellen Leib, nämlich die Wirbelgestalt, die durch das Wasser erst sichtbar gemacht wird, so wie die Menschengestalt durch Eiweiß, Kalk usw. sichtbar gemacht wird. Das heißt mit anderen Worten: Dieser physische Leib ist nicht identisch mit der Materie. Aber durch unseren Leib fließt auch fortwährend Materie hindurch – man muss da nur an die Nahrung denken. Man weiß genau, wie lang die Substanzen in den einzelnen Organen eingebaut bleiben, ehe sie wieder ausgeschieden werden. Das Organ bleibt, die Substanz geht hindurch. Die Darmzotten etwa haben eine Lebensdauer von zwei Tagen. Das also, was Gestalt ist, das eigentlich Ewige und Bleibende, ist von dem Materiellen total unabhängig. Die Gestalt ist, mit anderen Worten, etwas Geistiges. Dieses Geistige wird sichtbar durch Materielles, das angesaugt wird, die Gestalt ausfüllt, aber beständig durch sie ›hindurchfließt‹.

Damit ist zu bemerken, dass diese Viergliederung, die auf Aristoteles zurückgeht, zunächst rein im Geistigen zu suchen ist. Es sind verschiedene geistige Qualitäten, und nur eine dieser geistigen Qualitäten hat eine Affinität zu dem Materiellen, nämlich der physische

Leib. Wo ist der Ursprung dieses physischen, geistigen Leibes zu suchen? Wenn man den geistigen physischen Leib betrachtet, muss man sich sagen: Er ist das Allerweiseste, das es auf der Welt gibt. Man bedenke, welch eine Fülle von physiologischen Vorgängen nötig ist, um ein Stück Brot zu verdauen und seine Substanz hernach zu inkorporieren. Müsste der Mensch das alles von seinem Bewusstsein her steuern, er wäre darüber längst Hungers gestorben.

Aber dass da Organstrukturen und physiologische Vorgänge sind, die eben dadurch, dass sie so sind, wie sie sind, die Grundlage für unsere Existenz bieten, zeigt, dass hinter alledem eine unglaubliche Weisheit steckt. Wie lange haben die Menschen gebraucht, um diese Weisheit zu erkennen! Und man ist noch lange nicht am Grund dieser Weisheit angekommen, es gibt immer noch etwas Neues, das man noch nicht weiß. Es gibt sogar Gebiete, in denen selbst die weiterführenden Fragen fehlen. Wir können also sagen, dass dieser physische Leib des Menschen das Allerälteste und das Allerweiseste ist. Demgegenüber ist unsere Seele im Grunde genommen eine noch nicht ganz Erwachsene, manchmal auch eine Halbwüchsige, Jugendliche, und das Ich überhaupt noch ein Baby. Die Herkunft dieses physischen Leibes ist wirklich vom Uranfang der Welt. Damit ist nichts schrecklich Neues gesagt, denn beispielsweise in Chartres findet man am Nordportal der Kathedrale die Weltschöpfung dargestellt. Da schaut Adam Gott bereits über die Schulter, er existiert geistig schon vor seiner physischen Erschaffung. Er ist der Älteste der ganzen Evolution. Das Schicksal dieses physischen Leibes ist nun, dass es Gefäß wird, zunächst einmal für die Lebenskräfte. Dann haben wir den lebendigen, belebten physischen Leib, der nun seinerseits wieder Gefäß wird für die Seele. Alle drei zusammen – der beseelte, lebendige, physische Leib – werden nun Gefäß für das Ich, Träger des Ich. Gleichzeitig mit diesem schrittweisen Zusammenwachsen der Wesensglieder wird langsam aus dem physischen Leib ein physisch-materieller Leib, der sich zunehmend durch Substanzen verfinstert und beschwert. Das Ich erscheint nun als Allerletztes. Zunächst aber ist dieses Ich für den Menschen noch gar nicht frei verfügbar, erlebbar, ein individuelles Wesensglied. Das ist überhaupt erst nach dem Pfingstereignis möglich. Vorher ist dieses

Ich noch wie in dem Schoß der Gottheit geborgen und überstrahlt den Menschen nur, oder eigentlich die Familie, den Stamm, die Sippe. Vor allen Dingen wirkt es von außen, nicht so, dass wir sagen können, es wäre irgendwie im Menschen verkörpert.

Wie kommt es nun eigentlich zur Geburt eines Menschen? Zweierlei fließt da im Vorgeburtlichen zusammen. Das eine ist der Entschluss einer Individualität, eines Ich, geboren werden zu wollen. Das andere enthüllen uns die Worte des Taufsakramentes. Sie beschreiben den gleichen Vorgang des Ich-Entschlusses zur Geburt, aber von anderer Seite aus. Denn da heißt es von der Seele, dass sie »herabgesandt« wird aus der »Geist-Gemeinschaft« und von dieser in die »Erdengemeinschaft«. Das heißt also, dass in der geistigen Welt zwei Wirklichkeiten entstehen: einmal der Inkarnationswille der Individualität, und dann eine Sendung, ein Auftrag der Geistgemeinschaft, den die Individualität für die Erdengemeinschaft in sich aufnimmt. – Jeder Mensch trägt also eine Sendung, einen Auftrag der geistigen Welt an seine Mitmenschen. Jeder ist dem Kollegen, mit dem er es so schwer hat, *gesandt,* und umgekehrt. Oder dem Ehemann oder der Ehefrau, wie auch immer. Ein Auftrag. Erst dadurch, dass etwas zusammenströmt in der geistigen Welt, beginnt eine Inkarnation, unter Umständen sogar so, dass auf der Erde erst diejenigen zusammengeführt werden müssen, die diese bestimmte Individualität für diese Inkarnation als ihre Eltern braucht. Dann erst zieht das Ich die Seelenkräfte zusammen, danach die Lebenskräfte, und bildet schließlich den physisch-materiellen Leib im Leibe der Mutter. Friedrich von Schiller war Arzt und sagte einmal: »Es ist der Geist, der sich den Körper baut.« Das Ich des Menschen bildet sich also nicht nur den Körper, sondern es zieht auch die übrigen Wesensglieder heran und hält sie ein ganzes Leben lang zusammen, gewissermaßen ›unter seinem Willen‹, damit eine Inkarnation sich vollziehen kann. Aber was heißt das? Der Geburt nach neun Monaten geht etwas voran, nämlich dieser Entschluss und die Sendung und darauf das Verlassen der geistigen Welt. Darum heißt dieser uralte weisheitsvolle Spruch: »Ex deo nascimur – aus Gott wird man geboren«. Das heißt, der Inkarnation geht eine Exkarnation voran. Das Ich verlässt die Gottheit, den Himmel, die geistige Welt. Die Seele verlässt die Seelenwelt, das heißt die astrale Welt, die Sternenwelt. Die Lebenskräfte verlassen die Welt der Lebenskräfte, das heißt die Sonnensphäre. Während nun diese ganzen kosmisch-übersinnlichen Hüllen abgelegt und verlassen werden und das Ich aus diesen vorgeburtlich-kosmischen Hüllen seine drei unteren Wesensglieder heranzieht, bildet sich im Mutterleib Hülle auf Hülle. Denn was ist der physische Leib anderes als eine Vielheit von Hüllen, die sich ebenso umeinander legen, wie die Wesensglieder eines das andere umhüllen? Darum ist ja die Babuschka, dieses russische Spielzeug, etwas Wunderbares – man nimmt sie auseinander, und dann kommt die gleiche Puppe noch einmal und noch einmal, immer kleiner werdend. Was aber kommt am Schluss? Etwas, das nicht mehr auseinander zu nehmen, das unteilbar ist. Und das Unteilbare heißt auf Lateinisch *individuum*. So weisheitsvoll kann Spielzeug sein! So bilden sich die Hüllen des Erdenmenschen, indem die geistigen Hüllen abgelegt werden, und in diesem Sinne kommt jedes Kind nicht nur äußerlich-physisch, sondern auch geistig gesehen nackt auf die Erde. Nun beginnt das Leben, und dieses Wort von Schiller – es sei der Geist, die Person, das Individuum, das sich den Körper baut – bezieht sich nicht nur auf die Embryonalzeit, sondern auch auf all das, was danach kommt. Das ist ja zum Teil so stark, dass man mit einem gewissen Recht sogar von der so genannten ›Leib-Seele-Einheit‹ spricht, was bedeutet, dass all die verschiedenen Wesensglieder hier auf der Erde im Menschen wirklich ein Ganzes bilden. Bis zum letzten Atemzug prägt und gestaltet das Ich alle Wesensglieder.

Dass das so ist, können ein paar Beispiele verdeutlichen. Wie ist das, wenn ein Mensch beim Gehen stark mit den Hacken auftritt? Man hört es schon: Es ist eindeutig willensbetont. Und am Schritt erkennt man genau, ob es der Fritz oder der Hans ist, weil eben nur der Hans so willensbetont geht, und von ihm weiß ich auch: Was der will, das tut er sofort. Dann gibt es den Luftikus zum Beispiel, der beim Gehen die Ferse sofort wieder vom Boden hebt, dessen Wille überhaupt nicht auf die Erde kommt. Oder der Gestresste, der ewig außer Atem ist und immer sich selbst und der Welt und allem hinterherläuft. Den Stress machen nicht die anderen, den macht er selber! Er ist eben so. Und die Folge ist, dass er kurzatmig wird, der Puls immer schneller geht und der Blutdruck steigt. Er ist nicht gestresst, weil sein Blutdruck hoch ist und sein Herz so schnell geht, sondern umgekehrt: Weil sein Wesen so ist, wird sein Blutdruck so hoch. Jeder Arzt weiß, dass viele Krankheiten hausgemacht sind. Wenn jemand ständig Demütigungen einsteckt und nichts sagt, wird er irgendwann einmal ein Magengeschwür bekommen. Und der Aufbrausende, der Zornige oder Choleriker, der fortwährend daran gehindert wird, seine Cholerik auszuleben, wird zweifellos irgendwann Gallensteine bekommen. Diese Beispiele zeigen Prägungen der Wesensglieder des Menschen durch sein Ich. Auch wenn es nicht aktiv formend und wie ein Wagenlenker leitend eingreift, geschieht eine Prägung: Die Disharmonien der Seele prägen sich den übrigen Wesensgliedern unverwandelt ein. Sie kränken und >durchlöchern< dieses geheimnisvolle Gebilde des Lebensleibes, und dieser wiederum korrumpiert den physischen Leib, macht ihn krank und bringt ihn ins Ungleichgewicht.

Was geschieht dadurch, dass solche Korrumpierungen, solche Krankheiten seit Beginn des Menschseins auf der Erde alle im physischen Leibe zusammenkommen? Da muss doch eine ständig wachsende Schwächung, Kränkung, Verletzung des physischen Leibes, dieses Allerweisesten, Allerreinsten, Allergrößten, Allerältesten geschehen, von Generation zu Generation, sodass diese Leiber schließlich ihre Strahlkraft, ihre Leuchtkraft, ihre Schönheit verlieren und sich verhärten. Das könnte solche Ausmaße annehmen, dass ein Leib schließlich nicht mehr in der Lage ist, noch irgendetwas Geistiges in sich zu beherbergen. Jeder weiß doch, wenn wir eine ordentliche Mahlzeit zu uns nehmen, ist es hinterher recht schwierig, knifflige Mathematikaufgaben zu lösen. Bei noch schwierigeren geistigen Aufgaben würde es entsprechend noch schwerer, sie zu lösen. Manchem wird bekannt sein, dass diese Krankheitsentwicklung auch die >Erbsünde< oder in der Christengemeinschaft die >Sündenkrankheit< genannt wird: Sie besteht darin, dass fortwährend etwas in der Seele nicht gehalten, nicht verwandelt werden kann und diese Schwächen der Seele schließlich über die Lebenskräfte den Leib krank machen. Dies ist aber nicht nur ein individuelles Geschehen, sondern auch der Weg und das Geschick der ganzen Menschheit. – Daher die doppelt drängende Frage: Was könnte denn Heilung sein? Und wer ist der Arzt?

Der Christus – die Gottwerdung

Es wird schnell deutlich, dass die Heilung eigentlich nur auf zwei Wegen, die aber zusammenführen müssen, geschehen kann. Zunächst muss das Ich selber herbeigerufen und so erkraftet werden, dass es keine den Leib auf diese Weise korrumpierende Prägung mehr zulässt. Andererseits muss in diesem physischen Leib etwas Gesundes und Neues veranlagt werden, das dann mitwachsen kann – es sei ein ›Samenkorn‹ genannt – und das in der Zukunft so wächst, dass in dem immer schwächer und immer kränker werdenden Alten das Neue erstarkt oder, anders gesagt, in dem Altbau gewissermaßen ein Neubau entsteht.

Damit richtet sich der Blick auf die Inkarnation und die Taten Jesu Christi. Sie werden zunächst angeschaut unter dem Aspekt der Erbsünde oder der Sündenkrankheit. Da wäre als Erstes die leibliche Seite ins Auge zu fassen. Schon zu Mose Zeiten taucht die älteste Prophetie auf, dass aus diesem Volk, dem israelitischen Volk, einmal der Heiland, der Retter der gesamten Menschheit hervorgehen wird. Das geschieht durch den Propheten Bileam. Er spricht mit Blick auf Jesus Christus davon, dass ein Zepter und ein Stern aufgehen werden in Israel. Man findet durch alle Bücher des Alten Testaments hindurch immer wieder den Hinweis darauf, dass einmal aus diesem Volk ein Mensch hervorgehen wird, der Träger des Weltenheilands werden wird. Das wird zum Teil so konkret, dass beispielsweise David sich dessen bewusst ist, ein Vorfahre dieses Menschen zu sein. In bestimmten Geschlechtern gab es also ein Bewusstsein davon, dass eine der Aufgaben des jüdischen Volkes die ist, einem Menschen einen Leib zu bereiten, der durch seine Reinheit in der Lage ist, Gott in sich zu tragen. Unter diesem Gesichtspunkt führte man über Generationen die Paare, denen diese Aufgabe zukam, im Tempel zusammen. So kommt es nun in dem Menschen Jesus zur reinstmöglichen Leiblichkeit. Diese wird ergriffen und bewohnt von der ebenfalls reinsten und unschuldigsten Seele, die jemals auf der Erde gelebt hat. Sie hatte deswegen diese Eigenschaften, weil sie noch nie auf dieser Erde verkörpert war, also keinerlei Schuld auf sich hat laden können und damit noch kein Schicksal mit der Menschheit hatte. Seinen Lebenskräftezusammenhang bekam der Jesus-Mensch von einem der am weitesten entwickelten Menschheitslehrer verliehen, der seinen ätherischen Leib vollständig hat reinigen und umwandeln können. Als Ich lebte in Jesus eines der weisesten und höchsten aller Menschen-Iche. Das ist die menschliche Seite des Jesus. Und dann beginnt im dreißigsten Jahr dieses Jesus-Menschen die Menschwerdung des Gottes. Es ist ein deutlicher Unterschied zu machen zwischen dem Jesus-Menschen und dem, den wir den Sohnesgott nennen, also der zweiten Person der göttlichen Trinität, die auch den Christus-Namen trägt, oder dem göttlichen Ich.

Ehe nun diese beiden, dieser reinste Mensch und das Gotteswesen miteinander in eine engere Beziehung kommen – die vielen Vorgänge davor können wir jetzt gar nicht berühren –, geht dem etwas voraus. Das ist zunächst das Gottesopfer. Weiter oben wurde deutlich, wie die Inkarnation eines Menschen-Ich bedeutet, dass dieses Ich die göttlichen und die geistigen Hüllen ablegt, sie verlässt. Das tut auch die Gottheit. Aber für sie ist das etwas anderes als für uns. Um das ein wenig fühlbar zu machen, sei an den Beginn des Johannes-Evangeliums erinnert: »Im Urbeginne war das Wort, und das Wort war bei Gott, und ein Gott war das Wort. Alles ist durch dasselbe geworden, und außer durch dieses ist nichts von dem Entstandenen geworden.« Wenn wir zunächst bei dem puren Wortsinn bleiben, so heißt das doch, dass da eine Art Verwandlung geschildert wird von dem Geistlich-Göttlichen, dem Wort, bis hin zu alledem, was geworden ist. Alles, was geworden ist, ist also Wort, ist Gott.

Was heißt das? Dieses Buch, der Tisch, auf dem es vielleicht liegt, gehen substanziell aus dem Göttlichen hervor durch Verwandlung. Sie sind göttliche Substanz, allerdings verwandelt, aber eben göttliche Substanz. Verwandelt steckt die Gottheit im Sirius, im Erdenkern, in Stein, Pflanze und Tier, und sie steckt in jedem Menschenleib. Was heißt jetzt »Inkarnation des Gottes in *einen* Menschen«? Das heißt, dass er sich aus der ganzen Herrlichkeit alles Erschaffenen, aus der ganzen Glorie und der Schönheit des Kosmos zurückzieht und seine gesamte Tätigkeit, die er damit hat, abgibt. Das ist eine Erniedrigung ohne Beispiel. So bezeichnet es der Apostel Paulus auf Griechisch: *kenosis.* Die Inkarnation bedeutet für Christus nicht nur das Durchschreiten der einzelnen Wesenssphären der Welt, sondern das sich aus ihnen Herauslösen, Konzentrieren und Kleinmachen. Man mag sich das einmal menschlich vorstellen. Man denke, man habe jemandem ganz viel zu sagen, man platzt fast, das Gegenüber will aber nur einen Satz, womöglich nur ein Wort hören, weiter nichts. Das heißt, man muss sich aus alldem anderen, was man ihm auch noch sagen will, völlig herausnehmen und zurückziehen und nur den einen Satz sagen, von dem man selber vielleicht sogar den Eindruck hat, er sei gar nicht der wichtigste, aber gerade diesen will das Gegenüber hören. Erniedrigung! Und diesem Gottes-Opfer, dieser Selbsterniedrigung kommt nun das Jesus-Opfer entgegen, bei welchem sich dieses urweise gewordene Ich löst von dem Jesus-Menschen. Man könnte insofern sagen, dass es stirbt, als es wirklich diesen Menschen zurücklässt und Platz macht für das Gottes-Ich. Dieser Prozess beginnt mit der Taufe. Da hört man die Stimme des Vaters, der sagt: »Dies ist mein vielgeliebter Sohn. Heute habe ich ihn gezeugt.« Da beginnt, ebenso wie bei der Zeugung, eine Art Embryonalzeit, eine Art Entwicklung. Jetzt beginnt diese Gottes-Ich-Kraft das erste Mal in einem Menschen zu wirken. Nun kommt das Erstaunliche: Was ist das Allererste, was dieser Gott, der jetzt gerade beginnt, wenn man es einmal so sagen darf, durch die Augen, durch die Seele des Jesus-Menschen die Welt zu erleben? Als Erstes erlebt er den Widersacher. Also denjenigen, den wir tagtäglich erleben. Dieser sagt zu ihm: »Hier, mach aus diesen Steinen Brot! Oder stürze dich vom Tempel. Das wird dir nicht schaden, wenn du Gottes Sohn bist.« Der Versucher greift bei den Gesetzen der Physik und des irdischen Lebens an. Das aber sind die Vatergesetze, denn sie konstituieren die Vaterwelt, die geschaffene Welt. Durch seine Frage versucht der Widersacher, den Sohn vom Vater zu trennen. Es gelingt ihm aber nicht. Wir kommen darauf weiter unten zurück.

Ein nächster Schritt dessen, was man als Inkarnation bezeichnen muss, sind die Erfahrungen und Taten im Zusammenhang mit den

Heilungen, bei welchen das Christuswesen in das Schicksal des kranken Menschen eintaucht. Oftmals heißt es: Er hatte Mitleid mit ihm oder mit ihr, er dauerte ihn. Bei Lazarus heißt es sogar, seine eigene Seele gerate in große innere Erregung. Und dann geschieht die Heilung des betreffenden Schicksals. Sie geschieht vor allen Dingen mit den Kräften der Liebe, getragen von einer reinen, geläuterten Seele. Durch diese Mitleidserlebnisse, durch diese Taten der Liebe verbindet sich dieses Gotteswesen schrittweise mit dem Schicksal der Menschen.

Es ist recht schwierig, sich klarzumachen, was es eigentlich heißen mag, einen Gott in sich zu tragen. Wenn jemand einmal von einer Idee so ergriffen ist, dass er für sie glüht und alles daran setzt, diese Idee zum Ideal und schließlich zur Wirklichkeit werden zu lassen, dann hat man an diesem Menschen das Erlebnis einer geistigen Flamme. Man sagt dann: »Dieser Mensch verbrennt in der Tätigkeit, der er sein Leben gewidmet hat.« Damit hat man einen ganz schwachen Abglanz dessen, was es heißt, dass ein Gottesfeuer sich in einen Menschen hineinbrennt, so wie sich eine Kerzenflamme in die Kerze hineinbrennt und sie dabei zu Licht verwandelt. Die harte und kalte Substanz wird dabei warm, weich und flüssig, wird gasförmig, und dann leuchtet sie. Einen Augenblick lang wird dieses Hereinbrennen des Gottesfeuers in den Jesus-Menschen bei der Verklärung auf dem Berg sichtbar, wo es heißt, dass sein Angesicht leuchtet wie die Sonne. Das Göttliche, das diesen Menschen voll und ganz ergriffen hat, durchglüht und verwandelt ihn von innen her. Eine brennende Flamme. Auch von Johannes dem Täufer wird gesagt, dass er eine brennende Flamme sei. Auf der anderen Seite geht dieses Brennen aber schließlich in ein Verbrennen über, das heißt in eine totale Verwandlung der Leiblichkeiten des Jesus-Menschen. Demgegenüber ist die Verbrennung, die in jedem Einzelnen von uns in jedem Moment stattfindet – wenn wir atmen, verbrennen wir ja unsere Leiblichkeit –, eine ›gutbürgerliche Verbrennung‹, sozusagen eine alltägliche, bei der gar nichts Weiterreichendes geschieht, als dass wir eben leben. Jetzt müsste man aber diese Flammen in sich steigern können zu dem höchsten Feuer, das man sich vorzustellen in der Lage ist, das den Leib wirklich völlig verwandelte. Das hieße aber, dass dessen Inhalt, also die Lebenskräfte, die Seele und das Ich, in einer immer durchlässiger und immer zerbrechlicher werdenden Leibeshülle nicht mehr geborgen werden könnte und überzufließen begänne. Dieses Geschehen hebt tatsächlich im Augenblick des Abendmahles am Gründonnerstag an. Da stehen vor Christus auf dem Tisch Brot und Wein. In dieser Leiblichkeit außer seinem bisherigen Leib, in diesem pflanzlichen Leib und Blut, fasst er nunmehr sein wachsendes Wesen. Dieses Überfließen, dieses Verwandeln geht dann in Gethsemane noch einen Schritt weiter und beginnt das Physisch-Leibliche zu zerbrechen. Da heißt es in einem Evangelium auf Griechisch, dass er in die ›Agonie‹ kommt – ein medizinischer Begriff, der ›Todeskampf‹ bedeutet, und es wird gesagt, er schwitze Blut. Bei bestimmten Todesarten tritt das Blut aus dem Leib heraus, weil der Leib so durchlässig geworden ist, dass er das, was in ihm ist, nicht mehr halten kann. Das Sterben hat begonnen. Der natürliche Tod, jetzt, in Gethsemane – das ist der Kelch, von dem er bittet, er möge vorübergehen. Es ist gotteslästerlich zu sagen: »Jetzt ist er wirklich Mensch geworden, denn jetzt sieht man seine Schwächen!« Ganz und gar nicht. Da sieht man vielmehr die Stärke des Gottes, der seinen Weg bis zu Ende gehen und keinen Schwäche-Tod erleiden will.

Der Tod am Kreuz

Was geschieht bei diesem Tod am Kreuz? Zunächst fließt das Blut in die Erde, also eine Substanz, die der Träger des Ich ist, die aber in Jesus von diesem göttlichen Ich, von diesem Feuer, total verwandelt und durchgeistigt ist, sodass dieses vom Kreuze fließende Blut die reinste göttliche Liebe ist, die in die Erde hineinfließt. In dem Moment, in dem die Erde davon berührt wird, leuchtet sie geistig anders als vorher, bekommt eine andere geistige Aura, einen anderen geistigen Umkreis. Denn sie empfängt jetzt unmittelbar die göttliche Liebe, die ab diesem Augenblick das ganze Erdensein umhüllt und in sich hineinholt. Damit leuchtet zum ersten Mal in der Erde die Zukunft dieses Weltenkörpers auf. Dann ist da der Leib, der durch das Gottesfeuer verwandelt und durchglüht wird, sodass alle Substanzen dieses Leibes auf dem Wege der Transsubstantiation sind, das heißt: der Verwandlung in ein geistiges Sein. Nicht mehr das materielle Sein ist also das Wesentliche, sondern das geistige Sein, das sich mit dem Verwandelten verbindet. Dann folgt die Grablegung, bei welcher der Leichnam mit Aloe und Myrrhe umgeben wird. Letztere sind pflanzliche Feuerstoffe, die das innere Feuer des Gottes noch von außen beschleunigen und unterstützen, sodass jetzt das, was an materieller, physischer Substanz aus diesem Leib gleichsam in die Erde herausrieselt, etwas Aschenartiges ist und zu einem Verwandlungsferment für die ganze Erde wird. Diese Hoffnung, die durch die Berührung mit dem Blut in der Erde aufkeimte, bekommt jetzt als Garanten ihrer Hoffnung ein *fermentum decompositionis*, das heißt eine Anregung zur Auflösung, zur Umwandlung des materiellen Seins in ein geistiges Sein. Jetzt beginnt zum ersten Mal im Erdenbewusstsein das aufzuleuchten, was wir am Ende des Neuen Testamentes mit dem himmlischen Jerusalem angedeutet finden. Denn wenn man sich das in seinen Einzelheiten vor die Seele stellt, wird bald klar, dass das Bild des himmlischen Jerusalem auf ein rein geistiges, zukünftiges Sein der Erde deutet, ebenso, wie das Paradieses-Bild auf ein vergangenes geistiges Sein der Erde zurückweist, beide Male ohne Materie.

Was geschieht noch in diesem Moment, in dem das Blut vom Kreuz fließt und dann schließlich der Leib in die Erde gelegt wird? Das ist auch ein Abendmahl, das die Erde in diesem Augenblick empfängt, nachdem die Jünger es in anderer Gestalt am Gründonnerstag empfangen haben. Dann aber kommt der geheimnisvolle Vorgang des Karsamstags, zu dem es bei Matthäus heißt, dass Christus bis in das Herz der Erde hinabsteigt. Paulus interpretiert das, indem er sagt: Was heißt denn das anderes, in die Tiefe der Erde hinabzusteigen, als gleichzeitig in die höchsten Höhen aufzusteigen? Das heißt, in die geistige Welt einzutreten und von dort die Auferstehung mitzubewirken.

Aber um diese auch nur anfänglich verstehen zu können, ist es wichtig, zunächst einmal zu verstehen, was beim Tod eines Menschen eigentlich geschieht. Wir sprechen davon, dass, nachdem bei einem Menschen der Tod eingetreten ist, die Verwesung beginnt. Dieses

Wort erweckt, schon wenn es ausgesprochen wird, sofort einen gewissen Widerwillen in uns, eine Abscheu, eine Abwehr. Dennoch ist das ein wunderbares Wort, wenn man es ein wenig weiter fasst und nicht nur auf die physisch-materiellen Vorgänge bezieht. Es steckt ja immerhin das Wort ›Wesen‹ darin. Was geschieht denn, wenn jemand stirbt, mit seinem Wesen, seinen Wesensgliedern?

Fragen wir davor aber noch: Was geschieht mit den Wesensgliedern, wenn wir schlafen? Da liegt ein lebendiger, atmender Leib im Bett, also der physisch-materielle Leib und der Lebensleib, von welchem sich Seele und Ich gelöst haben. Sie gehen auf die Himmelswiese, wie man den Kindern sagen würde. Die beiden oberen Wesensglieder trennen sich von den beiden unteren. So ist der Schlaf eine Wesensgliedertrennung, eine Ver-Wesung. Des Morgens verbinden sich alle wieder – wir erwachen und stehen auf. Im Tod greift nun diese Trennung der Wesensglieder, diese Verwesung tiefer ein: Auch der Lebenskräfteorganismus trennt sich vom physisch-materiellen Leib. Diese Trennung ist in der Regel unumkehrbar und endgültig. Wegen ihrer Verwandtschaft bezeichnet der Volksmund den Schlaf als den kleinen Bruder des Todes.

Jetzt beginnt für den Verstorbenen die Lebensrückschau. Während dreier Tage schaut er das in seinen Ätherleib eingeprägte Leben wie ein gewaltig großes Bild: sein Lebenstableau. Nach dieser Zeit nimmt die Verwesung der Wesensglieder ihren Fortgang: Die Zersetzungsprozesse des physisch-materiellen Leibes beschleunigen sich, sodass der geistige physische Leib langsam von der Materie erlöst wird. Auch da geht jedes seiner Wege. Von dem Materiellen wird gesagt – und das ist eigentlich ein wunderbares, schönes Wort:

> Erde zu Erde,
> Asche zu Asche,
> Staub zu Staub.

Das ist der Weg der Elemente, der Weg des Stoffes. Indem der Stoff sich von dem geistig-physischen Leib trennt, wird dieser frei. Und wo geht er hin? In das Zentrum der Erde, in das Erdenherz. Der Lebenskräfte-Zusammenhang beginnt ebenfalls, sich aufzulösen und sich wieder mit der Sonnensphäre als seiner eigentlichen Heimat zu vereinigen. Jetzt beginnen auch das Ich und die Seele in die Seelenwelt zu wandern, und da endlich bekommt der Mensch die große Lebensfrage beantwortet, nämlich: Wer bin ich wirklich, wie sehen, erleben mich die anderen Menschen? Und wie sehr hat eigentlich die Ohrfeige, die ich dem anderen gegeben habe, weh getan? Nicht nur körperlich, sondern wie stark war der seelische Eindruck, die seelische Verletzung, die ich verursacht habe? Das möchte jeder Mensch doch zu gerne wissen aus ganz bestimmten, nahe liegenden Gründen. Es beginnt also eine Zeit der Reinigung, eine Zeit der Selbsterkenntnis und des Fassens von neuen Impulsen zum Ausgleich der Taten. Diese Zeit dauert etwa ein Drittel der Lebenszeit. Jetzt bildet sich auch durch die Tätigkeit des Ich und in ihm geborgen eine Art Quintessenz des gesamten zurückliegenden Lebens: Die früher schon aktiv durch die Kraft des Erinnerns aus dem Ätherleib geborgenen einzelnen Lebensaugenblicke, alles Erreichte, Errungene, alle Tugenden des vorangegangenen Lebens wie auch alle Früchte der Schicksals-Selbsterkenntnis aus der vorangegangenen Reinigungszeit werden durch die bewahrende, ewig machende Tätigkeit des Ich zu einer Quintessenz verdichtet, die auf allen weiteren Wegen mit dem Ich verbunden bleibt. Aus ihr wird sich einmal der Wesenskern für eine folgende Inkarnation bilden. Darauf weist das Evangelienwort: »Und ihre Werke folgen ihnen nach.« Ist nun die Reinigungszeit vorüber und die Quintessenz gebildet, verwesen auch Seele und Ich: Der Astralleib löst sich auf und die Seelenkräfte verbinden sich wieder mit der astralen Welt, den Sternen, als ihrer Heimat, der Welt des Friedens und der ›Ruhe des Seelenseins‹. Das Ich jedoch mit seinem Schatz, der Quintessenz, wandert in die allerhöchste, geistige Welt. Dies alles sind Gesetzmäßigkeiten, die seit Grundlegung der Welt bestehen und für jeden Menschen Geltung haben.

Christi Tod und Auferstehung

Wie verhält es sich nun mit dem Tod Jesu Christi und vor allem mit den Ereignissen nach seinem Tode? Wir müssen uns grundsätzlich darüber im Klaren sein, dass der Tod Christi seinem Vorgang nach durchaus der Tod ist, wie er allen Menschen begegnen wird. Ein bedeutender Unterschied liegt aber darin, dass sich dieses Todesgeschehen an so besonderen Wesensgliedern vollzieht, wie sie oben dargestellt wurden und wie sie der Mensch nicht besitzt. Daher ist auch das nachtodliche Sein für Jesu Christi Wesensglieder ein vollständig anderes als bei uns. Mit dieser Tatsache hängt die Auferstehung zusammen. Von der im Vergleich zum Menschen andersartigen Beschaffenheit der Wesensglieder des Jesus-Menschen war schon die Rede.

Dazu kommt noch ein Weiteres. Jedes Menschen-Ich hat die Kraft, zur Geburt die Wesensglieder aus ihren Herkunftsreichen zusammenzuziehen und sie dann für die Dauer des Lebens zusammenzuhalten, bis sie sich durch den Tod voneinander lösen. Nun lebte im Jesus-Menschen aber während dreieindrittel Jahren nicht mehr nur ein höchstes Menschen-Ich, sondern Christus, der Gottes-Sohn, das Gottes-Ich. Dessen göttliche Kraft der Prägung, des Zusammenhaltens wirkte in diesen vierzig Monaten so stark auf den physischen, den Lebensleib und den Seelenleib ein, dass diesen dreien die nachtodlichen Verwesungsprozesse nichts anhaben konnten. Jeder dieser geistigen Leiber blieb in sich selbst durch die in ihm wirkenden Ichkräfte konsolidiert und bewahrte den Zusammenhalt mit sich selbst. Ja mehr noch: Jeder von ihnen bekam die Vollmacht der Samenbildung, das heißt, sie können sich vervielfachen, ohne an Wesen und Substanz zu verlieren. Auch davon wird noch die Rede sein.

Noch eine dritte Besonderheit der nachtodlichen Ereignisse den Jesus-Menschen betreffend ist ins Auge zu fassen: Sein Lebens- und sein Seelenleib waren die reinsten Gebilde, welche sich Christus hinschenken konnten, und zudem brannte seit der Jordan-Taufe sein reinigendes Feuer in ihnen. Somit war eine auf die ersten drei Tage nach dem Tode folgende Reinigungszeit nicht nötig. Es konnte nach den drei Tagen sofort etwas Neues geschehen, nämlich die Geburt eines neuen Menschen ›aus der Verwesung Schoß‹: der Auferstandene. Die Auferstehung ist ein neues Erden-Weltengesetz, das der Schöpfung eingepflanzt wird. Wie kommt es nun dazu – und was ist geschehen?

Es sei zunächst noch einmal an die Versuchung erinnert, an die erste Begegnung Gottes mit der Erde, mit dem Menschenschicksal. Da geht es darum, Steine zu Brot, das heißt Totes lebendig zu machen oder die Schwerkraft aufzuheben, also die Gesetze der Vaterwelt außer Kraft zu setzen, sie magisch zu umgehen. Das bedeutet aber eine Verleugnung, ein Hintergehen der Wirklichkeit des Vaters. Das ist das eine. Das andere ist, dass es Christus möglich gewesen sein musste, dem Verlangen des Widersachers gerecht zu werden – sonst wäre es doch keine wirkliche Versuchung gewesen. Nur etwas, was möglich ist, kann auch eine Versuchung sein. Mit dieser Feststellung fällt ein ganz neues Licht auf die Tatsache des Bestehens der Versuchung. Christus achtet die Weltengesetze der Physik, der Chemie und des Lebens und umgeht sie nicht, nur um zu beweisen, dass er der Gottessohn ist. Das heißt: Er ist auch in diesem Augenblick ganz und gar mit dem Vater verbunden, und nichts als Verehrung und Achtung des Vaters lebt in ihm. Und so schildert Johannes der Evangelist, dass Christus immer wieder sagt:»Ich und der Vater sind eines.« Christus achtet diese Vatergesetze während der ganzen drei Jahre bis zum Kreuzestod. Er erleidet das Gesetz des Schmerzes, der Passion und das allergrößte irdische Gesetz, das Gesetz des Todes, denn auch dieses ist ein Gesetz des Vaters. Als er als Sterbender am Kreuz hängt, kommen ausgerechnet die geistigen Führer des Volkes, die Hohen Priester und sagen wortwörtlich das Gleiche wie der Widersacher dreieindrittel Jahre zuvor:»Wenn du Gottes Sohn bist, so steig herab vom Kreuz!«Welch eine Spiegelung! Der Versucher steht am Anfang und am Ende. Der letzte Angriff des Widersachers erfolgt aus dem Munde eigentlich geistig hoch stehender Menschen. Daran sieht man, dass die Taten Christi bis zum letzten Moment frei getan und nicht vorbestimmt sind. Das heißt mit anderen Worten, dass es bis zum letzten Moment das Risiko der Versuchung und des Scheiterns gab. Erst die Versuchung garantiert die Freiheit. Auch Christus wusste um das Geheimnis der Freiheit. Er wusste, dass sie nur von dem errungen wird, der Verantwortung zu tragen bereit ist, und das heißt für ihn, die Verbindung mit dem Vater zu stärken und zu halten.

Was erringt Christus durch dieses Verhalten? Und: Von welcher Freiheit ist die Rede? Christus ist der Sohn dessen, der die Naturgesetze als der Vater in der Welt trägt. Gleichwohl sagt Christus:»Ich und der Vater sind eines.« Was heißt es unter diesen Gegebenheiten, wenn Christus durch dreieindrittel Jahre die Vatergesetze beachtet? Das heißt, er erfüllt die Gesetze des Vaters – bis hin zum Gesetz des Todes. Damit erfüllt er, der mit dem Vater eines ist, auch seine eigenen Gesetze. – Oder anders gesagt: Durch die Tat des Sohnes hält und erfüllt der Vater alle seine Gesetze. Dadurch nun, dass die Gottheit alle ihre Gesetze hält und erfüllt, ist die Kraft, die Wirkung, die Bedeutung dieser Gesetze aufgehoben – das Stadium der Freiheit ist in der Schöpfung erreicht. Die höchstmögliche Freiheit wird auf Golgatha errungen. Nun hat ja Freiheit verschiedene Seiten. Zunächst die Freiheit *von* etwas, wie eben geschildert wurde. Die Freiheit von diesen bestehenden Vatergesetzen, die aus der Weltenvergangenheit stammen. Diese Freiheit eröffnet den Blick auf die zweite Freiheit, die Freiheit *für* etwas, was in die Zukunft weist, für etwas Erstmaliges, Beginnendes. Das ist die Auferstehung, die durch Christus in die Welt gekommen ist.

Wer die Bibel genau liest, der merkt, dass die Auferstehung so geschildert wird, dass sie eigentlich in zwei Schritten geschieht und von Zweien geleistet wird. Das wurde in aller Verkündigung bisher viel zu wenig berücksichtigt. Es wird im Evangelium immer davon gesprochen, dass der Vater den Sohn erweckt. Das muss geschehen, denn er lebt in der Welt des Todes. Der zweite Schritt besteht darin, dass der erweckte Sohn aufersteht. Es ist also ein Zusammenwirken des Vaters mit dem Sohn. Christus selber hat nie einen Zweifel daran gelassen, dass der Vater, wie er sagt,»mächtiger ist als ich es bin«. Das wird nur allzu leicht vergessen.

Es sei jetzt noch einmal daran erinnert, wie sich beim Schlafen die Wesensglieder trennen, sodass eine partielle Verwesung einsetzt. Denken wir nun, jemand würde uns des Morgens beim Namen rufen. Der Anruf erweckt uns, das heißt, mit einem Male fahren unser Ich und unsere Seele herein in den Leib, wir schlagen die Augen auf und sind wach. Das muss aber noch lange nicht heißen, dass wir auch aufstehen. Das ist eine Tat, die wir ganz allein, selber zu leisten haben. Das Eine ist also, dass jemand unser Ich auf die Erde ruft und das Zweite ist, dass wir auch wirklich aktiv werden und aufstehen. Dieser Vergleich kann nun eine Hilfe sein, um den Anruf des Vaters zu verstehen, das heißt, das Erwecken des Gottes-Ich aus seinem Eingetretensein in die geistige Welt, aus dem Gestorbensein. Es erklingt das Schöpferwort für eine neue Schöpfung! Erwecken heißt: Blicke auf die Erde, ziehe noch einmal ein in die Erde. So zieht dieses Ich, dieses Gotteswesen erneut in den physischen Leib des Jesus-Menschen ein, exakt formuliert: in den geistig-physischen Leib, also in den Leib, der frei geworden ist von Materie. Und dies ist der Auferstehungsleib, nicht der ätherische Leib! Durch das Erfüllen der alten Vatergesetze wächst der Gottheit nun die Vollmacht zu, durch die Auferstehung zwei neue Weltgesetze zu erschaffen. Das erste besteht darin, dass das Christus-Ich jetzt die Vollmacht hat – ohne Zeugung, ohne Vater und Mutter –, den Seelenleib, den Lebenskräfteleib und den geistig-physischen Leib mit sich selbst zu einem geistigen Menschen zu verbinden, dem Auferstandenen. Die schon erwähnte besondere Beschaffenheit der drei Leiblichkeiten macht das möglich. Der Anruf, die Erweckung durch den Vater ist der erste Schritt und das neue Zusammenfügen der Wesensglieder durch den Sohn, das ›Auferstehen‹, ist der zweite Schritt im Erbilden des ersten Auferstehungsgesetzes.

Der Auferstandene ist der erste freie Mensch, denn er verfügt über die Vollmacht, sich selbst aus seinen Wesensgliedern zu erbilden und diese wieder voneinander zu lösen, so, wie es ihm entspricht. Betrachten wir jetzt die Evangelien, wie sie das Erscheinen des Auferstandenen schildern: Die Jünger sind versammelt, die Türen sind verschlossen. Mit einem Male ist er mitten unter ihnen. Und er wird als Mensch, sogar als der Jesus-Mensch erkannt. Er zeigt die Wundmale, er fordert dazu auf, sie zu berühren. Ja, er fragt: »Habt ihr nichts zu essen?« Und er isst etwas Fisch und eine Honigwabe. Dann, als das Zusammensein beendet ist, entschwindet er mit einem Male ihrer Wahrnehmbarkeit, so wie er unbeachtet aus der Unwahrnehmbarkeit in ihre Wahrnehmbarkeit hereingetreten ist. Der Auferstandene hat also nicht nur die Vollmacht über die Wesensglieder sondern auch die Vollmacht über den Urmaterie-Prozess. Was ist das? »Im Urbeginne war das Wort.« Alles ist aus dem Wort geworden, und »nichts von dem Entstandenen ist außer durch das Wort geworden.« Das heißt, die Verdichtung aus dem Geistigen über verschiedene Verwandlungsstufen hinweg – über die man sich im 1. Buch Mose und der Geheimwissenschaft Rudolf Steiners informieren kann – bis hin zu Tastbarem, zu Sichtbarem, zu fester Materie. Das ist der eine Weltwerdeprozess. Zu ihm gehört ein zweiter, der den ersten aufhebt. Er bewirkt die Auflösung, das Ent-Werden alles Gewordenen, das damit aus der Sichtbarkeit und der Tastbarkeit entschwindet. Also einerseits das Gesetz des Werdens, der Verdichtung bis hin zur Materie, und andererseits das Gesetz des Ent-Werdens, die langsame Durchlichtung der Materie, bis sie wieder Geist wird, wie sie es im Urbeginne war. Diese Weltgesetze sind eigentlich voneinander getrennt durch unendlich lange Zeiten – das eine war am Anfang, das andere wird am Weltenende sein. Dadurch, dass die Gottheit die erwähnte Freiheit für sich errungen hat, kann sie nun zu dem ersten Gesetz der Auferstehung das zweite hinzufügen: Die Möglichkeit, das Gesetz vom Werden und Ent-Werden souverän im Augenblick zu handhaben, gewissermaßen wie ein Einatmen und Ausatmen in einem Atemzug. Daher kann der Auferstandene in der Apokalypse sprechen:»Ich bin das Alpha und das Omega, Weltenurbeginn und Weltenziel.«

Die vier Wesensglieder zur Menschengestalt zusammenzufügen und in diese herein Materie zu verdichten, um sie dann wieder ›auszuatmen‹, zu vergeistigen, das sind die beiden neuen Weltgesetze, welche durch die Auferstehung geschaffen wurden. – Auf diese Weise erschien der Auferstandene seinen Jüngern und in gleicher Weise erschien der Wiederkommende den Menschen der Vergangenheit und Gegenwart und ebenso wird er immer häufiger in der Zukunft wahrnehmbar werden. Darüber gibt es schon manche Berichte. Einer von ihnen sei hier noch erwähnt. Einer der Mitbegründer der Christengemeinschaft, Gerhard Klein, hat sehr viele Schicksale in seinem Herzen getragen, und eines war das eines Juden, der in der schlimmen Zeit des Dritten Reiches über die Grenze fliehen musste, von seiner Verlobten mit einem Schlitten geleitet. Sie kommen in einen fürchterlichen Schneesturm, verirren sich und wissen nicht mehr weiter. Aus dem Schneesturm kommt mit einem Mal ein alter Bauer auf sie zu und fragt, ob sie sich verirrt haben, ob er sie führen darf. Ja. Da setzt er sich auf den Bock, übernimmt die Zügel, tröstet mit ruhigen Worten das Paar und fährt ein gutes Stück des Weges. Dann hört der

Schneesturm auf, und man sieht den Waldrand. Der Bauer hält an, übergibt die Zügel, der junge Mann steigt mit aus, sie stehen vor dem Schlitten, ordnen etwas an der Anspannung, der junge Mann bedankt sich und sie verabschieden sich. Der Fliehende steigt wieder auf und fährt ein paar Meter mit dem Schlitten, schaut in die Richtung, in die der alte Bauer verschwunden ist und sieht, obwohl es klar ist, niemanden. Da geht er zurück an die Stelle, an der der Schlitten gehalten hat, er erkennt die Stelle genau, da die Pferde den Schnee zerstampft haben, er sieht seine eigenen Schritte, er sieht aber keine Spuren, die in die Richtung liefen, in welche der Bauer verschwunden ist. Makellos liegt der Neuschnee. So gibt es in dieser Art unzählige Begebenheiten, gerade in Gefahrensituationen, in denen Menschen von dem Wiederkommenden unerkannt Hilfe empfangen. Im Nachhinein können sie dann sagen: Das war eine Christus-Begegnung, aber in Gestalt eines Menschen, in diesem Fall eines Bauern. Das Urbild leuchtet auf bei dem Gang nach Emmaus, bei dem die beiden Jünger über das Feld gehen und jemand zu ihnen tritt, den sie nicht erkennen. Aber es wird ihnen warm ums Herz und sie werden getröstet. Erst als er das Brot bricht, erkennen sie ihn.

Vom ›alten Adam‹ zum ›neuen Adam‹

Jetzt sei noch einmal der Mensch in die Mitte gerückt und damit seine Aufgabe. Mit dem Menschen ist die Besonderheit verbunden, dass er zunächst einmal dieses älteste Wesensglied, den physischen Leib – hier ist jetzt der geistig-physische Leib gemeint – an sich trägt. Diesen Leib nennt Paulus den ›alten Adam‹. Das tief Bewegende ist nun, dass alle Menschenleiber, die nach Tod und Auferstehung Christi geboren werden, nicht nur den alten Adam an sich tragen, sondern in diesem ruht, verborgen wie ein Samenkorn in einem Acker, ein Abbild des Auferstehungsleibes Christi, von dessen Samen bildender Kraft schon die Rede war. Wenn also sieben Mal in der Menschen-Weihehandlung der Gemeinde zugerufen wird:»Christus in euch!«, so bezieht sich das nicht nur auf seine tief in der Seele verborgene Anwesenheit sondern auch auf dieses Samenkorn in unserer geistig-physischen Leiblichkeit.

Er ist auch *da* in uns. Nun ist es aber mit dem Samenkorn so eine Sache. Man kann den Boden gar nicht bearbeiten, man kann ihn auch falsch bearbeiten, dann geht der Samen nicht auf. Die Tatsache, dass ein Samen im Boden liegt, heißt noch lange nicht, dass er keimt. Manche Samen können zwanzig, dreißig Jahre und länger im Boden liegen, und dann kommt einer, bearbeitet den Boden und plötzlich geht der Samen auf. Und so ist es auch mit diesem Keim des Auferstehungsleibes in uns, den Paulus den ›neuen Adam‹ nennt. Insofern stammen alle Menschen in Bezug auf diesen neuen Adam von dem Auferstandenen ab, er ist aller Menschen neuer Ahnherr – im allertiefsten Sinne des Wortes. Die Frage ist nur die: Wird dieser neue Adam zum Leben erweckt, sodass er keimt, dass er wächst, oder wird er es nicht? Damit fällt der Blick auf die Sakramente.

Der Mensch ist nicht nur, wie oben beschrieben, ein viergliedriges Wesen, sondern in jedem dieser Glieder stecken noch einmal drei Kräfte oder drei Fähigkeiten bzw. drei Gestalten. Auf diese Dreiheit in den vier Wesensgliedern richtet sich zum Beispiel die Taufe, indem sie diese Dreiheit, die in jedem Wesensglied verborgen ist, erweckt, durch die Ur-Dreiheit der göttlichen Trinität erkraftet. Sie wird getragen von den drei Taufsubstanzen: Salz, Wasser und Asche. Diese drei Substanzen, die, wenn man sie nicht substanziell, sondern als Kräfte zu erkennen sucht, Sal, Sulfur und Merkur heißen, sind die Taten, die Kräfte der göttlichen Trinität. Damit wird ein Mensch in der Taufe berührt. Das ist gewissermaßen die erste Pflege des Ackers, man könnte auch sagen: der erste Regen, der jetzt auf diesen alten Adam fällt, damit der neue Adam Wachstumsmöglichkeiten hat. Es würde zu weit führen, zu zeigen, wie ein nächster Schritt etwa die Konfirmation ist, welche wiederum diese Dreiheit in der ganz besonderen Weise berührt, die eben in diesem Lebensalter nötig ist. Unmittelbar danach empfangen die Jugendlichen zum ersten Mal das Abendmahl, in dem sich wiederum eine Dreiheit findet: Brot und Wein und der Friedensgruß. Und schließlich das Beichtsakrament, bei dem erneut diese Dreiheit auftaucht im Hinblicken auf den Umgang mit den Gedanken, dem Willen und der Verheißung des Friedens.

Die Sakramente erscheinen so als die Entwicklungshilfen, als die ›Wachstumsmittel‹ für den neuen Adam im Acker des alten, damit der neue den alten immer mehr durchdringe, heile und erstarke, auf dass der alte Adam sich verjünge und dem neuen wieder ähnlich werde. So wie der alte geistig-physische Leib im Anfang das Ebenbild Gottes war, so soll er in Zukunft das Abbild des Auferstehungsleibes Jesu Christi werden, dessen Samenkorn er in sich trägt.

Die Aufgabe des Christentums

Beim Vollzug der Letzten Ölung werden auf die Stirn des Sterbenden drei Kreuze mit Öl gezeichnet, sodass dort die ›Schädelstätte‹, Golgatha, aufleuchtet. Dabei ist es sehr bewegend, was vor dem Zeichnen des ersten Kreuzes gesprochen wird. Der Sterbende wird aufgefordert, sich in Zukunft nicht mehr in seinem bisherigen physischen Leibe beheimatet zu fühlen, sondern sich in dem heilenden Öle wie in einer neuen Leiblichkeit zu erleben, die sein Selbst in die Höhen trägt. Es wird also eine echte Wesenslösung, im höchsten Sinne ein ›Verwesen‹ angeregt, die Lösung von der physischen Leiblichkeit, und zugleich das Ergreifen einer neuen Seinsweise anempfohlen, eine ›Er-Wesung‹ im Geiste. Beides erfordert Mut: den Mut, sich von dem alten und dem neuen Adam zu trennen, um deren Heilung sowie auch Pflege man ein ganzes Leben bemüht war, die einem vertraut geworden waren, und auch Mut zum Ergreifen der völlig neuen, leibfreien Seinsweise im Geisterland.

Warum ist nun die Trennung auch von dem geistig-physischen Leibe, dem alten und dem neuen Adam im Tode so nötig? Warum darf der Mensch sie nicht als sein Eigentum betrachten? Wie eingangs gezeigt, ist dieses Wesensglied das älteste, das weiseste, das gottähnlichste, und seit Golgatha trägt es das zukünftige Bild des Menschen, das Bild des Auferstandenen in sich. Auch diese geistig-physischen Leibesbildungen haben ein Schicksal. In der Bibel gibt es die Beschreibung der Auferstehung aller Leiber, man könnte auch sagen: die Heimholung des ältesten, edelsten Sprosses der Schöpfung, der in doppeltem Sinne Gottes Bild in sich trägt. Die Gottheit will ihr Bild wieder zu sich holen, damit es zum Keim eines noch ferneren Werdens erhoben werde.

Diese Tatsachen legen einen neuen, sehr ungewohnten Gedanken nahe, der zum Schluss noch ausgesprochen werden soll. Er entzündet sich an der folgenden Frage: Worum geht es also im Christentum in allerletzter Konsequenz? Worum geht es bei der Inkarnation Christi, bei seinem Tod, bei seiner Auferstehung? Worum geht es bei den Sakramenten? Es geht um die Errettung des ältesten, höchsten, weisesten Wesensgliedes des Menschen, und das ist der geistig-physische Leib. Die Menschwerdung Jesu ist nicht in erster Linie um der Errettung der Seele willen geschehen. Weil Martin Luther dieser Meinung war, konnte er für sich und andere die Frage stellen: »Wie bekomme ich einen gnädigen Gott?« Das heißt: Was muss, was kann ich tun, damit meine Seele vom Tode errettet werde? Ginge es aber wirklich nur um die Errettung der Seele aus dem Vergänglichen, dann hätte dazu die Mission Buddhas bereits alles dazu Nötige erbildet, denn der achtgliedrige Pfad ist der Weg der Errettung der Seele. Mehr bedarf es dazu nicht. Aber es geht um mehr, es geht um die Heilung und Heimholung des geistig-physischen Leibes, um die Erhöhung des Bildes Gottes. Darum ist die Mission Christi geschehen.

Da dem Menschen seine Seele näher ist als sein physischer Leib, hindern ihn seine Eigenliebe und sein Egoismus immer wieder daran, sich mit solch einem neuen Gedanken existenziell und tätig zu verbinden. Oder anders gesagt: Es bedarf schon eines guten Anteiles an Selbstlosigkeit und Demut, um an der Verwirklichung dieses urchristlichen Ideales mitzuwirken. Aber gerade darin liegt die Aufgabe des Menschen. Wenn er sie ernsthaft zu ergreifen und zu erfüllen sucht, so ist – das darf auch gesagt sein – die Rettung seiner Seele mit inbegriffen, eine Folge, eine Begleiterscheinung beim Arbeiten an der zentralen Aufgabe. Man muss nur die Gewichte neu setzen.

Damit wird aber auch deutlich, dass es am Menschen liegt – und das ist wiederum eine Frage der Freiheit –, ob durch sein Verhalten, durch seine Lebensführung, durch seine Taten diese Rettung, die durch die Tat Christi veranlagt ist, Wirklichkeit werden kann. Die Errettung des Kostbarsten ist in die Hand des Menschen gelegt. Und was ist dieses Kostbarste? »Er schuf den Menschen nach seinem Bild.« Die Rettung des Gottesbildes ist seit Golgatha in des Menschen Hand gelegt.

Sterbeforschung, Nahtoderlebnisse und Christuserfahrung

Ursula Hausen

Zu den Nahtoderlebnissen von George Ritchie, Dr. Eben Alexander u.a.

In den letzten Jahrzehnten hat sich ein völlig neuer Forschungszweig in den Wissenschaften im Umkreis der Medizin gebildet: die Sterbeforschung, und hier vor allem die Erforschung der Nahtoderlebnisse.

Seit *George Ritchie* (1923–2007) als Student im Alter von zwanzig Jahren in der Röntgenabteilung eines Militärhospitals in den USA zusammenbrach, für tot erklärt wurde und neun Minuten später wieder lebte, horchte die Welt auf. Der Bestseller, durch den sein Erlebnis international bekannt und in viele Sprachen übersetzt wurde, sprach von einer Realität des Lebens nach dem Tod.[1]

Und plötzlich wurden die Wissenschaftler aufmerksam auf viele im Grunde längst bekannte Phänomene. Wenn es nicht die letzten Zuckungen eines sterbenden Gehirns waren, die zu den Licht-Erfahrungen der Sterbenden wurden, wie ist dann zu erklären, dass solche Erlebnisse auftreten? Was geht in den Gehirnzellen vor, während der Zeit, von der die Patienten berichten, dass sie »außerhalb ihres Körpers«, »rein geistig« existierten? Die alte Frage nach dem Zusammenhang zwischen Geist und Materie, die längst zugunsten der Materie entschieden schien, flammte wieder neu auf.

Die Pionierpersönlichkeit der Sterbeforschung, *Elisabeth Kübler-Ross*, hat selbst in der späteren Zeit ihres Lebens von spirituellen Erfahrungen und Begegnungen mit geistigen Wesen berichtet.[2]

---

[1] George Ritchie und Elisabeth Sherrill, *Rückkehr von morgen*. Marburg 2010.

[2] Elisabeth Kübler-Ross, *Die unsichtbaren Freunde*. Zürich 1994.

In überraschender Weise wird eine vollständige Änderung der Lebensorientierung zu spirituellen und religiösen Fragen hin sichtbar bei Menschen, die durch ein solches Nahtoderlebnis, eine »out-of-body-experience« gegangen waren. Die Psychologin *Iris Gresser*[3] spricht in ihrem Buch *Psychologische Auswirkungen von Nah-Todes-Erfahrungen* von einer eindeutigen statistischen Signifikanz: Die Veränderungen im Leben eines Menschen nach einer solchen Erfahrung sind nicht zufällig, es besteht ein Zusammenhang zwischen dem Erlebten, den außergewöhnlichen geistigen Erfahrungen und dem Willen, das so Erfahrene auch im wieder fortgesetzten Erdenleben weiter aufzusuchen und als Maßstab für den Sinn des eigenen Handelns zu betrachten. So kommt es häufig zu einer intensiven Hinwendung zu sinngebenden Fragen, zu humanitärem Engagement und vor allem zu religiöser Aktivität.

Elisabeth Kübler-Ross schrieb in ihrem Vorwort zu Raymond A. Moodys Buch *Leben nach dem Tod*: »Ich glaube, unsere Gesellschaft ist in eine Übergangszeit eingetreten. Wir müssen den Mut aufbringen, neue Tore aufzustoßen und zuzugeben, dass unsere wissenschaftlichen Methoden nicht ausreichen für eine Vielzahl dieser neuen Forschungen.«[4] Ihre Sorge, die gesamte Nahtodforschung könnte vor allem von theologischer und naturwissenschaftlicher Perspektive aus heftig kritisiert werden, hat sich mittlerweile durchaus bestätigt. Dennoch ist zu beobachten, dass aus diesen beiden Richtungen auch namhafte und kompetente Stimmen laut werden, die sich ernsthaft mit der Frage beschäftigen, wie diese »Übergangszeit« zu verstehen ist.

Was für eine Übergangszeit meint E. Kübler-Ross? Von wo nach wo geht das Bewusstsein der Menschheit?

---

[3] Iris Gresser, *Psychologische Auswirkungen von Nah-Todes-Erfahrungen*. Berlin 2004.
[4] Raymond Moody, *Leben nach dem Tod*. Reinbek 2011, S. 11.

Das finstere Zeitalter und der Beginn einer neuen Christusoffenbarung

Nach esoterischer Tradition ist mit der Wende vom 19. zum 20. Jahrhundert das Ende des *Kali Yuga* verbunden, das Ende des finsteren Zeitalters, in dem die Menschen kaum direkten Zugang zu geistigen Erfahrungen haben können. Und es kann als eine der großen weisheitsvollen Kompositionen des Weltgeschehens erlebt werden, dass an der Schwelle zu dem neuen »lichten Zeitalter« die Wesenheit des Geisteslehrers Rudolf Steiner steht, der den Schwellenübertritt in die neue Zeit begleitet und durch seine philosophisch fundierten, gedanklich-wissenschaftlichen Vorträge und Schriften zeigt, welche Schritte unser Bewusstsein machen muss, um den veränderten Bedingungen der neuen Epoche ohne Unsicherheit begegnen zu können.

Es ist ein wunderbares Gewebe von Schilderungen, durch die er von den Erlebnissen Goethes an den Formen der Mineralien, Pflanzen und Tiere dahin führt, wie sich das Geistige der Welt in der Sinneswahrnehmung durch die Kraft der *Form* offenbart. Durch die Form ergreift das im Kosmos wirkende Geistige die Materie.

Folgt man Steiners Werken durch die Zeit seines öffentlichen Wirkens, so findet man eine konsequent aufgebaute Reihe von Arbeiten, die von den Ergebnissen der Naturwissenschaft zu den Ergebnissen der Geisteswissenschaft führen. Am eindrucksvollsten wird das sichtbar, wenn wir das Werden des Menschen betrachten: Die in der Befruchtung sich bildende Materie aus den Keimzellen der Eltern wird vom geistigen Wesen des Menschen ergriffen und geformt. Bis in jede Zelle wird der Leib des Menschen Ausdruck des in ihm lebenden Menschengeistes.

Der in den Humanwissenschaften immer wieder neu aufflammende Streit, ob die menschliche Persönlichkeit mehr durch die genetischen Anlagen oder durch die Umwelteinflüsse, Erziehung usw. sich bildet, kann dadurch auf neue Weise erweitert werden.

Zu den materiellen Anlagen in den Genen und den Einflüssen der Umwelt kommt als der entscheidende Faktor die geistige Individualität hinzu, die formend die Anlagen ergreift, und die sich diese Bedingungen, auch die Umwelteinflüsse durch Erziehung und sonstige Ereignisse, bewusst gesucht hat. Aus diesen drei Elementen setzt sich die werdende Persönlichkeit zusammen: *die genetische Anlage*, die im Wesentlichen die Leibbildung trägt; *die Umwelteinflüsse*, die bis in die ätherischen Kräfte hinein verwandelnd wirken, und *der seelisch-geistige Wesenskern*, der in diesen beiden anderen seine schöpferische Wirksamkeit entfaltet und die anderen Kräfte zum Werkzeug seines Lebenszieles machen kann.

Das Erstaunlichste im Werk Rudolf Steiners ist, dass sich durch die Beschäftigung mit seinen Schriften langsam die Fähigkeit im Studierenden ausbildet, Geistiges als »wirklich« zu erleben. Rudolf Steiner hat immer wieder darauf hingewiesen, dass seine Werke nicht deshalb schwer zu lesen seien, weil er seine Gedanken zu kompliziert formuliert habe, sondern weil er durch die Art der Darstellung den Leser durch einen Übungsweg führt, auf dem er sich die Fähigkeiten erwirbt, die er zum Verstehen der neuen geistigen Erfahrungen braucht – vergleichbar etwa mit einem Komponisten, der in sein Werk zugleich die Etüden hineingeheimnist hat, die die Voraussetzung dafür sind, dass die Musik wirklich zum Klingen gebracht werden kann. Deshalb ist eine gründliche Beschäftigung mit seinen grundlegenden erkenntnistheoretischen Werken die hilfreiche Vorbedingung, seinen Vorträgen die entsprechende geistige Wachheit entgegenzubringen. Denn in diesen Vorträgen spricht er über die Wirklichkeit der geistigen Welt auf allen Lebensgebieten, die uns zugänglich werden soll. Was zuerst mühsam erscheint, wird mit der Zeit zu einer Fähigkeit führen, die die Freude an den geistigen Inhalten vertieft, da sie innere Sicherheit schafft. Wer die Sorge hat, dass die Erkenntnisse der Anthroposophie zu illusionärem Denken führen könnten, kann sich hier überzeugen, dass viele Irrtumsquellen erkannt und bearbeitet werden können. Unter allen erkenntnistheoretischen Positionen zeichnet sich Rudolf Steiners Werk durch eine Gründlichkeit aus, die ihresgleichen sucht. Der Zusammenhang zwischen Wahrnehmung und Denken, also zwischen der für die Sinne fassbaren Materie und der im Denken zu erfassenden geistigen Formkraft der Gedanken wird durch alle Zwischenstufen exakt verfolgt, bis sich ein ganzheitliches Weltbild zeigt.

Wir finden bei vielen Menschen der Gegenwart Erinnerungen an frühere esoterische Wege. Dass es oft faszinierend wirkt, wenn diese Erinnerungen wieder auftauchen, hängt damit zusammen, dass auch die Erinnerungen an frühere Inkarnationen heute ja sehr dicht unter der Oberfläche des Bewusstseins liegen. Vertrautes, mit dem wir tief verbunden sind, ist zu ahnen. Das führt oft zu einer Art »Rückfall« in die geistigen Wege der früheren Inkarnationen. Deutlich wurde es z. B. gegen Ende der 1960er-Jahre, als die von dem spirituellen Aufbruch der Studentenbewegung und der Hippie-Bewegung Begeisterten scharenweise nach Indien pilgerten, um dort in Aschrams zu meditieren und alte Gemeinschaftsformen wiederzufinden.

Nur ein kleiner Teil dieser Bewegung unterzog sich der Mühe, die erneuerten und erweiterten Wege zu studieren und eine gründliche esoterische Schulung vor dem Hintergrund der Anthroposophie Rudolf Steiners zu suchen. Doch die Mühen dieses Weges lohnen sich, wenn dadurch ein wirklicher Fortschritt zu neuer spiritueller Entwicklung entsteht. Rudolf Steiner hat beispielsweise die entscheidenden Übungen des buddhistischen Schulungswegs, den achtgliedrigen Pfad, in seine esoterischen Übungen einbezogen und weitergeführt. Er hat aber auch gezeigt, warum ein Rückgriff auf vergangene Methoden der Esoterik oft den gegenwärtigen Zeitaufgaben nicht mehr gerecht werden kann und deshalb eine Erneuerung durch die Spiritualität des Christentums notwendig ist. Manchmal fragt man sich, warum die nach einer neuen Spiritualität suchenden Kreise der christlichen Kirchen eher auf Zen-Meditation und andere östliche Wege zurückgreifen, als die aus dem Geist des Christentums erneuerten Methoden der Anthroposophie zu beachten. Die Apokalypse des Johannes zeigt ja als das letzte Buch der Bibel, dass eine esoterische Erkenntnis notwendig ist, die über die Sinneserfahrungen hinausführt, wenn man die Zukunftsziele des Christentums verstehen will. Rudolf Steiner – als derjenige, der die

Apokalypse zu interpretieren und die Methoden zu ihrer Entschlüsselung zu zeigen vermocht hat – hat eine zukünftige Bedeutung für alle, die eine christliche Entwicklung suchen.

Die allen Einwänden der Naturwissenschaft standhaltende Sicherheit der Methode ist es, die das Werk Rudolf Steiners auch von allen anderen esoterischen Wegen grundsätzlich unterscheidet. Deshalb ist auch eine Vermischung der verschiedenen Ergebnisse nicht empfehlenswert und kann zu Problemen führen. Das Wiederauftauchen von Erinnerungen an die Spiritualität, die man in vergangenen Inkarnationen erlebt hat, entspricht nicht der methodischen Exaktheit, die heute notwendig ist, wenn ein Einklang der Ergebnisse von Geistesforschung und Naturwissenschaft hergestellt werden soll. Die strenge Erziehung des eigenen Denkens zur Überwindung von Subjektivität und Illusion ist auf anderen Wegen nicht ohne Weiteres gewährleistet.

Warum haben wir nur selten unmittelbare geistige Erfahrungen?

Eine entscheidende Erfahrung, die das Leben außerhalb des Körpers mit sich bringt, kann einen Menschen ganz ohne sein Zutun als Schicksalsereignis durch Krankheit, Unfall oder ein Koma ereilen. Können die entsprechenden Erfahrungen auch aus eigener Kraft aufgesucht werden? Rudolf Steiner beschreibt in seinem grundlegenden Werk *Die Philosophie der Freiheit*, dass unser Denken erst dann zu einer Sicherheit in erkenntnistheoretischer Hinsicht kommen kann, wenn wir in der Lage sind, unser Denken selbst in seinem aktuellen Geschehen zu beobachten und damit die Trennung von Subjekt und Objekt zu überwinden. Dann ist das Denken zugleich das handelnde Subjekt *und* das Objekt, das beobachtet wird, es gibt keine Trennung mehr in den *Gegenstand der Erkenntnis* und die *Methode des Erkennens*. Das können wir üben, und ebenso können wir durch die Übungen, die in dem Buch *Wie erlangt man Erkenntnisse der höheren Welten?* angegeben sind, auch unsere Fähigkeit zu übersinnlicher Erkenntnis zur Entwicklung bringen.

Unser Bewusstsein braucht den physischen Leib, vor allem das Gehirn, als Stütze. An ihm spiegelt sich die geistige Realität und schafft dadurch den Mittelpunkt, den wir als unser Ich-Bewusstsein erleben. Wenn die höheren Wesensglieder sich im Schlaf aus dem physischen Leib und dem Ätherleib zurückziehen, fehlt ihnen diese Stütze. Wir können unser Bewusstsein nicht aufrechterhalten und versinken, in Bewusstlosigkeit oder Traum. Da uns das Ich-Bewusstsein im Schlaf fehlt, können wir aber auch die Tatsachen der geistigen Welt nicht erinnern, wenn wir erwachen. Und doch bringen wir beim Erwachen aus dem Schlaf jedes Mal entscheidende Hilfen für das wache Tagesbewusstsein mit. Das Ich und die Seele konnten in der Zeit, in der sie sich außerhalb des Leibes befanden, in der geistigen Welt Orientierung und Kraft finden. Deshalb wird der Schlaf »der kleine Bruder des Todes« genannt, weil wir in den Bereichen, in denen die Seele nach dem Tod wirkt, mit der Seele Zugang finden.

Der *Schulungsweg* Rudolf Steiners beruht vor allem auf Übungen, die unsere Seelenkräfte intensivieren und verstärken, damit sie sich in der geistigen Welt auch ohne die Stütze des physischen Gehirns aufrechthalten können. Konzentrationsfähigkeit im Denken bewirkt, dass das Ich sich durch die eigene Aktivität seiner selbst bewusst wird und nicht in Schlaf versinkt. Dadurch kann es die Schwelle der geistigen Welt überschreiten und dort bewusste Erfahrungen machen.

Die Schulungswege der Vergangenheit beruhen, vereinfacht dargestellt, auf einem polaren Prinzip: Durch das Auflösen aller Bewusstseinsinhalte lösen sich auch die Grenzen des an die Sinne gebundenen Bewusstseins auf, man erlebt die geistige Welt und »geht auf im Nirwana«. Es gibt also zwei unterschiedliche Wege, die Beschränktheit unseres Erdenbewusstseins zu überwinden: durch die *Auflösung der Ichtätigkeit* und durch die *ichhaft geübte Konzentration*. Rudolf Steiners Schulungsweg setzt bei der zweiten Methode als der für unsere Zeit geeigneten an.

Was durch ein Schicksalsereignis bewirkt werden kann, etwa auch durch einen schweren Schock, dass das Bewusstsein sich von seiner

Leibgebundenheit löst, kann also auch durch systematische Übung bewusst erzeugt werden. Vieles von dem, was auf dem Weg der Erleuchtung und der Einweihung als geistige Realität erfahren wird, kann auch zu Wahrnehmungen führen, die denen eines Nahtoderlebnisses ähnlich sind. Das entscheidende Ereignis, das dann früher oder später auftreten wird, ist die Begegnung mit dem unmittelbar an der Schwelle dem Menschen entgegenkommenden Wesen des Christus.

George Ritchie schildert es als »das strahlende Licht«, das ihm so überwältigend hell und liebevoll entgegenkommt, dass sich in seinem Bewusstsein wie von selbst der Befehl bildet:»Steh auf! Du bist in der Gegenwart des Sohnes Gottes!«

In dieser Gegenwart erscheint mit überraschender Intensität sein ganzes Leben vor ihm, in einem überwältigenden Panorama ist er von allen, auch den entferntesten Erinnerungen seiner Biografie umgeben. Bis zum Augenblick der Geburt, bei der seine Mutter starb, ist alles gleichzeitig gegenwärtig.

Die klassischen Elemente der meisten Nahtoderfahrungen – Die Wiederkunft Christi in der ätherischen Welt

In seinen Vorträgen über das esoterische Christentum u. a. finden wir bei Rudolf Steiner auch klare Hinweise darauf, was mit der »Übergangszeit« gemeint sein kann: Neue geistige Erfahrungen sind für die Menschheit erreichbar, die durch große Veränderungen in der die Erde umgebenden »Äthersphäre« verbunden sind. Es erfüllen sich die Prophezeiungen, die in der Bibel mit dem *Wiedererscheinen des Christus in den Wolken* des Himmels angekündigt sind, wie es in der Apg 1,6-12 oder Lk 21,27 beschrieben wird: »Und alsdann werden sie sehen den Menschensohn kommen in einer Wolke mit großer Kraft und Herrlichkeit.«

Kurz vor seinem Tod spricht der Christus Jesus auch am Kardienstag von den bevorstehenden Untergangsszenarien und davon, wie sie den Hintergrund für das neue Erscheinen des Menschensohnes

»in den Wolken« darstellen: Wenn an der Todesschwelle durch Schicksalserschütterungen und Leiderfahrungen die Sicherheit zerbricht, dass die Erdenmaterie die einzige Realität ist, öffnet sich der Durchblick in die Sphären der ätherischen Welt. Dort wirkt der Christus seit seiner Auferstehung in den Lebenskräften der Erde.

Der Bereich der »Wolken«, also der Lebenssphäre der Erde, findet sich in vielen Schilderungen des Evangeliums, die mit den neuen geistigen Erfahrungen verbunden sind (siehe etwa Lk 21 oder Mk 13).

»Wo das Aas ist, sammeln sich die Adler« (Lk 17) ist ein zunächst recht unverständlicher Satz. Lernen wir ihn so zu verstehen, dass an der Todesschwelle, wenn die Verwesung beginnt, sich das geistige Wesen des Menschen aus den zerfallenden Hüllen befreit und zum Geiste aufschwingt, dann bekommt das zuerst absurd anmutende Bild Imaginationscharakter: Wo an der Todesschwelle die geistige Wesenheit sich befreit aus dem Leichnam, da entfaltet der Geist seine Schwingen wie ein Adler.

Im griechischen Urtext sind die Namen der Vögel nicht so differenziert unterschieden wir in der heutigen, naturwissenschaftlich geprägten Denkweise. Ob man bei der Imagination des geflügelten Wesens im Umkreis des Leibes an Geier denkt, die sich gierig versammeln, oder ob man wahrnimmt, dass hier ein Wesen sich aus der Gebundenheit an die Materie des Leibes löst und zum Geistigen aufschwingt, zeigt, dass wir die Bilder der Imaginationen erst richtig deuten können, wenn wir von den geistigen Erkenntnissen auf die Sinnzusammenhänge der Bilder hingewiesen werden. So kann die Geisteswissenschaft Rudolf Steiners auch dazu beitragen, dass bei der Übersetzung keine Missverständnisse entstehen, die dem griechischen Urtext widersprechen.

Die auf das neue Erleben der geistigen Welt hindeutende Stelle bei Lukas zeigt also, dass mit dem Erleben des wiedererscheinenden Christus verbunden ist, dass sich die Seele aus ihrer Leibgebundenheit befreien kann.

Der Farbenbogen

In dem Bereich, der die Erde mit den Lebenskräften der Atmosphäre umgibt, finden wir alle Kräfte, die das Leben der Welt tragen
und ordnen, wo sich im Rhythmus der Jahreszeiten, der Tageszeiten
und der Sonnen-, Mond- und Sternenkräfte das Leben entfaltet.
Die Wolken sind der feinste Bereich der sichtbaren Welt, in der
das Werden und Vergehen wie in keinem anderen Zusammenhang
ständig beobachtet werden können. Alles Lebendige hat in dieser
Sphäre seinen Ursprung, und so ist es eigentlich für jeden, der hier
eine intime Beobachtungsfähigkeit zu entwickeln sucht, selbstverständlich, dass in diesem Bereich schöpferischen Lebens auch das
schaffende Wirken des Christus immer gegenwärtig ist.

Rudolf Steiner hat nun mit seinen Erkenntnissen von der »Wiederkunft Christi im Ätherischen« immer wieder auf diesen Bereich,
der die Erde umgibt, verwiesen. Des Weiteren bezieht er auch die
Sphären der Planeten in diese schöpferischen Kräfte ein und weist
auf Mond und Kometen hin, die diese Wirksamkeiten des wiederkommenden Christus offenbaren und uns auf neue Weise die Beziehung des Menschen zum ganzen Kosmos sichtbar machen.

Ein besonderes Zeichen dieser ätherischen Welt ist immer wieder
der Regenbogen, der in seiner zauberhaften, zarten Farbenpracht
stets aufs Neue die Freude in jedem Menschen weckt, der ihn sieht.
Dass er uns so tief berührt, ist ja ein Zeichen dafür, dass hier in den
Lebenskräften der Erde zugleich die Seelenkräfte wirken, die uns
ansprechen und von der geistigen Welt künden wollen.

Eines der eindrucksvollsten Bilder im Alten Testament ist das Erscheinen des Regenbogens nach dem Ende der Sintflut, durch den
Noah die Liebe der göttlichen Welt nach dem Untergang neu erlebt
und die Zusage aller rhythmischen Ordnungen der Natur von der
göttlichen Welt erhält. Frieden, Vergebung und Liebe der göttlichen
Welt sprechen sich darin aus, dass da, wo das Licht der Sonne der
Dunkelheit der Regenwolken begegnet, das Farbenspiel aufleuchtet.
An die Stelle der schmerzlichen Schicksalsfolgen für die Entfrem-
dung von der göttlichen Lichtwelt tritt die verwandelnde Kraft der

Vergebung. Zwischen den beiden Polen von Licht und Finsternis erscheint das leuchtende Leben der Farben, die uns in ständiger Verwandlung das Wechselspiel des menschlichen Lebens zwischen der Erdenfinsternis und der blendenden Helle der Sonne als einen neuen Bereich der Mitte schenken. Hier können und dürfen wir Menschen uns unseren Weg durch die Schicksale auf der Erde erarbeiten. Das Reich der Mitte ist das Reich des Christus, zwischen dem Reich des Geistes im Licht und der Erkenntnis und dem des Vaters, das uns in der Dunkelheit verhüllt ist und als das Reich des Todes erst verstanden werden muss. Durch die Geisteswissenschaft wird hier ein wichtiger Übergang der Menschheitsgeschichte erkennbar: In der Zeit der alten Atlantis, die mit der Sintflut unterging, war die dichte Nebelatmosphäre der Erde noch nicht für ein klares Sehen und auch nicht für klare Gedanken geeignet. Die Sonne wurde nicht als klares Tagesgestirn erlebt, sie war immer umgeben von einer Art Halo-Erscheinung, von den Farben, die sich in der Atmosphäre bildeten. Nur wer in die Sonnenmysterien eingeweiht wurde, durfte auf einem hohen Berg die klare Sonne sehen lernen. Das sollte erst in der Zukunft allen Menschen zugänglich werden.

Die atlantischen Menschen lebten dadurch in einem traumartigen Bewusstsein. Mit dem Ende der Sintflut erst klären sich die Wolkenmassen. Das Wasser konzentrierte sich, die Wolken wurden durchlässig und die klaren Erscheinungen des Himmels konnten gesehen werden.

Dabei ist das Erscheinen des Regenbogens ein reales Bild für ein verändertes Verhältnis zur göttlichen Welt: In der atlantischen Zeit hatte man das direkte Sonnenlicht durch Nebel gedämpft geschaut. Ganz anders ist das Verhältnis durch das Erleben des Regenbogens: Da schauen wir nicht direkt in die Sonne, sondern sie muss in unserem Rücken stehen und wirft ihr verwandelndes Licht nach einem Regenschauer auf die dunklen Wolken. Nach dem Ende der atlantischen Zeit können die Menschen das Göttliche nicht mehr mit der gleichen Unmittelbarkeit erleben wie vorher. Das Göttliche erscheint in einem schwächeren Abglanz, aber die Menschen haben durch die Distanz die Möglichkeit, es denkend zu erfassen und ihm gegenüberzustehen.

Im zweiten Teil von Goethes *Faust* wird in der Arielszene diese Wendung vom direkten Blick in die blendende Sonne zum Schauen des Regenbogens im Wasserfall gegenüber dichterisch erfasst. Faust hat sich weiter von der geistigen Welt entfernt durch die Schuld, die er mit dem Tod Gretchens auf sich geladen hat. Aber die heilenden Kräfte der Vergebung lassen ihn diesen Neuanfang erleben, durch den er sich schließlich ein ganz neues Verhältnis zu sich und zur geistigen Welt erwirbt.

In der Offenbarung des Johannes und in manchen anderen Schilderungen geistiger Erfahrungen umgibt der Farbenbogen den himmlischen Thron, wirkt als die lebendige Aura des Christus Jesus. Er umgibt den himmlischen Thron und umfasst die geistigen Wesen, die anbetend vor diesem Thron ihre Lobgesänge entfalten (siehe etwa: Offb 4,3 und 10,1 sowie 1. Mose 8f.).

Viel realer, als es in der Theologie oft angenommen wird, sind diese Bilder aus der Natur für unser Erleben. Der Regenbogen ist nicht »Symbol für« das Wirken des Christus, sondern er offenbart sein Wirken *unmittelbar*. Das Licht scheint in die Finsternis, wie es zu Beginn des Johannes-Evangeliums heißt, und in den Farben leuchtet die Finsternis verwandelt auf. Wir sehen sein Wirken, das sonst verborgen in der Atmosphäre erscheint, und dort, wo die Farben aufleuchten, kommt es zur Erscheinung. Die Finsternis beginnt, das Licht zu begreifen.

Wer über viele Jahre die Farben- und Lichterscheinungen der Wolken studiert, der erarbeitet sich eine Empfänglichkeit für die feine Sphäre des Lebens, aus der uns das neue Leben des Christus entgegenkommt. Hier, wo das Licht die feinste Materie berührt, tauchen die geistigen Kräfte in das Irdische ein. Licht ist ja für unsere Augen nicht sichtbar, wenn es nicht von etwas zurückgeworfen wird. Die winzigen Tropfen der Wolken werfen es zurück und lassen es in seiner Vielfalt farbig aufleuchten. In ihrem Buch *Die Sonne* hat Elke Blattmann anhand der Halo- und Farbenbogenerscheinungen wunderbare Betrachtungen zu den geistigen Wirkenskräften der Wolkenumgebung der Erde dargestellt.

Rudolf Steiner hat dieses Bild des Farbenbogens auch an entscheidenden Stellen seines Werkes aufgegriffen, wenn es um das Überschreiten der Schwelle zur geistigen Welt geht, etwa in seinem Vortragszyklus *Mysterienstätten des Mittelalters, Rosenkreuzertum und modernes Einweihungsprinzip* (GA 233a).

In der Schilderung der Himmelfahrt Jesu Christi in der Apostelgeschichte wird sein sich über die Jünger erhebendes Wesen von den Wolken aufgenommen, sie können ihn nicht mehr in seiner irdischen Menschengestalt wahrnehmen. Die beiden engelartigen »Männer«, die nun zu den Jüngern sprechen – in der Geistswissenschaft werden die Engel als eher weiblich, die Erzengel als männliche Wesen dargestellt – weisen auf sein Wiedererscheinen in den Wolken hin: »Dieser Jesus, der von euch fortgenommen wurde in den Himmel, wird wiederkommen auf die gleiche Weise, wie ihr ihn in den Himmel habt auffahren sehen« (Apg 1,11–12).

Damit kommen wir zu einer zentralen Aussage Rudolf Steiners über die Wiederkunft Christi. Fast zwei Jahrtausende lang erlagen die Theologen einem ähnlichen Irrtum wie die Pharisäer in der Zeit Jesu: Man erwartete, dass mit dem Kommen des Messias das Weltgericht und der Weltuntergang zugleich geschehen würden.[5] Doch ein intimeres Verständnis der Ölbergapokalypse, die als unser Adventsevangelium den Blick auf die Wiederkunft Christi lenkt, zeigt, dass nicht ein für die ganze Menschheit gleichzeitiges Ereignis gemeint sein muss, sondern dass es für jeden Menschen in seinem Schicksalsgang im »rechten Moment« eintritt, wenn er durch seine Erschütterungen im Lebenslauf eine Öffnung für das geistige Verstehen der Welt findet. Ebenso sicher, wie die steigenden Säfte in den knospenden Pflanzen das kommende Frühjahr ankündigen, kündigen unsere Schicksalsdramen das Aufbrechen der Erdenpersönlichkeit an, bis wir den kommenden Christus wieder erkennen können, für den unser Erdenbewusstsein die Wahrnehmungsfähigkeit verloren hatte.

---

[5] Siehe E. Bock, *Cäsaren und Apostel*. Kapitel »Jüdische Apokalyptik«. Stuttgart 2009.

Im 20. Jahrhundert hat die Menschheit nach Rudolf Steiner die Schwelle zur geistigen Welt überschritten. Wir können das, wenn wir die Symptome für dieses Geschehen erkennen, bemerken: An vielen Stellen wendet sich das Bewusstsein dem Bereich des Ätherischen zu, auch wenn es nicht immer erkannt wird. Vieles, was vorher im Bereich des Verborgenen geblieben war, kommt ans Tageslicht des Bewusstseins.

Dieses Überschreiten der Schwelle mit dem Bewusstsein entspricht einem »partiellen Sterben«. Das Bewusstsein tritt ein in die geistige Welt, auch wenn der Körper nicht endgültig dem Tod übergeben ist. Das kann z.b. durch ein Schockerlebnis geschehen, in dem sich das Bewusstsein lockert. Es kann aber auch bewusst angestrebt werden, wenn ein Mensch den Schulungsweg der Geisteswissenschaft betritt und sich dadurch darauf vorbereitet, die Schwelle zu erreichen.

Blick in die Ewigkeit:
Das Nahtoderlebnis des Neurochirurgen Eben Alexander

Die Bestsellerliste des *SPIEGEL* verzeichnet unter den meistverkauften Büchern des Jahres 2013 den Bericht des Neurochirurgen Eben Alexander von seinem Nahtoderlebnis.[6] Dieses Buch bringt eine Art neuer Dimension in die Debatte der Sterbeforschung, da es in interessanter Weise die Erkenntnisse des materialistisch denkenden Neurochirurgen mit den spirituellen Erfahrungen dieses Menschen verbindet. Er schildert seine Überraschung darüber, dass alle seine wissenschaftlichen Überzeugungen dessen, was im Gehirn eines sterbenden Menschen vorgeht, hier an ihre Grenze stoßen. Er findet sich von der reinen Erfahrung der nachtodlichen Welt absolut

---

[6] Eben Alexander, *Blick in die Ewigkeit. Die faszinierende Nahtoderfahrung eines Neurochirurgen.* München [10]2013. (Amerikanische Originalausgabe: *Proof of Heaven*, 2012)

überzeugt, obwohl er vorher schon vielen Patienten beizubringen versucht hatte, dass die Lichterscheinungen, die sie als »göttliches Licht« gesehen haben wollten, nur die Zuckungen der Synapsen eines geschädigten Gehirns gewesen seien. Gegen die Intensität der geistigen Realität kommen seine naturwissenschaftlichen Kenntnisse nach dieser Erfahrung nicht auf. So bringt er aus diesem Erlebnis den intensiven Wunsch mit, anschließend wissenschaftlich zu erforschen, was er als reine Erfahrung erlebt hat.

Der Fallschirmsprung und die verschiedenen Ebenen des Bewusstseins

Der international renommierte Neurochirurg Eben Alexander beginnt seinen Bericht nicht gleich mit der Nahtoderfahrung, sondern mit einem Rückblick auf seine dramatischste Erfahrung als Fallschirmspringer. Als erfahrener Formationsspringer hat er schon die schwierigsten Sprünge bewältigt. Doch bei einem besonderen Sprung im Herbst 1975 entgeht er nur mit knapper Not einer Katastrophe. Chuck, ein anderer Springer innerhalb der Gruppe, begeht einen schwerwiegenden Fehler, der zu einem tödlichen Zusammenstoß zu führen scheint. Doch Eben Alexander beobachtet, wie sein Bewusstsein in diesem Schockaugenblick mit ungeheurer Präzision reagiert. Die Bruchteile von Sekunden, die ihm verbleiben, um in der richtigen Weise zu reagieren und so die Katastrophe abzuwenden, sind von einer Bewusstheit erfüllt, die er so noch nie erlebt hatte.

»Mein Verstand beobachtete die Handlungen in den Mikrosekunden, die nun folgten, als sähe ich einen Film in Zeitlupe an. ... Irgendwie hatte ich in Mikrosekunden auf eine Situation reagiert, mit der ich nicht hätte umgehen können, wenn ich Zeit dazu gehabt hätte, darüber nachzudenken, weil sie mir viel zu komplex gewesen wäre. Und doch – ich *war* damit umgegangen, und wir beide konnten sicher landen. Es war, als hätte mein Gehirn in dem Moment, in dem es mit einer Situation konfrontiert war, die mehr als seine üblichen Fähigkeiten zu antworten erforderte, Superkräfte aufgeboten. Wie hatte ich das gemacht? Im Laufe meiner mehr als 20-jährigen Karriere in wissenschaftlicher Neurochirurgie, in der ich das Gehirn erforschte, beobachtete, wie es arbeitet, hatte ich reichlich Gelegenheit, über genau diese Frage nachzudenken. Ich machte schließlich die Tatsache dafür verantwortlich, dass das Gehirn ein wirklich außergewöhnlicher Apparat ist – viel außergewöhnlicher als wir es uns überhaupt vorstellen können.«

Nach dem Nahtoderlebnis kommentiert er dasselbe Erlebnis in ganz anderer Weise:

»Jetzt wird mir klar, dass die wahre Antwort auf diese Frage noch viel tiefgründiger ist. Aber ich musste eine vollständige Metamorphose meines Lebens und meiner Weltsicht durchlaufen, um einen kurzen Blick auf diese Antwort werfen zu können. Dieses Buch handelt von den Ereignissen, die meine Meinung darüber änderten. Sie überzeugten mich davon, dass mir an jenem Tage gar nicht mein Gehirn, auch wenn es ein wunderbarer Mechanismus ist, das Leben gerettet hat. Was in der Sekunde, in der sich Chucks Fallschirm zu öffnen begann, aktiv wurde, war ein anderer, viel tieferer Teil von mir. Ein Teil, der sich so schnell bewegen konnte, weil er nicht durch die Zeit eingeschränkt wurde, wie es Gehirn und Körper werden.

Es war derselbe Teil von mir, der in meiner Kindheit dieses Heimweh nach den Himmeln ausgelöst hatte. Es ist nicht nur der klügste Teil von uns, sondern auch der tiefgründigste, doch die meiste Zeit meines Erwachsenenlebens konnte ich nicht daran glauben. Aber jetzt glaube ich daran, und auf den folgenden Seiten werde ich Ihnen erzählen, warum.«[7]

Wir finden hier eine Erfahrung, die die verschiedenen Qualitäten unseres Bewusstseins aus dem Erleben unmittelbar differenzieren kann: Das Bewusstsein, das an den Körper und das Gehirn gebunden ist und dem Raum und der Zeit unterliegt, und das Bewusstsein, das leibbefreit wirkt und hoch über Raum und Zeit und Körper befindliche Kräfte entfalten kann. Auch die Erinnerung an das

[7] ebd. S. 15.f.

Heimweh, das Eben Alexander als Kind nach dem Himmel erlebt hatte, entspricht den Forschungen Rudolf Steiners, denen zufolge die Kinder eine Nähe zur geistigen Welt erleben, die mit dem Erwachsenwerden verlorengeht, wenn das Erdenbewusstsein sich immer mehr mit dem Gehirn verbindet und die geistige Welt vergisst.

Dann folgen die Schilderungen seines Nahtoderlebnisses, in denen er abwechselnd die Tatsachen der physischen Welt im Krankenhaus und seine geistigen Erfahrungen beschreibt. In einer selten eindrucksvollen Weise werden so die beiden Welten, die sichtbare und die unsichtbare, zu einer Einheit zusammengeschaut.

Eben Alexanders Bericht über die Erfahrungen mit seinem neuntägigen Koma ist eingebettet in eine anschauliche Schilderung der familiären und beruflichen Situation. Der versierte Arzt und Wissenschaftler lehrte an verschiedenen Universitäten, unter anderem in Harvard. Seit 2006 lebt die Familie in Virginia.

An dem Tag, an dem sich eine sehr schwere Meningitis bemerkbar macht, wird er ins Krankenhaus seines Wohnorts gebracht und fällt unmittelbar ins Koma; auf der Intensivstation muss er künstlich beatmet werden. Ob er sich den Keim bei einer Studienfahrt nach Israel eingefangen hat, auf der er einer ähnlichen Erkrankung durch einen Antibiotika-resistenten Keim auf der Spur war, lässt sich zunächst nicht klären. Er weiß, dass bei einem entsprechenden Krankheitsverlauf, wie er ihn erlebt, die Krankheit zu über 90% tödlich verläuft, da das Gehirn irreversibel geschädigt wird und der Hirntod unweigerlich folgt.

Schritt für Schritt und mit der durch seinen Beruf versierten und geübten Beobachtungsgabe berichtet Alexander nun von den Folgen seiner schweren Escherichia-Coli-Meningitis, kurz E-Coli-Meningitis genannt. Allen Fachärzten, die ihn behandeln, ist klar, dass diese Infektionskrankheit in den meisten Fällen tödlich verläuft. Aber ein großer Kreis von medizinischen Spezialisten, von Familienangehörigen und Freunden bemüht sich mit allen zur Verfügung stehenden Mitteln um seine Behandlung und umgibt ihn auch mit einer Hoffnungs- und Gebetskraft, die für den Kranken auch im rein geistigen Zustand offensichtlich erlebbar ist.

Wie verhalten sich die Erlebnisse Eben Alexanders zu den Erkenntnissen der Geisteswissenschaft?

Lassen Sie mich noch einmal auf einige grundlegende Dinge zurückkommen, ehe wir uns das von Eben Alexander Erlebte weiter anschauen.

Es ist immer wieder äußerst verblüffend, zu sehen, wie die Anthroposophie die Grundlage bildet, auf der wir die unterschiedlichsten Ereignisse verstehen können, die uns begegnen. Wie die Chemie als Wissenschaft viele andere Lebensbereiche verständlich macht, die sich mit der Wirksamkeit der Materie befassen, so können durch die Anthroposophie die Zusammenhänge zwischen physischen, seelischen und geistigen Bereichen verstanden werden, alle Religionen und Weltanschauungen werden in ihrem inneren Zusammenhang sichtbar. Sie trat ja deswegen auch an der Schwelle zum 20. Jahrhundert auf, als sich eine Menschheitskultur vorbereitete, die über die engen Grenzen der Völker und ihrer Traditionen hinausgehen sollte. Dass die Gesetze der Physik usw. weltweit gelten, zeigt uns die Vernetzung aller Wissenschaftsbereiche, wir erleben im 21. Jahrhundert ein Zusammenwachsen über weiteste Entfernungen hin durch Weltverkehr und Wirtschaft. Und auch die geistigen Zusammenhänge folgen überall gemeinsamen Gesetzen. Unterschiedlich ist jedoch, wie diese von den verschiedenen Religionen und Weltanschauungen interpretiert werden.

Rudolf Steiner unterscheidet vier »Wesensglieder« des Menschen. Etwas vereinfacht können sie so beschrieben werden:
- Der Körper, *der physische Leib*, der nach den Gesetzen der Naturwissenschaft erkennbar ist. Physiologische Grundlage ist z.B. das Knochensystem. Der Leichnam ist der nur physische Leib.
- Die Lebenskräfte, *den Ätherleib*, der die Materie des Körpers mit Lebendigkeit durchdringt, den Stoffwechsel in Gang hält und den Gesetzen der Leichte zugehört. Er macht es möglich, dass wir uns aufrichten können. In Krankheitszeiten, wenn die Lebenskräfte geschwächt sind, ist der Körper ruhebedürftig und gibt der Schwerkraft nach, wir legen uns ins Bett. Hier finden sich unbe-

wusste Seelenprozesse, Gewohnheiten und Erinnerungen. Träger der Lebenskräfte ist das gesamte Drüsen- und Hormonsystem.

- Die Seele, *der Astralleib*, der das Bewusstsein ermöglicht. Er hat seine körperliche Stütze im Nervensystem. Am unmittelbarsten erleben wir ihn im Atem: Hingabe an die Welt, sich in sich zurückziehen. Im Schlaf zieht er sich aus dem Körper weitgehend zurück und regeneriert sich in der geistigen Welt. Bewusstseinsprozesse der Sinnesorgane, Reaktion auf Reize, Bewegungsfähigkeit u. a. gehören in diesen Bereich. Die Seele nimmt bewusst Beziehung zu andern Menschen auf.
- *Das selbstbewusste Ich*, die geistige Instanz des Menschen, sein individuelles Wesen. Es besitzt nicht nur die Fähigkeit des Bewusstseins und der Reaktion auf äußere Reize, sondern kann sich in der Selbsterkenntnis selbst betrachten. Es kann nicht nur nach Ursache-Wirkungs-Zusammenhängen reagieren, sondern sich selbst bewusst Ziele setzen, sich von der Außenwelt distanzieren oder Liebe zu ihr entwickeln. Es kann sich mit dem Körper identifizieren, kann aber auch erkennen, dass es innerhalb des Köpers zwar wohnt, aber nicht durch den Körper begrenzt ist. Im Denken kann es Zeit und Raum überwinden.

Inwiefern kann uns dies beim Verständnis dessen helfen, was Eben Alexander erlebt hat?

Im Todesprozess lösen sich diese Wesenglieder wieder aus ihrem Zusammenhang.

- Oft ist das Ich-Bewusstsein schon durch Demenz o. ä. im Alter eingeschränkt.
- Mit dem letzten Atemzug kann sehr eindrucksvoll erlebt werden, wie die Seele sich aus dem Körper löst.
- Während der drei oder mehr Tage bis zur Bestattung bleiben manche Vitalfunktionen noch erhalten; der Ätherleib löst sich allmählich aus der physischen Organisation.
- Der physische Leib unterliegt, wenn die höheren Wesensglieder sich aus ihm zurückgezogen haben, nur noch den Gesetzen der Natur. Er kehrt zur Erde zurück, aus der er genommen war, oder wird durch das Feuer verwandelt.

Im Schlaf ziehen sich Astralleib und Ich aus dem physischen und Ätherleib weitgehend zurück. Aus dem Schlaf kann man wieder erwachen. Im Tod zieht sich der Ätherleib ebenfalls zurück. Dieser Vorgang ist meistens unumkehrbar. Die höheren Wesensglieder verbinden sich außerhalb des Leibes mit den Kräften, aus denen sie stammen, mit Weltenäther und Weltenastralität bis in die kosmischen Bereiche. Deshalb weitet sich das Bewusstsein des Sterbenden, er wird viel gehörempfindlicher, er kann erleben, dass ihm Verstorbene oder geistige Wesen entgegenkommen usw.

Das *Bestattungsritual* der Christengemeinschaft wirkt durch Weihwasser und Weihrauch dabei mit, dass die frei werdenden Wesensglieder sich in gesunder Weise in die ihnen zugehörigen kosmischen Bereiche eingliedern können.

Eben Alexanders Bericht lässt all diese Schritte deutlich erkennen. So schildert er unter anderem das, was er als *Regenwurmperspektive* bezeichnet, wie folgt: Der im Koma in die Klinik eingelieferte Patient erlebt sich abgetaucht in eine dunkle, undurchdringliche Welt von Schlamm, wie schmutzige Götterspeise, trübe, klaustrophobisch, verschwommen, und doch transparent. Kein Zeitgefühl. Bewusstsein, aber ohne Ich-Bewusstsein. Pulsierende, hämmernde Dunkelheit. Keine Worte, keine Gedanken, keine Ahnung von den Regeln, die in dieser Welt galten.

»Ich war kein Mensch, während ich an diesem Ort war. Ich war noch nicht einmal Tier. Ich war etwas, das sich vor und unterhalb von all dem befand. Ich war einfach nur ein einsamer Bewusstseinspunkt in einem zeitlosen rot-braunen Meer. ... Zunächst war ich so tief darin eingetaucht, dass es keinen Unterschied mehr gab zwischen ›mir‹ und dem halb gruseligen, halb vertrauten Element, das mich umgab ... darin gefangen. ... Dann nahm ich einen Geruch wahr: ein bisschen wie Kot, ein bisschen wie Blut, ein bisschen wie Erbrochenes. ... Wer immer oder was immer ich war, ich gehörte nicht hierher. Ich musste hier raus.«[8]

[8] ebd. S. 50ff.

Wir erkennen hier Elemente der von Leben durchdrungenen, aber jetzt sterbenden Substanz des physischen Leibes. Die Auflösungs- und Sterbeprozesse, die zwischen physischem Leib und Ätherleib vor sich gehen, werden für Eben Alexander von innen erlebbar. Seine Seele ist eingetaucht in die Lebensprozesse, sie sind ihm vertraut, aber zugleich versucht er, sich von ihnen zu befreien.

In vielen anderen Nahtoderlebnissen finden wir das Bild eines Tunnels, durch den die Seele sich mit hoher Geschwindigkeit bewegt und am Ende einem neuen Bereich des göttlichen Lichtes begegnet. Bei Eben Alexander scheinen die physiologischen Einzelheiten, nicht nur das Ziel des Weges aus dem Leib heraus, mit präziser Klarheit sichtbar zu werden. Könnte das damit erklärbar sein, dass er durch seine intensive Forschungstätigkeit am Gehirn diese Einzelheiten mit einer sehr viel differenzierteren Wahrnehmung erlebt?

Die kreisende Melodie und der Übergang

»Dann hörte ich ein neues Geräusch: einen *lebendigen* Klang. Es folgte das prächtigste und vielschichtigste, schönste Musikstück, das ich je gehört hatte.«[9]

Alexander erlebt einen Blick auf die lebendige Erde, Worte reichen nicht aus, um die Schönheit zu beschreiben. Eine unglaublich schöne Traumwelt umgibt ihn. Und die große Überraschung: Er fühlt: »Du bist hier nicht allein.« Ein schönes menschliches Wesen auf einem Schmetterlingsflügel taucht neben ihm auf. Millionen von Schmetterlingen umgeben die beiden Wesen, die sich hier neu begegnen, und die sich seit Urzeiten vertraut zu sein scheinen. Zarteste atmosphärische Farben leuchten, eine Verständigung geschieht ohne Worte. Eine Botschaft, die aus drei Sätzen besteht, wird von Eben Alexander aufgenommen:

- *Du wirst für immer zutiefst geliebt und geschätzt.*
- *Du hast nichts zu befürchten.*
- *Du kannst nichts falsch machen.*

[9] S. 59.

Dazu kommt noch die Botschaft:»Wir werden dir hier viele Dinge zeigen, doch am Ende wirst du zurückkehren.«

Rudolf Steiners Geistesforschung beschreibt die Erde aus der Sicht der Verstorbenen so, dass sie von einer Aura der *Schmetterlingswelt* umgeben ist. Der Staub auf den Schmetterlingsflügeln ist die feinste, vergeistigste Materie, die es auf Erden geben kann. Sie bildet den Übergang in die rein geistigen Bereiche der Welt. Die Verstorbenen erleben diese»Schmetterlingskorona«auf ihrem Weg durch die geistige Welt.

»Der Schmetterling ... ist ein Lichtwesen, das da herumflattert, und das im Wesentlichen aus der Freude an dem Farbenspiel besteht, an jenem Farbenspiel, das an dem Schmetterlingsflügel entsteht, indem die irdische Staubmaterie vom Farbigen durchdrungen wird und dadurch auf der ersten Stufe der Vergeistigung hinaus ins geistige Weltenall, in den geistigen Kosmos ist ... Der Schmetterling ist der Bewohner des Lichtäthers in unserer Erdenumgebung ... Der Schmetterling ist noch gar nicht von der Erdenschwere berührt ... er fühlt sich selber als ein Geschöpf, aus dem Lichtäther heraus geboren ... Der Schmetterling hängt ganz zusammen mit dem Erinnerungsvermögen unseres Planeten. Das sind die Erinnerungsgedanken, die im Schmetterling leben.«

(GA 230, aus den Vorträgen vom 26. und 27. Oktober 1923)

Überwältigt von der Schönheit der Schmetterlingskorona begegnet Eben Alexander in dieser Sphäre einem zarten weiblichen Wesen, das ihm zutiefst vertraut ist. Er hat seine leibliche Schwester, von deren Existenz er erst spät in seinem Leben erfuhr, nie persönlich kennengelernt, aber er ist ihr ja karmisch tief verbunden, hat also gemeinsame Erinnerungen mit ihr, die jetzt noch nicht ins Bewusstsein dringen. Die erinnerungtragende Kraft der Schmetterlingswelt schafft die Verbindung zu dem Menschen, der seine Führerin auf seiner Reise in die geistige Welt ist. Die Freude, die wir auf der Erde an den Schmetterlingen empfinden, hat ebenfalls mit diesen tief unbewussten Erinnerungen zu tun, die in unserer Seele anklingen, wenn wir Schmetterlinge beobachten.

Das Zentrum

Eben Alexander beschreibt große, bauschige, rosa-weiße Wolken vor tief schwarzblauem Himmel, schwebende Scharen von Wesen wie lichte Kugeln. Gewaltiger Klang, der durch die Freude dieser Wesen entsteht. Sehen und Hören sind nicht voneinander zu trennen; es geht um das Aufnehmen in aller Intensität mit allen Seelenkräften. Einswerden mit dieser Welt aus Freude, Schönheit und reiner Musik. Fragen werden durch eine Explosion von Licht, Farbe, Liebe und Schönheit unmittelbar, ohne Worte beantwortet, Wesensdurchdringung und Erkenntnis in ungeahnter Tiefe. Wie ein Kind im Mutterleib eingebettet in reine Schöpferkraft. Das göttliche Wesen, OM, das alles umfasst und in reiner Liebe existiert. Neu geboren in einer höheren Welt. Liebe das Herzstück aller Universen, die hier zu ahnen sind. Freier Wille und reine Liebe als die Kräfte, die letztendlich alles Böse überwinden. Überfluss von Leben und Liebe.

Manches in den Schilderungen Alexanders lässt hier an den Vatergott denken, der durch seine Güte das Leben der Welt trägt. Die Einheit aller Gegensätze in der Schilderung einer lichtklaren Dunkelheit sind mit irdischen Gedanken und Worten kaum mehr zu erfassen.

Anklänge an das Christuswesen sind fühlbar, doch ist die Begegnung mit ihm nicht so dezidiert beschrieben wie z. B. bei George Ritchie oder bei anderen Nahtoderlebnissen. Ein erhöhtes Ich-Bewusstsein weist auf sein Wesen hin.

An den Heiligen Geist erinnern die Schilderungen, die ein unmittelbares Aufnehmen von Wissen und ein höheres Lernen darstellen, das sich sofort und für immer einprägt.

Von der Wirkung der Gebetskräfte und der Liebe der Angehörigen

Als ich eine Freundin aus meiner Kindheit besuchte, die seit längerer Zeit im Wachkoma lag, war ich tief bewegt von der Tatsache, dass sie auf meine Begrüßungsworte mit einer großen Welle von Freude reagierte. Es war, als hätte der ganze Raum von dieser Freude vibriert – von ihrem Gefühl: »Hier ist ein Mensch, der nicht nur auf die Reaktionen meines hilflosen, unbeweglichen Körpers achtet, sondern der mit meiner geistigen Wachheit rechnet und mich in meinem seelisch-geistigen Zustand versteht.«

Sie schien mit Freude den Erzählungen von unseren gemeinsamen Kindheitserinnerungen zu lauschen, und wenn das Gespräch auch äußerlich einseitig war, weil sie nicht sprechen konnte, verließ ich das Krankenzimmer reich beschenkt. Ähnliche Erfahrungen werden von vielen Angehörigen von Komapatienten beschrieben.

Wie viel Not der Komapatienten in allen Krankenhäusern der Welt kann durch ein Wissen von diesem Bewusstsein gelindert werden! Welche Freude können liebevolle Anteilnahme und Kontaktaufnahme bewirken, wenn man das Wesen des Patienten nicht nur durch seinen körperlichen Zustand definiert, sondern die vom Leib teilweise gelöste Seele einbezieht in eine ganzheitliche Betrachtung! Die Jahrtausende alten Bräuche des Gebetes für Lebende und Verstorbene finden durch die Geisteswissenschaft eine eindeutige Bestätigung.

Die Familie: der Anker in der physischen Welt

Bei Eben Alexander ist eine solche Kontaktaufnahme von Menschen, die nicht nur mit ärztlich-wissenschaftlichen Methoden beobachten, sondern die dem kranken Menschen gegenüber ihre ganze Liebe als Hilfe für ein Zurückkommen geben, lebensentscheidend. Es ist tief bewegend, zu lesen, wie er das Antlitz seines neunjährigen Kindes, das mit seiner ganzen Liebe am Leben seines Vaters hängt, als einen Eindruck beschreibt, der bis in diese Sphäre seines geistigen Daseins dringt und ihm das Bewusstsein weckt, dass er sich diesem Kind zuwenden will. Was Bond, der kleine Sohn, schon vorher an Kraft der aktivsten Fürbitte eingesetzt hat, lebt in dem von ihm gemalten Bild, auf dem er die Immunkräfte des Vaters im Kampf gegen die Bakterien der E-Coli-Meningitis darstellt. Diese aktive Fürbitte eines Kindes ist vielleicht die beeindruckendste Kraft, die mit dem im Koma liegenden Vater zusammenarbeitet. Die schaffende Kraft der Liebe als lebenspendende Quelle im Ringen mit der Krankheit und im Ringen mit der Frage nach dem Sinn des eigenen Lebens auf der Erde leuchtet auf.

Kontaktaufnahme mit dem Bewusstsein des Koma-Patienten

In dem Kapitel »Der Brunnen« berichtet Eben Alexander von einer Freundin der Familie, in der er einen besonderen Menschen sieht, »selbst wenn das, was sie tat, gelinde gesagt jenseits meiner linearlogisch-begrenzten neurochirurgischen Sichtweise lag«. Diese Freundin arbeitet als Medium und hat offensichtlich konkrete spirituelle Erfahrungen. Sie wurde gebeten, mithilfe ihrer spirituellen Fähigkeiten Kontakt zu Eben Alexander aufzunehmen.

»»Mit einem Komapatienten zu kommunizieren‹, erzählte sie mir später, ›ist ein bisschen so, als würde man ein Seil in einen tiefen Brunnen werfen. Wie tief das Seil nach unten fallen muss, hängt von der Tiefe des komatösen Zustandes ab. Als ich versuchte, zu dir Kontakt aufzunehmen, war ich als Erstes erstaunt darüber, wie weit das Seil nach unten fiel. Je tiefer es fiel, desto größer wurde meine Angst, du könntest zu weit weg sein, sodass ich dich vielleicht gar nicht mehr würde erreichen können, weil du nicht mehr zurückkamst.‹« (S. 126)

Nach einem fünf Minuten lang dauernden mentalen Abstieg über das telepathische »Seil« spürte sie eine leichte Veränderung. Es fühlte sich an wie ein kleiner, aber deutlicher Ruck an einer Angelschnur tief unten im Wasser. Sie war sich sicher, den Kontakt hergestellt zu haben, und sagte zu seiner Frau, dass »seine Zeit noch nicht gekommen sei« und sein Körper wisse schon, was zu tun sei. Dann schlug sie seiner Frau vor, sie solle diese beiden Gedanken im Kopf behalten und sie ihm gegenüber regelmäßig wiederholen.

Der Kranke ist in all den Tagen, in denen er im Koma liegt, von der liebevollen Nähe seiner Verwandten, Freunde und Kollegen auf der Intensivstation umgeben. Ein Versprechen wird ihm gegeben, dass man ihn nicht alleinlassen werde. Viele Menschen beten für ihn, obwohl er selbst sich nicht als religiös beschreibt. Aber die Fürbitte ist für ihn erlebbar in der geistigen Welt. »Dein Körper weiß, was zu tun ist. Deine Zeit zu sterben ist noch nicht gekommen«. (S. 142) »Die Gebete gaben mir Energie.« (S. 145)

Als Priester wird man häufig gefragt: »Darf ich für die Gesundheit meines Angehörigen beten? Oder ist das ein unerlaubter Egoismus?« Manchmal kann man sogar auch die umgekehrte Sorge haben, dass die Angst vor dem Egoismus im Gebet die unbefangene innere Haltung beschwert und ein Mensch kaum wagt, seine Liebe zu dem im Sterben liegenden Menschen wirklich zu artikulieren.

Die Schilderungen der Nahtoderfahrungen lassen keine Zweifel daran, dass jedes Gebet, ja oft auch jeder Gedanke den im Koma liegenden Menschen erreicht und Wirkung auf ihn ausübt. Es kann uns ein tiefes Vertrauen zur Geistesforschung Rudolf Steiners vermitteln, wenn wir durch Hunderte von Berichten die Übereinstimmungen mit seinen Angaben erkennen und die von ihm geschilderten Gesetzmäßigkeiten im Sterbeprozess in den konkreten einzelnen Biografien bestätigt sehen.

»Nimm die Gebete an. Du hast andre geheilt. Jetzt ist es an dir, geheilt zu werden. Du wirst von vielen geliebt. Dein Körper weiß, was zu tun ist. Deine Zeit zu sterben ist noch nicht gekommen.«

Diese Worte kommen ihm nun immer wieder durch seine Freunde und seine Familie entgegen.

Eben Alexander beschreibt weiter, dass er auf seiner Reise im Jenseits an eine *Schwelle* zum Übergang gelangt sei, die er nicht ohne Weiteres überwinden konnte. Jenseits dieser Schwelle findet er die herrlich kreisenden Melodien, die seine Seele tragen und ihm die höchsten, auf Erden unvorstellbaren Harmonien mit dem ganzen Weltenall vermitteln. Er wünscht sich nichts anderes mehr, als ewig in dieser Harmonie leben zu dürfen. Und dann erreicht er sie wieder und erlebt, dass er nicht mehr in der Lage ist, diese Schwelle zu übertreten.

Leise klingt in diesen Worten an, dass es in der geistigen Welt ganz verschiedene Bereiche gibt, in denen die Kräfte der Planeten, der himmlischen Hierarchien usw. wirken. Die seit Jahrhunderten im Vaterunser ungenau übersetzte Stelle, »Vater unser im Himmel«, die eigentlich »Vater unser *in den Himmeln*« (Mt 6) heißen müsste, zeigt ja, dass schon für den Evangelisten, der dieses Menschheitsgebet aufgezeichnet hat, klar ist, dass der Himmel viele Bereiche hat, dass diese auch in ihrer Vielfalt im Gebet angesprochen werden, wenn wir uns an den Vater wenden, der in diesen Reichen wirkt und lebt. Ähnlich drückt Christus selbst es aus in den Worten: »Im Hause meines Vaters sind viele Wohnungen« (Joh 14).

Rudolf Steiners Forschung über die »Geografie« der geistigen Welt lässt erkennen, dass die Übergänge auch mit bestimmten Bedingungen verbunden sind. In besonderer Weise braucht die Seele Hilfe beim Übergang von der Seelenwelt zum Geisterland. Da ist Christus der große Helfer und Begleiter (siehe hierzu GA 25).

Exkurs:
Die Rituale der Christengemeinschaft, von den Nahtoderlebnissen her betrachtet

An dieser Stelle wollen wir noch einmal einen Blick auf die Rituale der Christengemeinschaft werfen, deren Wirkung wir durch die Perspektive von jenseits der Schwelle deutlicher verstehen können.

Die Schilderungen der Gebete und der esoterischen Kontaktaufnahme sind so eindrucksvoll, dass wir sehen: Es gibt Möglichkeiten, von der diesseitigen Welt in die jenseitige Kontakt aufzunehmen. Die in reinen Gedanken und Worten lebenden Gebete haben eine spirituelle Kraft, die daran mitwirkt, dass der Weg schließlich sogar bis zur physischen Gesundung führen kann. In Eben Alexanders Biografie wird mit aller Deutlichkeit sichtbar: Er selbst hat erlebt, wie ihn die Gebete und Hoffnungen der Menschen in seinem neuen Lebensbereich erreichen und ihn mit Kraft berühren.

Liest man die Passage, in der er die tiefe Traurigkeit darüber schildert, dass er nicht mehr in den vorherigen geistigen Höhen bleiben kann, ist man beeindruckt von der Tragik, die den Menschen von den geistigen Höhen, aber auch von der Erde trennt – für die Angehörigen ist es ja völlig selbstverständlich, dass sie ihn zurückwünschen, dass sie es als furchtbares Leid erleben und dass sie nichts als seine Genesung im Blickfeld haben. Da uns beide Seiten so lebendig vor Augen stehen, die Erlebnisse Eben Alexanders und die seiner Angehörigen, können wir aus einer ruhigen Perspektive der Überschau beides einordnen in das Gesamtereignis.

Wie wäre der Weg weitergegangen ohne die Hilfe von Seiten der Erdenmenschen, die den Kontakt zu ihm zu suchen, ihm Versprechungen machen und ihn mit aller Kraft um seine Rückkehr bitten? Hätte er aus eigener Kraft der Sehnsucht widerstehen können, in den Höhen der ewig-bewegten kreisenden Harmonien zu bleiben?

Gibt es eine göttliche Instanz, die entscheidend eingreift? Die bestimmt, was »das Richtige« ist und was zu geschehen hat? In vielen Schilderungen von Nahtoderlebnissen wird davon berichtet, wie aus der Begegnung mit Christus die Sicherheit erwächst, dass der Mensch von ihm mitgeteilt bekommt, dass oder wann er zurückkehren soll.

Wir sehen an dieser Stelle, dass die Menschheit immer mehr in die Freiheit entlassen wird, durch ihr Handeln selbst Weichen zu stellen und einzugreifen in den Bereichen, die man früher allein als dem »Willen Gottes« zugehörig bezeichnet hat. Wir können, dürfen und sollen unsere geistige Kraft als Menschen zur Wirksamkeit bringen. Dies aber ist verbunden mit einem notwendigen Bewusstsein der Verantwortung. Das Eingreifen ist uns nicht nur *möglich* – diese Möglichkeit bedeutet auch eine sehr ernste *Verpflichtung*, die entsprechenden Erkenntnisse zu erwerben. Aus Erkenntnis handelnde Menschen sollen wir werden, die die Wesen der geistigen Welt erkennen und lernen sollen, in Einklang mit ihnen zu handeln. In dieser Hinsicht ist der Bericht Eben Alexanders deutlich unterschieden von den Nahtoderlebnissen, in deren Zentrum die Christus-Begegnung steht. Das Licht seiner Liebe leuchtet auf im »Zentrum«, in den allgewaltigen Harmonien der göttlichen Welt.

Doch ist er nicht in der individuellen menschlichen Gestalt des Gottessohnes in dem Menschen Jesus von Nazareth unmittelbar beschrieben? Am besten ist dies wohl dadurch verständlich, dass keine Trennung von dem Göttlichen besteht, da Christus *im* Menschen wirkt, nicht als von außen kommende Autorität. Einmal wird sein Wesen in Eben Alexanders Bericht nach der Rückkehr aus der geistigen Erfahrung fühlbar, wenn er in der Kirche und in Zusammenhang mit der Kommunion an seine Reise durch die geistige Welt erinnert wird und die Sehnsucht nach diesen göttlichen Höhen sich wieder meldet.

Die individuelle *Gebetskraft*, die ein Mensch entwickeln kann, hängt von seiner eigenen Beziehung zur geistigen Welt ab. Wenn wirkliche Liebe in dem Gebet ist, wird es sicher von der geistigen Welt immer anerkannt und beantwortet werden, auch wenn wir diese Antwort nicht immer wahrnehmen.

Wer Gebete sucht, die von den persönlichen Wünschen und Fähigkeiten unabhängig sind, kann sich an den Gebeten der großen Christen orientieren. Allen voran steht das Vaterunser, das alle Wesensbereiche umfasst: zuerst die Beziehung zur göttlichen Welt in den ersten drei Bitten. Dann werden alle irdischen Bedürfnisse angesprochen. Den physischen Leib, der immer von der Erde ernährt werden muss, finden wir berücksichtigt in der Bitte um das tägliche Brot. Alle Lebensbeziehungen und Schicksalsverbindungen werden von Belastungen befreit durch die Bitte um Vergebung und Vergeben-Können. Unser Verhältnis zu uns selbst und zu unseren eigenen Lebenszielen kann in der Bitte, nicht in Versuchung zu kommen, gefunden werden, d. h. das richtige Verhältnis zu dem zu erkennen, was zu mir gehört, und ebenso zu dem, was von meinem Wesen wegführt. Und schließlich ist die Bitte um die Erlösung von dem Bösen die für die ganze Menschheit gegebene Richtung – die Bitte darum, dass die am Anfang angesprochene göttliche Gegenwart gefunden werden kann.

Im letzten Satz: »Dein ist das Reich und die Kraft und die Herrlichkeit« leuchtet das Christuslicht im betenden Menschen, der Gott zu erkennen beginnt. Weil Christus in ihm wirkt und mit ihm betet, kann er Gott als Vater ansprechen; jetzt kann er zeigen, dass diese

Kraft des Vaters in ihm zu leuchten beginnt durch Christus. Es ist das Gebet des Christus Jesus selbst, wie Er bei seinem Vater für alles betet, was die Menschheit braucht.

Die *Sakramente* der Christengemeinschaft stammen ebenfalls aus dem Wesen des Christus selbst, wie er in der Gegenwart, im Ätherischen, wirkt. Alle Einseitigkeiten der irdischen Lebensbedingungen sind darin überwunden. Das rein Menschheitliche, wie es als großes Ziel über allen Menschen steht und alle in einer großen Zukunft vereinigt, wird angesprochen. Die Komposition dieser Rituale kann immer wieder neu in ehrfürchtiges Staunen versetzen, und man entdeckt, dass alle Schritte, die in den klassischen Nahtoderfahrungen wie auch in den Schilderungen Rudolf Steiners über den Weg der Seele durch den Tod dargestellt sind, darin anklingen und Hilfen für alle Probleme gegeben werden.

Die *Beichte* als Rückschau auf das Leben, bei der Christus um Bereinigung aller Probleme gebeten werden kann, orientiert auf die Begegnung mit ihm hin. In der erneuerten Form ist sie nicht in erster Linie ein Bekennen der eigenen Schuld, sondern erweitert den Blick drüber hinaus auf alle Lebenstatsachen. Dieses Sakrament kann einen Prozess in Gang setzen, der dazu führt, dass wir am eigenen Karma bewusst zu arbeiten lernen, indem wir darum bitten, dass Christus unsere Gedanken als Opfersubstanz aufnimmt und verwandelt, damit ein neuer Zukunftswille entstehen kann.

Die *Menschenweihehandlung* bzw. die verkürzte Form der Krankenkommunion ordnet die Verbindung mit der Erde und mit der geistigen Welt neu. Sie vollendet, was in der Beichte beginnt.

Die *Letzte Ölung* ist als Hilfe für die Seele zu verstehen, sich frei vom Leib lösen zu können und auch die durch den Doppelgänger verursachten Schwierigkeiten zu überwinden. Wir können uns fragen, wie Eben Alexander den Bereich der »Wurmperspektive« erlebt hätte, wenn dieses Sakrament ihm zu einer klareren Trennung zwischen der Materie des Leibes und dem geistigen Weg der Seele verholfen hätte.

Die *Aussegnung* hilft, sich neu in der Erfahrung der Leibfreiheit zu orientieren.

Die *Bestattung* schließlich weist den Weg, wie die Wesen der Hierarchien die Sinnesorgane der Seele zur Entfaltung bringen und wie der Blick nach vorn gerichtet wird, auf das Wirken in den göttlichen Bereichen, zusammen mit den Wesen der Engel und der höheren Hierarchien. Neu geschaffen aus dem göttlichen Lichtatem, der die Seele durchdringt, darf sie sich in der geistigen Welt in der Ruhe des Seelenseins und im Licht der geistigen Welt in ihrer neuen Heimat fühlen.

In der *Menschenweihehandlung für einen Verstorbenen*, die an einem Samstag nach der Bestattung gehalten wird, ist ein Fürbitte-Gebet eingesetzt. Darin wird darum gebeten, dass der Vatergott die Seele des Menschen aus Christi Hand an der Todespforte annimmt und sie weiterführt in der göttlichen Welt. Es scheint, als hätte Eben Alexander einen Blick in dieses Reich tun dürfen, als er vom OM im Zentrum der Welt aufgenommen wurde, im Einssein mit allem Wesen der Welt. Später darf er diese Schwelle nicht wieder überschreiten, da ihm die Aufgabe zugedacht ist, zurückzukehren, der Welt Nachricht von diesem geistigen Leben zu bringen und auch zur medizinisch-wissenschaftlichen Erarbeitung dieser Phänomene etwas beizutragen.

Man kann die Gesetze der geistigen Welt mit den Gesetzen der Chemie vergleichen. Die Gültigkeit dieser Gesetze kann von jedem Wissenschaftler nachvollzogen werden. Die Entscheidung darüber, für welche Ziele man diese Wirksamkeiten einsetzt, liegt in der Verantwortung jedes Einzelnen. Mit dem gleichen Wissen kann man Gift oder Medizin zubereiten, ja die gleiche Substanz kann als Medizin oder Gift *wirken*, je nachdem, wie sie eingesetzt wird. Schon seit Jahrtausenden gelten diese Gesetze, auch wenn sie sich im Laufe der Zeit in ihrer Entwicklung ebenfalls modifizieren.

Das grundlegende Ziel der vorchristlichen Esoterik war die Reinigung der Seele, um den Weg zurück ins »Paradies« wiederzufinden. Nur wenn die Seele die Reinheit, die sie vor der Geburt besaß, wiederfindet, kann sich ihr auf diesem Weg die göttliche Welt wieder erschließen. Seit der Zeitenwende, an der Christus auf die Erde kam, weil dieses Ziel immer weniger für die Menschheit erreicht werden konnte, gibt es einen polar dazu angelegten Weg: den Weg, den Jesus Christus durch den Tod für uns bahnte, um zu Gott dem Vater auf neue Weise durchzudringen. Die *Verwandlung* des Bösen – nicht die *Vermeidung* des Bösen – ist das wichtigste Ziel dieses Weges. Wer ihn sucht, der wird erkennen, dass auf diesem Weg die Verbindung mit der Erde einen ganz anderen Stellenwert hat. Deshalb sind die Übungen des christlichen, des christlich-rosenkreuzerischen Schulungsweges auf ein anderes Ziel angelegt als etwa die Übungen aus dem Buddhismus oder des Hinduismus. Vorchristliche Wege umfassen vor allem die von einer bestimmten Volkskultur geübten Methoden. Wer zu einer anderen Kultur gehört, für den sind sie unter Umständen nicht geeignet. Die geistigen Wesen, die die Menschen auf diesen Wegen begleiten, sind oft die Volksgeister. Nur hohe Eingeweihte konnten auch die Einweihungen anderer Völker erarbeiten und die Grundlage für eine Vereinigung der Wege schaffen. Heute können wir aber mithilfe der Geisteswissenschaft die Methoden der alten Kulturen verstehen und auf die allen Kulturen gemeinsamen geistigen Gesetze zurückführen.

Das *Ägyptische Totenbuch* etwa schildert den Weg der Seele in der Ägyptischen Kulturepoche. Dort geht es um das Überqueren des Urgewässers, die Reinigung in den beiden Weltenseen, die Weisheit, die erforderlich ist, um vor den Gottheiten der Totenrichter bestehen zu können, und um das Einswerden mit Osiris, dem höchsten der Götter, der selbst durch eine Erfahrung des Todes gehen musste. Das *Tibetische Totenbuch* beschreibt zwar äußerlich ganz andere Wesen, denen der Verstorbene begegnet, aber die Klarheit des Lichtes, das die Seele mit ihren Gewissensfragen konfrontiert, die Angst vor den unguten Tatenfolgen, die überwunden werden muss, weisen auf die Gesetze der großen Weltkulturen hin. Das Tibetische Totenbuch, das aus dem achten Jahrhundert stammt, wirkt auf moderne Menschen bisweilen befremdend. Manche Passagen gehen auf die Bön-Religion zurück, der Vorgängerreligion des Buddhismus in Tibet, z. B. die Schilderung, wie der Leichnam den Geiern zum Fraß hingeworfen wird, Furcht vor Dämonen etc.

In den Jenseitsschilderungen des griechischen Philosophen *Plato* finden wir dagegen eine moderner anmutende, schon auf das Christentum hindeutende Gedankenklarheit.

Mit Jesus Christus aber wurde die *Zeitenwende* erreicht, von der an eine Verwandlung aller alten Kulturen möglich wurde. Nicht für ein einzelnes Volk, sondern für die ganze *Menschheit* ist Christus zur Erde gekommen, auch wenn bis heute die christlichen Konfessionen sich noch nach den Volksgruppen benennen, in denen sie entstanden sind. So gibt es die römisch-katholische, die griechisch-orthodoxe, die anglikanische Kirche usw. Andere seit der Reformationszeit entstandene Konfessionen nennen sich auch nach ganz konkreten Menschen: »Evangelisch-lutherisch«, d.h. so, wie Luther das Evangelium zur Grundlage des christlichen Glaubens erklärte, »calvinistisch« nach Calvin usw., oder nach den methodischen Inhalten, die ihnen wichtig sind: Baptisten, Siebenten-Tags-Adventisten, Neuapostolische Kirche usw. Immer sind es *Auswahlkriterien,* die die christliche Gemeinschaft definieren und von anderen abgrenzen.

Sie setzen da an, wo die alten Wege ans Ende kamen, um die Verwandlung durch das Christentum zu bringen. Wenn jede Volksgruppe den ihr entsprechenden Weg zu der menschheitlich wirkenden Christustat gefunden hat, wenn individuelle Ich-Menschen die anderen Menschen auf diesem Wege mitnehmen, kann die Vereinigung zu einer die ganze Erde umfassenden *Ökumene* gefunden werden. In der Nähe des Christus, der uns zu unserem reinen Menschenwesen führt, verlieren die Trennungen ihre Bedeutung. Wer ihm nahekommt, wird immer auch tieferes Verständnis für die anderen finden. Denn seine Liebe ist nicht von Bedingungen abhängig, sie wendet sich offen jedem zu, der empfänglich ist.

Die gegenseitige Ergänzung und Bereicherung, nicht die Beurteilung nach einer »alleinseligmachenden Wahrheit« sind ausschlaggebend. »Daran soll die Welt erkennen, dass ihr meine Jünger seid: dass ihr euch untereinander liebt« (Joh 15). So kann die Anthroposophie als die menschheitumfassende Erkenntnis des Heiligen Geistes verstanden werden. Je tiefer wir uns mit ihr durchdringen, desto näher kommen wir dem Zentrum der göttlichen Liebe.

Wie also können wir die »Christengemeinschaft«, die »Bewegung für religiöse Erneuerung« verstehen? Sie versucht, so ehrlich und

treu wie möglich, das, was aus konkreten gegenwärtigen Erneue-
rungen der alten Wege möglich ist, zu verwirklichen, damit Christus in der »Menschenweihehandlung« für alle Menschen erfahrbar
werden kann.

Da die Menschenweihehandlung auch die Quelle für alle anderen
Sakramente und Rituale der Christengemeinschaft ist, ist ersicht-
lich: Die hier ausgeübten Rituale sind für die ganze Menschheit gemeint und können für jeden Menschen, der sich dazu entschlossen
hat, ein Weg zu Christus werden. Sie gelten nicht für eine ausgeson-
derte Gruppe, sondern für alle Menschen. Rudolf Steiner hat bei der
Begründung der Christengemeinschaft direkt darüber gesprochen,
wie bis in die Ausarbeitung jedes Wortes und jedes Satzes die größte
Sorgfalt darauf verwendet wurde, dass keinerlei Suggestion aus besonderen Interessen, keine Einseitigkeit wirken kann in den Formen
der Rituale, wenn sie in rechter Weise zelebriert werden.

Entsprechend können wir auch die Gewissheit haben, dass die in
diesen Ritualen wirkenden geistigen Wesen den Weg des Menschen
im Dienst des Christus begleiten und im Einklang mit seinem Willen
handeln.

Das Christentum ist selbst die allumfassende »ökumenische« Religion, deren Ziel das wahre Wesen des Menschen ist. Alle verschiedenen Religionen können als Weg zu dieser Menschheits-Re-
ligion gesehen werden. Ausdruck dafür ist die Tatsache, dass die
vier Evangelien nicht nur Augenzeugenberichte unter jeweils etwas
verschiedenen Blickwinkeln sind, sondern dass in den vier Evangelien die wesentlichste Substanz der alten Religionen in verwan-
delter Weise wieder erscheint. Am deutlichsten ist das zu erkennen
im Lukasevangelium, das viele Elemente des Buddhismus in neuer
Weise zeigt: Die Friedensbotschaft der Engel für die Hirten bei der
Geburt des Kindes in Bethlehem; das Gleichnis vom barmherzigen
Samariter als Urbild für Mitgefühl und Liebe; die Lehren des Christus Jesus auf dem Pfad nach Jerusalem in Gleichnissen usw. Das
Matthäusevangelium greift die Strömung des alten Judentums auf
und bringt die alten Gesetze in Verbindung mit der neuen, durch
Christus entstehenden Freiheit zur Sichtbarkeit, etwa in solchen
Formulierungen wie: »Ihr habt gehört, dass zu den Alten gespro-

chen war ... Ich aber sage euch ...« So verwandelt die Bergpredigt die Religion des Volkes Israel.

Entsprechendes lässt sich auch für die Beziehung des Markusevangeliums zu den alten Sternenreligionen zeigen und für das Johannesevangelium, das die höchsten Denkkräfte der griechischen Philosophie als Weg zum Logos, dem in Jesus erschienenen Gottessohn, zeigt.

Vor diesem Hintergrund können wir fühlen: Das Vertrauen zu den aus der erneuerten Substanz des Christentums stammenden Sakramenten steht auf einer sicheren Grundlage. Jesus Christus ist der wahre Mensch, der zugleich der wahre Gott ist und so den Ursprungsimpuls der Schöpfung in seinem Wesen vollendet: der Mensch, der das Ebenbild und Gleichnis Gottes in sich trägt.

Die Menschenweihehandlung lädt uns zur Nachfolge Jesu ein, damit wir so wie er dem Christus im eigenen Menschenleben Raum geben können. Alle Erkenntnisse der Geisteswissenschaft können uns helfen, dieses Geschehen zu verstehen. Jedem steht frei, ob er diese Erkenntnishilfe in Anspruch nehmen will.

Eben Alexanders wichtigste Frage: Was ist das Bewusstsein?

Das wichtigste Ergebnis des Nahtoderlebnisses von Eben Alexander ist die Frage, die er nach seiner Rückkehr aus dem Koma mitbringt: Welche Rolle spielt das Bewusstsein für das Leben in der sichtbaren und der geistigen Welt? Das Kapitel »Das Rätsel des Bewusstseins« zeichnet seinen Weg des Umdenkens nach: Vor dem Nahtoderlebnis war diese Frage, was das Bewusstsein ist, für ihn nicht besonders interessant. Er hatte sich vor allem mit der Frage nach dem Gehirn befasst und vielen seiner Patienten, die von Nahtoderfahrungen sprachen, versichert, dass es sich hier um kollabierende Nervenprozesse handeln müsse. Viele seiner Kollegen betrachteten das Bewusstsein als nicht existent. Doch nach der Erfahrung kommt er zu dem Schluss: »Es ist unmöglich, die innerste Realität des Universums zu erforschen, ohne sein Bewusstsein einzusetzen. Das Bewusstsein ist nicht nur alles andere als ein unwichtiges Nebenprodukt körperlicher Prozesse, wie ich vor meinem Erlebnis gedacht hatte, es ist auch *sehr real, und zwar sehr viel realer als der Rest der physischen Existenz, und höchstwahrscheinlich die Basis von allem.*« (S. 202f., Hervorhebung U.H.)

Bei seinen weiteren Überlegungen über den Zusammenhang von Welt, Bewusstsein, Gehirn und Materie spielen Überlegungen aus der Quantenphysik eine Rolle, die ebenfalls auf die zentrale Rolle des Bewusstseins hinweisen (Einstein, Heisenberg u.a.). Eine der entscheidenden Erfahrungen ist dabei, dass das Bewusstsein nicht aus der »objektiven« Welt ausgeklammert werden kann. Denn das Bewusstsein des Forschers wirkt auf die Fakten, die er erforschen will. So formuliert er drei Fragen, die weiter zu erforschen sind:

- Wie entsteht Bewusstsein durch die Funktionsweise des menschlichen Gehirns?
- In welcher Beziehung steht es zu dem Verhalten, mit dem es einhergeht?
- In welchem Verhältnis steht die wahrgenommene zu der realen Welt?

Damit berührt er die zentralen Fragen der Erkenntnistheorie Rudolf Steiners, der in der *Philosophie der Freiheit* den Kant'schen Standpunkt vom unerfahrbaren »Ding an sich« überwindet und nachweist, dass wir keine »jenseitige« Realität anzunehmen brauchen, da wir durch Denken und Wahrnehmen die Wirklichkeit erfahren. Und er kommt zu dem Schluss, dass ein »außerkörperliches Bewusstsein« mit aller Sicherheit angenommen werden kann.

Die grundlegende Rolle des Bewusstseins und des Geistes steht für Eben Alexander durch sein Erlebnis außer Frage. Anknüpfend an Aussagen Rudolf Steiners können wir dazu feststellen: Das Bewusstsein, das aktive, leibfreie Denken ist der Bereich der Welt, der weder subjektiv noch objektiv ist, sondern beiden Seiten der Welt angehört und in beiden als schaffende Kraft wirkt. In der sichtbaren Welt bringt die *Idee der Rose* die Pflanze hervor, im menschlichen Bewusstsein schafft sie den Gedanken: »Das ist eine Rose.« Durch den »heiligen«, den »heilenden« Geist werden die beiden vorher getrennten Seiten der Welt wieder zu einer Einheit, der Dualismus von Geist und Materie, von Wahrnehmung und Begriff ist überwunden im Prozess des Erkennens.

Im Rückblick auf die Einseitigkeit der medizinischen Ausbildung in einer naturwissenschaftlichen Weltsicht kommt Eben Alexander zu dem Ergebnis:»Meine Reise tief ins Koma – heraus aus der kleinen physischen Welt und hinein in die erhabenste Wohnstätte des allmächtigen Schöpfers – offenbarte mir die unbeschreiblich große Kluft zwischen unserm menschlichen Wissen und dem Ehrfurcht einflößenden Reich Gottes.«

Aktive Sterbehilfe und Beihilfe zum Suizid
Oder: Von der Gefahr, zu früh mit dem Denken aufzuhören

Ursula Hausen

Zuerst eine methodische Vorbemerkung: Bei dieser Frage nach dem Willen zum Suizid und der aktiven Sterbehilfe stehen wir vor einer Fülle von emotional oder gedanklich erlebten Standpunkten, die vehement verteidigt oder angegriffen werden. Es geht um Probleme, die nicht oberflächlich abgetan werden können. Die Betroffenen sind oft emotional schon sehr stark angespannt, eine rein sachliche Diskussion ist erschwert. Ich bitte um Verständnis dafür, dass ich mit Schilderungen extremer Gesichtspunkte zuerst auf die Spannweite hinweisen will, die diese Frage umfasst. Selbstverständlich soll damit in keiner Weise die Denkweise des Lesers beeinflusst werden. Aber es sollen Gesichtspunkte zur Verfügung gestellt werden, die über begrenzte Denkweisen hinausgehen und Anregungen zum Beobachten der Entscheidungsprozesse geben, *gerade da, wo Manipulationen drohen.*

In mehreren Ländern Europas gelten bereits Gesetze, die die »Selbstbestimmung« für die Entscheidung, nicht mehr leben zu wollen, auch auf die Helfer ausdehnen, auf die ein Schwerkranker unter Umständen angewiesen ist, wenn er seinem Leben ein Ende setzen will. Und viele Menschen in Berufen, die Sterbende begleiten, sind dazu aufgefordert, ihre ganz individuellen Erkenntnisse über den Sterbeprozess zu finden. Heute können die daraus resultierenden Gewissensentscheidungen nicht immer einfach anhand von bestehenden Gesetzen getroffen werden.

Wie soll ich handeln, wenn mein Gewissen etwas anderes von mir fordert, als es der aktuellen Gesetzeslage entspricht? Reicht die zugesicherte Straffreiheit aus, um mein Handeln zu rechtfertigen, wenn ein Patient um eine tödliche Dosis eines Medikaments bittet, weil er sein Leben beenden will? Oder bin ich unter allen Umständen verpflichtet, auch ohne Rücksicht auf mein Gewissen, einem Hilflosen zur Verwirklichung seiner Ziele zu verhelfen?

Bei diesen sehr schwierigen ethischen Fragen ist zunächst ein klares gedankliches Unterscheidungsvermögen notwendig, denn schon die Wahl der Begriffe kann manipulativ wirken. Was kann man tun, um sich vor Manipulationen durch sprachliche Ausdrucksweisen oder versteckte Beeinflussung des Willens bzw. Suggestion zu schützen? Wer würde nicht sofort zustimmen, wenn eine Gemeinschaft ein »Sterben in Würde« als ihr Ziel propagieren, oder wenn »Selbstbestimmtes Leben bis zuletzt« gefordert würde? Doch diese »Würde« kann sehr unterschiedlich aussehen, abhängig davon, ob man davon ausgeht, dass das Leben beim Todesaugenblick endet, oder ob die Würde des Menschen gerade darin gesehen wird, dass das Leben nach dem Tod in einer geistigen Dimension weitergeht.

Statistische Umfragen ergeben, dass die Bereitschaft in der Bevölkerung sehr schnell zunimmt, eine Verkürzung des Lebens aktiv zu suchen oder durch Medikamente in Kauf zu nehmen, wenn kein »lebenswertes Leben« mehr zu erwarten ist. Schon heute müssen wir auch mit einer hohen Dunkelziffer in den Suizidstatistiken rechnen, wenn wir etwa die als »Unfälle« getarnten Suizide ebenfalls berücksichtigen wollen. Viele Patientenverfügungen weisen ebenfalls in die Richtung, Maßnahmen abzulehnen, die zu einer längeren Zeit der Bettlägerigkeit und Pflegebedürftigkeit führen können. Auch in meiner Arbeit im Alten- und Pflegeheim erlebe ich in den vielfältigsten Abstufungen, wie die Fragen danach, wie Leiden im Alter zu bewältigen ist, immer wieder zu dem Wunsch nach einem schnellen und schmerzlosen Tod führen.

In einer erschreckenden Weise ist heute zu erleben, wie unter vermeintlich höchst edlen Begriffen Entscheidungen durchgesetzt werden, die bei näherer Betrachtung vielleicht zu ganz anderen Ergebnissen führen müssten.

Zum ersten Mal begegnete mir diese Art der Begriffsverwirrung bei einer Veranstaltung in den 1980er-Jahren in der »Akademie für Ältere« in Erlangen. Der Arzt *Julius Hackethal,* von der »Deutschen Gesellschaft für Sterbehilfe«, als einer der radikalsten Vertreter der aktiven Sterbehilfe, war eingeladen und sprach vor einem großen, interessierten Publikum: Senioren der Stadt, Bewohner von Altersheimen und Vertreter aller Pflegeberufe waren gekommen.

Die ersten Minuten seines Vortrages, bei dem er sich merkwür-
diger suggestiver Methoden bediente, zielten auf die Verwirrung
aller moralischen Gewohnheiten. Was zuerst anregend und dann
provozierend wirkte, wurde immer mehr zu einer Attacke auf das
Gewissen der Zuhörer. Alle »sozialen« Empfindungen wurden radikal in Frage gestellt mit Aussagen wie: »Ihr haltet euch für sozial,
meint, menschenfreundlich zu handeln, aber eigentlich seid ihr die
grausamsten Sadisten, die den armen, leidenden Menschen am Le-
bensende eine mögliche Verkürzung ihrer Leiden vorenthalten! Und
ihr genießt noch eure soziale Anerkennung für diese grausamen
Verlängerungen des Leidens.«

Der intellektuell brillante Vortrag führte schnell zu einer Verunsicherung vieler Zuhörer, die bis dahin mit ihren wenig hinterfragten
Idealen versucht hatten, Schwerkranken die letzte Lebenszeit zu
erleichtern. War man in der Erwartung gekommen, dass der Redner
in ruhiger, abwägender Haltung Argumente und Gegenargumente
darlegen und kommentieren würde, um eine eigene Entscheidungs-
grundlage zu finden, so war man plötzlich aufs Höchste überrascht
und überrumpelt. Und als das Gewissen erst in seinen Grunderleb-
nissen verunsichert war, konnten die suggestiven rhetorischen Passagen ungehindert wirken. Der Redner genoss deutlich die Macht,
die Fäden in den Händen zu halten und allen seine Überlegenheit
zu demonstrieren.

Die Atmosphäre im Raum wurde immer angespannter. Einzelne, denen das Ganze offensichtlich unangenehm war, verließen den
Saal. Vielen Zuhörern war die Verunsicherung anzumerken. Andere
hatte der Redner bereits schnell auf seine Seite gezogen.

Die angebotene Lösung war einfach: Wenn ein Mensch nicht
mehr leben will, so kann man sein Leben durch eine Dosis Zyankali
schnell und – nach medizinischen Befunden – weitgehend schmerz-
frei beenden. Wenn ein Mensch noch selbstbestimmt leben kann,
steht es ihm frei, diese Dosis des Giftes in der Schweiz zu sich zu
nehmen, wo diese Handlung nicht strafrechtlich verfolgt wird und
auch die, die bei dieser Aktion als Helfer zur Verfügung stehen,
straffrei ausgehen. Doch viele schwerkranke Patienten sind nicht
mehr in der Lage, diesen Schritt allein zu bewältigen. Sie sind auf

die Hilfe anderer Menschen angewiesen, wenn sie sich das Leben nehmen wollen. Die Gesellschaft »Dignitas« mit Niederlassungen in Forch in der Schweiz und in Hannover bietet an, Menschen bei diesem Schritt zu begleiten.

Das Ergebnis: Ein schnelles, schmerzfreies Ende, auf den Wunsch des Betreffenden hin, eine saubere, billige, von vielen Vorteilen ausgezeichnete Lösung des fast unlösbaren Problems, wie die Gesellschaft die Überalterung in den Griff bekommen kann. Dem folgte der Appell: Setzt euch dafür ein, dass das Recht auf diese Art des »selbstbestimmten Lebensendes« überall verankert wird und niemand mehr so lange auf den Intensivstationen, in den Pflegeheimen usw. der Willkür einer künstlichen Lebensverlängerung ausgesetzt ist. Damit sind auch die drohenden finanziellen Überlastungen einzudämmen, kein Sterbender liegt seinen Angehörigen mehr so lange auf der Tasche oder fordert seelische Zuwendung. Die Logik der angeführten Beispiele ließ nichts zu wünschen übrig – ein Gewinn für alle Beteiligten!

Es schien mit Händen zu greifen: Das ist der Weg der Zukunft. Fast könnte man sich schämen, nicht selbst auf diese einfache, überzeugende Lösung gekommen zu sein. Merkwürdig, wie schnell die bisherigen Ideale, die Pflegebedürftigen zu pflegen, sich auflösten – in Erleichterung? Oder war das unterdrückte Unbehagen an der schneidenden Logik doch berechtigt? Aber wie könnte man die angegriffenen Ideale verteidigen? War es nicht doch nur sinnlose Verlängerung eines vermeidbaren Leidens?

Ich blicke mich im Raum um und erlebte, dass viele der Zuhörer wie das berühmte Kaninchen vor der Schlange unfähig schienen, sich und die eigenen Überzeugungen aufrecht zu erhalten. Alle waren von dem Redner in seinen Bann gezogen, und als Höhepunkt sollte jetzt anhand eines Films, der den Suizid einer älteren Dame zeigte, demonstriert werden, wie harmlos und unspektakulär das ruhige Ende dieses Lebens sich darstellte. Das würde die letzten Reste noch übrig gebliebener nostalgischer Bedenken auslöschen und die Notwendigkeit einer Gesetzesänderung zugunsten der aktiven Sterbehilfe beweisen.

Wie kann man in einer solchen Situation handeln? Meine Überzeugung war so schnell nicht auszulöschen, aber konnte ich den andern Zuhörern etwas davon vermitteln? Es schien hoffnungslos, dieser eiskalten Logik widersprechen zu wollen. Sie wirkte unangreifbar. Jeder Versuch eines Widerspruchs würde am Zynismus des Vortragenden abprallen, man würde sich vor der ganzen Versammlung der Lächerlichkeit preisgeben. Wo war der Schlüssel, der die Tür zu einer anderen Denkweise wieder öffnen könnte?

Der Vortrag ging auf sein Ende zu. Welche Fragen würden wohl in der Diskussion gestellt werden? Es ging weiter, wie es zu erwarten war: Die Fragen bezogen sich vor allem auf die praktische Durchführbarkeit der Zyankalianwendung, auf hilfreiche Adressen, die ärztliche Verordnung des Giftes usw. Die Grundrichtung des Vortrags wurde fast als selbstverständlich akzeptiert, diejenigen, die gern widersprochen hätten, schienen keine Argumente zu finden, mit denen sie ihre Haltung hätten vertreten können.

Welche Frage ist notwendig, um eine solche Situation wieder zu verändern? Plötzlich wurde der springende Punkt sichtbar: Alle Argumente, die diese Art des Sterbens propagierten, hatten die *entscheidende Frage* ausgeklammert: *Geht das Leben nach dem Tod weiter? Und wenn ja, wie sieht dies aus?* Und die Frage danach, ob die Art, in der ein Mensch die Todesschwelle überschreitet, Einfluss auf das Leben im Jenseits haben kann. Es herrschte die eisige Logik des Materialismus, der nur die irdische Realität anerkennt und alles andere zur Illusion erklärt. Eine Logik, nach der es keinen Sinn des Leidens geben kann.

In der Diskussion die Frage zu stellen, wie der Redner über die Möglichkeit eines Lebens nach dem Tod denke, erforderte Mut. Ließ sich das Gewebe, in das alle Zuhörer eingesponnen zu sein schienen, sich so ohne Weiteres zerreißen? Doch dann war die Wirkung überraschend: Es war, als ginge ein erleichtertes Aufatmen durch den Raum, als in der Frage hörbar wurde, dass der Tod nicht zwingend das Ende der menschlichen Existenz bedeuten muss, und dass alle Religionen ein Weiterleben nach dem Tod als selbstverständlich voraussetzen.

Mit diesem Gedanken konnte sich jeder neu auseinandersetzen.

Und dadurch war die Freiheit, eine eigene Entscheidung zu finden, zumindest bis zu einem gewissen Grade wieder errungen. Es schien, als wagte unter dieser Fragestellung jeder, sich heimlich neu umzusehen und die Tragweite der angebotenen Lösung noch einmal neu zu betrachten.

Hat die Art des Todes einen Einfluss auf das nachtodliche Leben?

Indem jeder Zuhörer an der Frage erwachen musste, ob er an ein Leben nach dem Tod in diesem Zusammenhang schon gedacht hätte, war er wieder in seine Eigenständigkeit im Denken zurückgekehrt. Und fast humorvoll stellte ich fest, dass der endgültige Beweis im Film nicht so selbstverständlich wirken konnte wie geplant: Der Filmprojektor hatte seine Tücken und produzierte statt einer klar und eindeutig erkennbaren Szene Streifen und Flimmern vor den Augen – jeder Besucher der Veranstaltung konnte seine eigenen Gedanken darüber entwickeln, wie es wohl weitergegangen wäre.

Eine unscheinbar wirkende, aber entscheidende Tatsache muss zu diesem Vortrag noch erwähnt werden. Julius Hackethal war schon mehrmals durch die Zeitungen gegangen, er stand auf der Höhe seines umstrittenen Ruhmes als Krebsarzt und Ankläger seiner Kollegen wegen ärztlicher Kunstfehler. Warum bewegte ihn die Frage nach dem raschen Beenden des Lebens bis zu einem so fanatischen Einsatz für die »aktive Sterbehilfe?« Schon dieser Begriff muss genau gefasst werden: Es handelt sich bei Hackethals Ansatz um eine aktive Beihilfe zum Suizid, nicht um Hilfe in einem natürlichen Sterbeprozess!

Die Fragen, vor die wir heute in der Entscheidung für die letzte Lebensphase gestellt sind, lassen sich nicht mehr allein vom »gesunden Menschenverstand« her lösen. Die Eingriffe betreffen nicht mehr nur Handlungen auf der Erde. Sie wirken in die Bereiche des geistigen Lebens und greifen dort ein, wo geistige Hierarchien und ihre intensivste Zuwendung dem Menschen beim Aufbau seines

Leibes helfen. Die Antworten können nur in einer verantwortlichen Weise gefunden werden, wenn wir auch die Wesen, die von unseren Entscheidungen betroffen werden, in die Entscheidungsfindung einbeziehen. Die Menschheit hat in vielen Bereichen der Forschung und der Handlungsmöglichkeiten die Schwelle der geistigen Welt in den letzten Jahrzehnten überschritten. Unser Denken muss sich ebenfalls in diese Bereiche mutig hineinbegeben. Ohne die Frage nach der Realität des Lebens jenseits des Todes ist keine Frage auf diesem Gebiet mehr zu beantworten.

Wer die Geisteswissenschaft kennt, findet bei Rudolf Steiner noch eine entscheidenden Hinweis: Der Tod durch Zyankali ist nicht mit anderen Todesarten vergleichbar. Zyankali oder *Kaliumcyanid* ist ein Salz der Blausäure (*Cyanwasserstoff*). Der Tod durch dieses Salz hat eine zerstörende Wirkung auf das Ich des Menschen gerade *nach* dem Tod. Es ist das Furchtbarste, was man einem Menschen antun kann, oder was ein Mensch sich selbst antut, wenn der Tod durch Zyankali verursacht wird (siehe GA 351, 10. Okt. 1923).

»Wenn anthroposophische Erkenntnisse sich verbreiten würden, so würde kein Mensch mehr sich mit Zyankali vergiften ... Wenn Sie durch Zyankali sich vergiften, dann hat die Seele die Absicht, überall mit jedem Körperteilchen mitzugehen, und namentlich sich auszubreiten im Stickstoff und sich aufzulösen im Weltall. Das ist der wirkliche Tod von Seele und Geist ... Der Mensch verdirbt das Weltall und auch die Kraft, die von der Sonne zur Erde strömt, wenn er sich vergiftet mit Zyankali ...«

(GA 351, Vortrag 10.10.1923)

Vor diesem Hintergrund wird auch die Tatsache, dass in den Vernichtungslagern des Naziregimes ausgerechnet das Kaliumcyanid enthaltende Schädlingsbekämpfungsmittel Zyklon B verwendet wurde, um die Gefangenen in kürzester Zeit zu töten, zu einer erschütternden Frage. Wurde hier bewusst eine okkulte Wirksamkeit eingesetzt, die Seelen der Menschen auch nach dem Tod noch weiter zu zerstören?

Wie kommt eine Gesellschaft, die sich nominell das »humane Sterben« zum Ziel gesetzt hat, dazu, die Menschen dieser furchtbarsten nachtodlichen Entwicklung auszusetzen, indem sie Zyankali anbietet?

Gegenüber den verunsichernden Gedanken, dass ein alter, kranker oder sterbender Mensch eine Belastung für seine Angehörigen, die Gesellschaft oder die Pflegekassen darstellt, soll hier noch einmal ganz deutlich ausgesprochen werden: *Ein Leben, das keinen Sinn hätte, kann es nicht geben.* Was von der geistigen Welt her durch einen Menschen geschieht, können wir nicht im Einzelnen beurteilen. Aber wir können wissen, dass durch einen gealterten Organismus in besonderer Weise geistige Wesen wirken können. Die schon anfänglich vergeistigte Materie dieses Leibes lässt besondere Verwandlungskräfte zur Wirksamkeit kommen. Rudolf Steiner wies einmal darauf hin, dass vieles von dem Leid, das z. B. in psychiatrischen Kliniken erlitten wird, einen wesentlichen Beitrag zur Bewältigung des Karmas der ganzen Menschheit bedeutet. Vieles in der sozialen Entwicklung der Menschheit wird sich dadurch entscheiden, dass die Gesunden den Willen finden, den Schwächeren, Leidenden und Kranken ihre Zuwendung entgegenzubringen. Der Sinn eines schweren Leides kann nicht nur in der Entwicklung des Leidenden liegen. Vielleicht hat dieses Leben dadurch einen Sinn, dass es anderen Menschen zur Entwicklung sozialer Kräfte verhilft.

Kennen wir die Gefahr für die weitere Entwicklung, die ein Suizid mit sich bringt, dann darf es keinen Anlass geben, ein Leben vorzeitig zu beenden. Jedes auf der Erde zu ertragende Leid ist weniger schlimm als das, was auf den Suizid folgt, wenn der Verstorbene die Lösungsmöglichkeiten und den Tod im rechten Augenblick vor Augen hat und nun erleben muss, dass er sich das selbst zerstört hat. Und niemals kann der freiwillige Suizid andere Menschen wirklich entlasten, denn unser Bewusstsein kann die Folgen, die auch für die Angehörigen belastend sind, häufig gar nicht wahrnehmen, wird aber in der Nacht und nach dem Tod mit den Folgen konfrontiert werden. In manchen Fällen ahnen wir, dass gemeinsam durchgestandenes Leid nach dem Tod zu einer strahlenden Befreiung führen kann.

Jojo Moyes, *Ein ganzes halbes Jahr*

Die vielschichtigen Fragen, die sich bei schwerstem Leid ergeben, wenn ein Mensch sich wünscht, sein Leben durch aktive Sterbehilfe beenden zu können, werden in bewegender Weise lebendig in dem Roman *Ein ganzes halbes Jahr*.[10] Da konkrete Biografien lebendiger sind als rein gedankliche Abhandlungen über diese schwierige Frage, soll hier von dieser Romanbiografie ausgegangen werden.

Der Roman schildert die Frage eines an allen vier Gliedmaßen gelähmten Mannes, der den Entschluss fasst, sich das Leben zu nehmen. Der Protagonist Will ist ein 35-jähriger Manager, der sein Rollstuhldasein als unerträgliche Qual empfindet, nachdem er vor seinem tragischen Unfall ein höchst aktives, erfolgreiches Leben in Wohlstand geführt hatte. Auf die flehentliche Bitte seiner Eltern, das nicht zu tun, erklärt er sich bereit, ein halbes Jahr zu warten, ehe er seinen Entschluss in die Tat umsetzt. Die Mutter verspricht ihm, ihn auf seine geplante Reise in die Schweiz zu begleiten.

Die junge, arbeitsuchende Lou wird als Pflegerin und Gesellschafterin für dieses halbe Jahr eingestellt und muss sich mit Wills Sarkasmus und seiner Ablehnung auseinandersetzen, anfangs ohne von seinem Entschluss zu wissen. Als sie ein Gespräch der Angehörigen mithört, erfährt sie davon und beschließt, die schon gekündigte Stellung nun bewusst wieder anzutreten, um ihn umzustimmen. Eine aufwändig vorbereitete Reise soll ihm zeigen, dass er noch vieles genießen kann. Die beiden verlieben sich, und als Beweis ihrer Liebe wünscht Will sich von Lou, dass sie ihn in die Schweiz begleitet. Es gelingt ihr nicht, ihn umzustimmen.

Versucht man, in wenigen Sätzen zusammenzufassen, was dieser bewegende Roman als Botschaft über Liebe, Leid und Tod vermittelt, könnte man es so formulieren: Das Leid hat keinen Sinn. Der Wert des Lebens ist von der Fähigkeit abhängig, es zu genießen. Die Liebe ist ohnmächtig. Wer seine Freiheit sucht, nimmt keine Rücksicht auf das Leid, das einem anderen Menschen dadurch verursacht wird.

---

[10] Jojo Moyes: *Ein ganzes halbes Jahr*. Reinbek ¹⁶2013.

Der gesamte Duktus des Romans lässt den Leser in eine lebendige Identifikation mit den verschiedenen Personen eintreten. Einen besonderen Stellenwert nimmt Lous Gewissenskonflikt ein, der sie dazu bringt, die Stellung zu kündigen, da sie nicht an der vorgegebenen Entwicklung mitwirken will. Und auch hier ist deutlich: Am entscheidenden Punkt setzt das Denken aus. Die Frage nach dem Sinn des Schicksals, nach der vom Körper unabhängigen Seele und den geistigen Qualitäten des Menschen wird nicht gestellt. Die Seele erlebt sich als Individualität, in diesem besonderen Leib lebend, mit besonderen Bedürfnissen und Freuden etc.

Das geistige Wesen des Menschen aber steht im Zusammenhang mit dem ganzen Universum, es ist in den Nahtoderlebnissen als das »höhere Ich« erlebbar, das wir zu Lebzeiten ahnen durch unsere Ideale, das wir aber kaum schon ganz in unserem Erdenleben verwirklichen können. In den höchsten Augenblicken, in denen wir Liebe und Freiheit erleben, wird es erfahrbar, aber wir können es oft nicht über längere Zeit bewusst aufrechthalten.

Geisteswissenschaftlich können wir erkennen: Wills Unfall ist in der Lebensmitte mit 35 Jahren wie ein Aufruf des Schicksals, eine neue Dimension in den Sinnfragen des Lebens zu entdecken. Dadurch, dass alles bisher Erlebte, alle angestrebten Ziele infrage gestellt werden, könnte sich anhand spiritueller Gesichtspunkte eine neue Einstellung zum Leben entwickeln. Doch Wills Weigerung, diese neue Seite seines Lebens an sich herankommen zu lassen, macht den Prozess der Wandlung unmöglich. Auch Lous Liebe kann ihn nicht dazu führen, dass er den Wert seines Lebens neu durchdenkt. »Idealistische Anwandlungen« werden mit Zynismus zur Seite geschoben. Das betrifft z.B. den Seitenhieb auf die Autobiografie eines Mehrfachschwerbehinderten, Christy Brown, der sich mithilfe seiner Mutter und eines unbesiegbaren Lebenswillens durch die schwierigen Bedingungen seiner Behinderung hindurchkämpft. Diese Biografie ist eine lebendige Ermutigung für alle, die entsprechende biografische Herausforderungen zu bewältigen haben. Ebenso wird der soziale Einsatz Florence Nightingales, die motivierend für Tausende von Lesern wirkte, in einer kurzen Bemerkung vernichtend abgeschmettert.

Es findet weder eine Auseinandersetzung mit dem Tod noch mit dem Leben statt.

Was bewirkt Lous Entscheidung, in letzter Sekunde doch in die Schweiz zu fahren und Will ihre Liebe dadurch zu beweisen, dass sie ihn »freilässt«? Ihr seelisch gesundes Empfinden, das sich gegen diesen Suizid wendet, ist nicht im Ich gegründet, sondert bleibt auf der Ebene, auf der das Ich-Gefühl sich im Astralleib geltend macht. Und das ist der Bereich, in dem Luzifer wirkt. Von Luzifer geht das Selbstbewusstsein aus, das uns durch den Leib das Erlebnis gibt, abgesondert von den anderen Menschen und von der göttlichen Welt zu sein. Durch den luziferischen Einschlag erleben wir uns als identisch mit unserem Leib und sehen aus dieser Perspektive die Welt aus einem subjektiven Blickwinkel, der die Wahrheit verzerrt. Die Folge ist der Egoismus im Blick auf das Erdenleben. Darüber hinaus ist Luzifer der Geist, der immer dem materiellen Leben entfliehen und den Menschen auf unrechtmäßige Weise in das geistige Leben hineintragen will. Spiritualität, die nicht von Liebe getragen ist, ist eine der Verführungsmethoden Luzifers.

Die beiden Beispiele von Julius Hackethal und Jojo Moyes zeigen, wie anhand der Frage nach dem selbst entschiedenen Tod die Schwelle zur geistigen Welt ganz nahe unter der Oberfläche zu ahnen ist. Aber anstatt diese Schwelle bewusst zu erleben und jenseits der Schwelle neue geistige Bereiche zu entdecken, führt eine verkürzte Denkweise in die destruktive Dimension des Todes.

Rudolf Steiner hat die Ärzte immer wieder darauf hingewiesen, dass es zu ihren ethischen Aufgaben gehöre, jedem Patienten gegenüber den Willen zu heilen zur Wirksamkeit zu bringen. Jeder Tag des Lebens sei ein wesentlicher Gewinn. Das wird heute oft ganz anders gesehen.

Organtransplantation
Zeit – keine Zeit für angemessene Entscheidungsprozesse?

Ursula Hausen

Eine angemessene Entscheidung in schwerwiegenden Fragen zu treffen, braucht üblicherweise Zeit. Und gerade das ist im Zusammenhang mit der Thematik der Organtransplantation häufig das größte Problem: dass keine Zeit zur Verfügung steht, in der der Entscheidungsprozess reifen kann. Um das Organ einem anderen Organismus zu implantieren, muss es so schnell wie möglich verfügbar gemacht werden. Den Sterbeprozess des Spenders abzuwarten, ist nicht möglich. Und viele Angehörige empfinden genau das als die furchtbarste Belastung, dass sie unter Bedingungen, in denen sie sich dem Sterbenden zuwenden wollen, dazu gedrängt werden, unter größtem Zeitdruck eine Entscheidung zu treffen, zu der sie sich nicht in der Lage fühlen.

Wer gewohnt ist zu meditieren, weiß, dass innere Ruhe die unabdingbare Voraussetzung für geistig wahre Erlebnisse ist. Wie können Entscheidungen, die unter solchem Stress gefordert werden, eine wahre Hilfe für den betreffenden Menschen sein? Zeit ist die für uns erfahrbare Seite des Ätherischen. Und das Wesen des Ätherischen ist reine Liebe. Nur wenn sie sich entfalten darf, können wir hoffen, dass unser Handeln in Einklang mit den Zielen der göttlichen Welt steht.

Wer vor einigen Jahrzehnten eine medizinische oder pflegerische Ausbildung absolvierte, wurde auf die Situation des Sterbens eines Patienten kaum vorbereitet. Man hielt einen Koma-Patienten für ein nur noch vegetativ bewusstes Wesen und rechnete nicht damit, dass er vielleicht alle Worte, die an seinem Krankenbett gesprochen wurden, in aller Klarheit verstehen konnte, auch wenn er nicht in der Lage war, in irgendeiner Weise zu reagieren. Dank der zahlreichen Berichte von Nahtoderfahrungen hat sich bei der Behandlung von Komapatienten vieles verändert. Die Hospizbewegung hat aus der Ehrfurcht vor dem sterbenden Menschen Wege gefunden, den seelischen Bedürfnissen entgegenzukommen, auch wenn der Mensch selbst sich nicht mehr äußern kann. Tausende Angehörige werden darüber informiert, dass der Sterbende ein sehr feines Gehör hat und man es ihm ersparen solle, Dinge anzuhören, die nicht für ihn gesprochen sind. Wir lernen, die Zusammenhänge neu zu sehen und sinnvoller darauf zu reagieren. Die Vorstellung ist erschreckend, dass durch diese Fehleinschätzung ungeheures Leid über die Patienten gebracht wurde, die durch keine Reaktion zeigen konnten, dass sie verstehen, was über sie gesprochen wird. Bei vielen Nahtodpatienten ist das Hören der Todesnachricht durch die Ärzte und die Entscheidung, keine weiteren Behandlungen mehr durchzuführen, ein Augenblick furchtbarster Panik. Was könnte man den Menschen ersparen, wenn ein Bewusstsein von der hohen Sensibilität Sterbender oder im Koma liegender Menschen weiter verbreitet wäre?

Welche Fragen müssen wir uns stellen, um darüber hinaus auch die Folgen von Explantation und der Implantation von Organen auch in ihrem spirituellen Zusammenhang adäquat zu verstehen? Haben wir eine ähnliche Konstellation vor uns wie bei den früher als völlig wahrnehmungslos eingestuften Koma-Patienten? Werden die Angstreaktionen der Organspender erkannt? Es wird kontrovers darüber diskutiert, ob bei der Explantation eine Narkotisierung des Spenders erforderlich ist. So berichtet eine Studie über die psychische Belastung von OP-Personal durch Explantation, dass über 50 Prozent der Anästhesisten von sich aus eine Vollnarkose geben würden, bedingt begründet durch die Sorge, der Sterbende könnte doch noch Schmerzen empfinden. Andererseits wird von offizieller Seite keine Vollnarkose angeordnet, weil befürchtet wird, dass dies von den Gegnern der Transplantation als Eingeständnis gewertet werden könnte, dass der Patient »nicht wirklich tot« ist.
    Der Leitfaden zur Organentnahme der DSO (Deutsche Stiftung Organtransplantation) enthält zur Frage der Anästhesie nur die kurze Erwähnung, dass sie nicht notwendig sei: »Während der Organentnahme ist die Durchführung einer Narkose zur Ausschaltung

des Bewusstseins und der Schmerzreaktionen überflüssig, weil das primäre Zielorgan – das Gehirn und die betroffenen zentralen Rezeptoren – nachgewiesenermaßen irreversibel ausgefallen sind.« In den verschiedenen Ländern bestehen unterschiedliche gesetzliche Regelungen bezüglich Schmerzmedikation und Narkose bei Explantation, es herrscht also keine wissenschaftliche Eindeutigkeit. Subjektive Einschätzungen von OP-Personal, vor allem von den Pflegenden, die oft den näheren Kontakt mit den Sterbenden haben, weisen darauf hin, dass möglicherweise intensive Schmerzreaktionen vorhanden sind, dass der Sterbende sich aber nicht verständlich machen kann.[11]

Die Entdeckung der Röntgenstrahlen brachte eine aus heutiger Sicht haarsträubende Erneuerung mit sich. Bis in die 1960er-Jahre hinein wurde in den modernsten Schuhgeschäften den Kunden angeboten, dass man den Fuß im Schuh mithilfe eines Röntgengerätes anschauen könne, um die Passform zu prüfen. Da man die Wirkungen der Röntgenstrahlen noch nicht kannte, war man sich nicht dessen bewusst, dass diese den Strahlen ausgesetzten Füße mit einer viel höheren Wahrscheinlichkeit an Knochenkrebs erkrankten. Es dauerte Jahre, bis der Zusammenhang erforscht war, wie das vielfach erhöhte Krebsrisiko zu erklären war.

Solche Pannen der Wissenschaftsgeschichte können uns hellhörig machen. Wie weit es bei den aktuellen Fortschritten der Medizin und anderer Wissenschaftszweige schon überschaubar ist, zu welchen »Nebenwirkungen« die neuen angewandten Methoden führen können, ist zu fragen.

---

[11] Weiterführende und hilfreiche Artikel hierzu, u.a. von Paolo Bavastro, finden sich in den Veröffentlichungen des Dachverbandes Anthroposophische Medizin in Deutschland (www.damid.de), der Homepage der Initiative Kritische Aufklärung über Organtransplantation e.V. (www.initiative-kao.de) und bei www.transplantation.de. Besonders hingewiesen sei noch auf die Veröffentlichung von Sergej Prokofieff und Peter Selg, *Das Leben schützen. Ärztliche Ethik und Suizidhilfe. Eine Betrachtung aus anthroposophischer Sicht.* Dornach 2010.

In der aktuellen Diskussion über die Organspende und die Transplantationsmedizin sind inzwischen viele Probleme entkräftet, die vor einigen Jahren oder Jahrzehnten noch galten. Als wichtigstes Beispiel wäre die *Immunsuppression* zu nennen, durch die heute die Abstoßungsreaktionen des Empfängers auf das fremde Eiweiß des neuen Organs unterdrückt werden können. Aber ist die Bedeutung der Immunreaktion, etwa die Abstoßung von körperfremdem Eiweiß, schon genügend erkannt?

Bedeutung der Explantation für die karmische Entwicklung

Hier möchte ich einen oft vernachlässigten Gesichtspunkt dieser Frage betrachten. Da wir von der Begleitung der Menschen auch über die Todesschwelle hinaus sprechen, muss auch die Frage gestellt werden: Welche Bedeutung haben die Explantation, die Organspende und der Empfang eines Fremdorgans auf die betroffenen Menschen *auch nach dem Tod noch?*

Rudolf Steiner sprach mehrfach davon, dass die Organe des Menschen bei ihrer vorgeburtlichen Bildung aus den schöpferischen Kräften der Hierarchien entstehen und dass sie weiter mit diesen kosmischen Kräften in rhythmischem Einklang leben.

»Denn die Befruchtung besteht nicht darin, dass der Mensch materiell von den Generationen heruntergeholt wird, sondern dass gewissermaßen leerer Raum entsteht, dass im Menschen Materie abgebaut wird und das ganze Universum hineinbaut in den Menschen. In diesen Geistbau – Lunge, Herz, Leber sind durchaus Geistbau –, in den schiebt sich dann die Materie hinein. Aber das, was organisierende Kräfte sind, das ist durchaus aus dem ganzen Universum, aus dem Erleben zwischen Tod und neuer Geburt heraus gestaltet. … (Der Mensch) erlebt bewusst – überbewusst, muss man sagen, zwischen Tod und neuer Geburt das, was er dann in seine Organe hineinbaut. Unsere Organe sind durchaus so gebaut, dass sie unserem Karma entsprechen, dass sie dem entsprechen, was wir aus früheren Erdenleben mitbringen.«

(GA 208, Vortrag vom 22.10.1921)

»Das, was in jedem Organ steckt, ist nur verständlich, wenn das betreffende Organ aus dem Kosmos heraus verstanden wird. Nehmen wir gleich das edelste Organ, das menschliche Herz ... Das menschliche Herz, es ist ja das Ergebnis ... desjenigen, was (der Mensch) mit den Göttern zusammen erarbeitet hat zwischen dem Tod und einer neuen Geburt. Erst muss der Mensch ... in jener Richtung arbeiten, die von der Erde nach dem Löwen, dem Sternbild des Löwen im Tierkreis hingeht. Diese Richtung, diese Strömung von der Erde nach dem Sternbild des Löwen ist ja angefüllt von lauter Kräften ... Dann muss der Mensch ... in die Sonnenregion kommen. Da werden wiederum Kräfte entwickelt, die das Herz weiter vervollkommnen ... Die Kräfte, aus denen das Herz vorbereitet wird, sind in der Löwenrichtung zunächst rein moralisch-religiöse Kräfte ... Und wenn der Mensch durch die Sonnenregion geht, werden diese moralisch-religiösen Kräfte von den Ätherkräften ergriffen. Und erst wenn der Mensch der Erde schon näher kommt, der Wärme, der Feuer-Region, da werden gewissermaßen der Vorbereitung die letzten Schritte hinzugefügt. Da beginnen die Kräfte tätig zu sein, die dann den physischen Keim gestalten für den Menschen, der als geistig-seelisches Wesen heruntersteigt.

Und so ist es, dass jedes einzelne Organ herausgearbeitet wird aus den Weiten des Weltenalls. Wir tragen in uns einen Sternenhimmel.«

(GA 239, Vortrag vom 30.3.1924)

Es ist zu befürchten, dass diese Sichtweise der Organentstehung noch lange Zeit nicht im allgemeinen Menschheitsbewusstsein wirken wird. Wer aber anfängt, sich in diese Zusammenhänge mit dem Kosmos zu vertiefen, wird nicht Gefahr laufen, unbedacht in diese höchst geheimnisvollen Rhythmen und Kräfte einzugreifen. Es wird noch viele Jahre intensivsten anthroposophischen Forschens bedürfen, bis entsprechende Erkenntnisse zur Verfügung stehen, die für so weitreichende Eingriffe eine sichere Grundlage geben können.

Der Begriff »Organspende« kann, wenn er ernst genommen wird, nur gelten, wenn ein Mensch zu Lebzeiten bewusst beschlossen hat, dass seine Organe nach dem Tod explantiert und einem andern Menschen implantiert werden sollen. Man könnte darüber nachdenken, ob man Menschen, denen ohne ihre Zustimmung oder nur durch die Zustimmung der Angehörigen Organe entnommen werden, nicht ebenso berechtigt als »Explantationsopfer« bezeichnet könnte.

Der Eingriff in den Todesaugenblick:
Kann die Begegnung mit Christus gestört werden?

Die Nahtodforschung hat das Erleben des Todesaugenblickes in weiten Kreisen neu zu Bewusstsein gebracht. Aufmerksame Begleiter, Angehörige, Pflegende oder Hospizmitarbeiter sind wach geworden für die Heiligkeit dieses Augenblickes; wer ihn miterlebt und dabei relativ frei von persönlichen Ängsten, Schmerz und Trauer bleiben kann, findet den sichersten Trost. Die religiösen Bräuche und die Erkenntnisse der Geisteswissenschaft bestätigen, dass nun ein neuer Weg beginnt. Die Menschheit lernt durch die Nahtodforschung, den Tod als entscheidenden Übergang, aber nicht als absolutes Ende zu verstehen. Die Schwelle zur geistigen Welt kommt immer deutlicher in das Blickfeld vieler Menschen. Der Ernst, aber auch die Freude des geistigen Erlebens ermöglichen ein Bewusstsein für eine höhere Wirklichkeit.

Rudolf Steiners Forschungsergebnisse weisen dabei auf wesentliche Punkte hin:
- Der *Todesaugenblick* ist das entscheidende Erlebnis für jeden Menschen. Kein Schmerz auf Erden könnte so groß sein, dass er nicht durch diesen Augenblick überwunden werden kann. Die Christusbegegnung ist für jeden Menschen möglich, und er kann für den weiteren Weg an ihm seine Orientierung finden.
- Der Todesaugenblick bleibt auch für das ganze nachtodliche Leben das Ereignis, durch das der Mensch seine *Sinngebung für den nachtodlichen Weg* finden kann. Immer wieder wird die Seele sich darauf besinnen und aus der Erinnerung an diesen Augenblick die Kraft für den weiteren Weg schöpfen.
- Denn es bleibt nicht bei der zuerst so rein erlebten Harmonie, von der die Nahtoderfahrungen berichten. Nach drei bis vier Tagen, wenn der Ätherleib sich endgültig vom physischen Leib löst, muss

ein *neuer Halt in der geistigen Welt* gefunden werden. Deshalb stand immer an diesem Übergang das Ritual der Bestattung. Darin findet der Verstorbene seinen Halt in der Christusbegegnung, die ihm wider zugesprochen wird, wenn das Lebenstableau sich auflöst.

• Wenn die Zeit des Kamaloka beginnt, muss alles angeschaut und erarbeitet werden, was im Erdenleben noch nicht den Idealen entsprach. Es wäre eine Illusion, aus einem naiven Verständnis der Nahtoderlebnisse heraus entstanden, zu dem Schluss zu kommen:»Mit dem Todesaugenblick wird schon alles gut.« Eine Halbwahrheit würde so zum gefährlichen Irrtum – und hat wohl auch schon in manchen Fällen zum Suizid geführt. Denn der weitere Weg der Verarbeitung ist ein schwerer und oft schmerzvoller. Die Verfinsterung durch die unbewältigten karmischen Verpflichtungen kann vom Wahrnehmen des Christuslichtes wieder abschneiden. Die *Erinnerung an den Todesaugenblick* muss dann die entscheidende Hilfe sein – ähnlich dem, wie wir uns an die Liebe eines Menschen erinnern können, auch wenn er nicht da ist, und aus dieser Erinnerung und der Hoffnung, ihn wiederzusehen, Kraft schöpfen. Auch die Gebete der Angehörigen helfen dazu, die Blickrichtung auf Christus immer wieder zu erneuern.

Die Transplantations-Medizin. geht implizit davon aus, dass das Gehirn alle Funktionen des Bewusstseins produziert, und dass unabhängig vom Gehirn kein Bewusstsein möglich ist. Der»Hirntod« als Kriterium der Diagnostik des Todes ist, wie Paolo Bavastro und andere Forscher nachweisen[12], speziell für diesen Bereich der Medizin definiert worden, denn um Organe zu transplantieren, braucht man die in den Organen noch aufrechterhaltenen Vitalfunktionen.

Während es in allen Religionen üblich war, den Tod mit Ernst und Ruhe zu gestalten und dadurch für den Sterbenden bzw. Verstorbenen einen geschützten Erlebnisbereich zu bewahren, wird bei

---

[12] Paulo Bavastro, Günther Kollert (Hrsg.), *Organtransfer: Ethische und spirituelle Fragen zu Organtransplantation und Hirntod.* Dornach 2014.

der Explantation eines Organs unter Zeitdruck ein Eingriff im noch warmem Organismus vorgenommen, der nicht die Begleitung des Sterbenden, sondern die Beschleunigung aller Vorgänge zum Ziel hat, und durch den fremde Interessen sich der Sterbenden bemächtigen. Die psychischen Belastungen, denen die verschiedenen Mitarbeiter im OP ausgesetzt sind, sprechen Bände davon.[13]

Wer die Heiligkeit dieses Augenblickes wahrzunehmen übt, wer eintaucht in das Erleben des Sterbenden, der empfindet jedes laut gesprochene Wort als Störung, wenn es nicht ganz im Einklang mit dem Erleben der Sterbenden steht.

So ist die größte Gefahr wohl damit verbunden, dass durch die Explantation von Organen (möglicherweise auch durch die doch noch vorhandene Schmerzempfindung während des Eingriffs) der Sterbende sich nicht frei der Christusbegegnung zuwenden kann und damit das entscheidende Erlebnis für den weiteren Weg in der geistigen Welt nicht kraftvoll genug erlebt oder ganz davon abgelenkt ist.
Es gibt Schilderungen hellsichtiger Menschen, die von einer Art »Schreckensstarre« des Verstorbenen berichten[14], der im Nachtodlichen nicht verarbeiten und verstehen kann, was die Organentnahme für ihn bedeutet und offensichtlich die befreiende Begegnung mit Christus nicht gefunden hat.
Das wäre ein unersetzlicher Verlust für die weitere Entwicklung und kann nicht ohne Weiteres durch den Gedanken ausgeglichen werden, dass durch das gespendete Organ ein anderer Mensch dafür weiter auf Erden leben kann.

Die Organe, die aus der geistigen Welt der Hierarchien gestaltet waren, werden auch im nachtodlichen Leben ja als Träger von Lebens-, Seelen- und geistigen Kräften gebraucht. Sie wenden sich den Hierarchien wieder zu und gehen in den Kräften des Kosmos wie-

[13] www.initiative-kao.de/kao-organspende-die-verschwiegene-seite-2011.pdf
[14] Jana Haas: *Jenseitige Welten. Die Reise der Seele ins Licht.* München 2012.

der auf, aus dem sie gekommen sind. All diese Kräfte lernen wir ja erst kennen, wenn wir die geisteswissenschaftliche Erkenntnis des Kamaloka und des Weges durch die Planetensphären erarbeiten. In diesen geistig-physischen Prozess der Karmaverarbeitung mit den jetzt zur Verfügung stehenden Mitteln einzugreifen, ist in meinen Augen nicht zu verantworten.

Eines kann aber mit Sicherheit gesagt werden: Solange die Explantation von Organen durch Chirurgen vorgenommen wird, die nicht über die Nahtodforschung informiert sind und ein Leben der Seele nach dem Tod ausschließen, müssen wir die Fortschritte auf dem Gebiet der Transplantationsmedizin mit großer Vorsicht und Zurückhaltung anwenden. Wäre es nicht zu hoffen, dass in Zukunft gerade in die chirurgische Ausbildung auch die Nahtodforschung Eingang findet? Jeder Mensch hat die Möglichkeit, in seinem persönlichen Umfeld dafür zu sorgen, dass diese Frage ernst genommen wird.

Und was bedeutet das für die Menschen, die schwerkrank auf ein Spenderorgan warten? Die offenen Fragen für die zukünftige Forschung

Wir können hier nur auf das *Problem der Explantation* hinweisen, aus dem Anliegen heraus, die *Heiligkeit des Todesaugenblickes* vor Eingriffen zu schützen. Das steht in keinem Widerspruch dazu, dass auch die wartenden Organempfänger dringend Hilfe brauchen. Es muss mit aller Kraft daran gearbeitet werden, dass diese Hilfe in einer andersartigen Form möglich wird. Denn es ist niemandem damit geholfen, wenn ein Problem kurzfristig durch Transplantation gelöst wird, dadurch aber unüberschaubare karmischen Folgen entstehen.

Dass mit der Transplantation eines Organs nicht alle Fragen gelöst sind, wird sichtbar in den Berichten der Psychotherapeutin Ilse Wellendorf[15], die die seelischen Prozesse vieler Patienten nach der Transplantation begleitet hat. Manche dieser Berichte lassen auch

[15] Ilse Wellendorf: *Mit dem Herzen eines anderen leben*. Stuttgart 1998.

die Frage erkennen: Ist das Spenderorgan mehr als eine Notlösung? Wie kann die Integrität des Menschen erhalten oder wieder hergestellt werden? Müssten nicht noch ganz andere Wege der Heilung gefunden werden?

Einer dieser Wege zur Heilung, der aus dem Stress des Wartens auf den Tod eines Spenders herausführt, ist *der in Freiheit als Lebensperspektive akzeptierte Tod.* Wer dem Leben nach dem Tod Vertrauen entgegenbringen kann, der muss nicht, wie es in manchen Berichten dargestellt wird, verzweifelt auf den Tod eines anderen Menschen warten, um dessen Organe zu bekommen. Hier gilt es im Rahmen der psychologischen und geisteswissenschaftlichen Forschung sowie der Seelsorge, den Blick auf den Tod geistig klar zu erarbeiten und mit den Patienten Wege zur Lösung zu suchen. Und immer werden unsere Lösungsversuche in die richtige Richtung weisen, wenn wir sie nicht krampfhaft festhalten wollen, sondern unter die Bitte des Vaterunsers stellen: »Dein Wille geschehe ...«

Das Lazarus-Syndrom

Ein weiteres rätselhaftes Phänomen ist das so genannte »Lazarus-Syndrom«, das verschiedentlich in den Diskussionen um die Explantation beschrieben wird. Immer wieder kommt es zu Bewegungen des Explantationsopfers – von Chirurgen und Explantationsteams als »Reflexe« bezeichnet –, die aber deutlich eine zielgerichtete Bewegung darstellen. So erlebte ein Chirurg, wie in dem Augenblick, in dem er das Skalpell zur Organentnahme ansetzen wollte, dass der Hirntote sich plötzlich aufrichtete und ihm für einen Augenblick beide Hände auf die Schultern legte, bis er wieder leblos zurücksank. Sicher kann es jeder nachvollziehen, dass der Chirurg daraufhin die Explantation abbrach. Dadurch konnte der sterbende Patient im Kreis seiner Familie einen Tag später sterben. Wie können wir uns diesem Phänomen nähern?

In den letzten Jahren sollen etwa 12 ähnliche Fälle des Lazarus-Syndroms beschrieben worden sein. In der engagierten Literatur, die vor einer vereinfachten, mechanisierten Sichtweise der Transplantationsmedizin warnt, wird feststellt, dass es kaum wirklich unabhängige Forschung zum Thema gibt. Es besteht von Seiten der DSO und anderer Organisationen ein eindeutiges Interesse daran, diese Bewegungen des Hirntoten als »Reflexe« zu interpretieren. Reflexe können auch kurz nach dem Tod noch durch Reizung bestimmter Nervenbahnen ausgelöst werden. Ganz anders müsste das beschriebene Ereignis angesehen werden, wenn man eine zielgerichtete Bewegung annimmt, die der Sterbende mit letzter Kraft ausführt, weil er ahnt, was um ihn herum geschieht.

»Bei Reaktionen wie ansteigendem Blutdruck bei Gefahr oder dem sogenannten ›Lazarus-Syndrom‹, wenn z.B. ein Hirntoter sich beim Ansetzen des Skalpells aufrichtet und den Chirurgen festhält, wird apodiktisch behauptet, es seien Reflexe. Was Reflexe sind und was ein Mensch dabei empfindet, darf nicht erfragt werden, denn es scheint selbstverständlich zu sein, dass er nichts empfindet.«

(Ilse Gutjahr, *Sterben auf Bestellung*, S. 114)

George Ritchie beschreibt in *Rückkehr von morgen*, wie er verzweifelt versucht hat, sich den lebenden Menschen verständlich zu machen, die ihn aber nicht wahrnahmen. Auf ähnliche Weise werden viele Nahtoderlebnisse beschrieben: Der Sterbende hat ohne seinen Leib keine Möglichkeit, sich bemerkbar zu machen, erlebt aber deutlich, dass er auf die Hilfe der Ärzte angewiesen ist. Keiner hört ihr verzweifeltes »Rufen« ohne Stimme, keiner reagiert auf Versuche, die Menschen zu berühren oder Zeichen zu geben.

Bringen wir diese Out-of-body-Erfahrungen mit der Schilderung des »Lazarus-Syndroms« in Zusammenhang, entsteht ein ganz anderes Bild. Könnte es sein, dass der Sterbende verzweifelt versucht, zu dem Arzt Kontakt aufzunehmen? Dass es in ganz seltenen Fällen einem Sterbenden gelingt, noch einmal seinen Leib so weit zu durchdringen, dass eine zielgerichtete Bewegung entsteht und dass er dann erschöpft zurücksinkt? Wie sehen die Operationssäle der Transplantationszentren von der Seite der Sterbenden aus? Welche Erlebnisse müssen wir bei dem der Explantation hilflos ausgelieferten Patienten annehmen, wenn die Schilderungen Rudolf Steiners über den Sterbeprozess und die konkreten Berichte der Nahtoderlebnisse real genommen werden? Könnte es sein, dass doch noch Schmerzempfindlichkeit existiert, da in den verschiedenen Ländern eine *Anästhesie* bindend vorschrieben ist für die Explantation, in anderen nicht? Hat die Entnahme eines Organs viel weiter reichende Folgen, als bisher angenommen wird?

Auch diese Fragen sind nur zu beantworten, wenn eine *Erweiterung unseres Bewusstseins* um die spirituelle Dimension wenigstens im Denken entsteht. Es wird noch lange dauern, bis die Bewusstseinsentwicklung bis zu sicheren geistigen Erkenntnissen vordringt.

Der Begriff »Organspende« kann, wenn er ernst genommen wird, nur dann gelten, wenn ein Mensch zu Lebzeiten bewusst beschlossen hat, dass seine Organe nach dem Tod explantiert und einem andern Menschen implantiert werden sollen. Man könnte darüber nachdenken, ob man Menschen, denen ohne ihre Zustimmung oder nur durch die Zustimmung der Angehörigen Organe entnommen werden, nicht ebenso berechtigt als »Explantations-Opfer« bezeichnen könnte.

Wenn der Begriff »Organentnahme bei lebendigem Leib« wie Ilse Gutjahr und Dr. phil. Mathias Jung im Umschlagtext ihres Buches *Sterben auf Bestellung – Fakten zur Organentnahme* schreiben, der Wahrheit entspricht, ist es fast unvorstellbar, was die Explantationsopfer durchmachen, wenn ihnen ohne Anästhesie Organe entnommen werden.

Zusammenfassung

Die moderne Medizin lässt uns heute in eindrucksvoller Weise erkennen, wie nahe die Menschheit sich an der Schwelle zur geistigen Welt bewegt. Die möglichen Eingriffe betreffen immer auch die höheren Wesensglieder des Menschen, auch wenn der Chirurg sich dessen nicht bewusst ist. Ein verantwortlicher Entwicklungsprozess kann nur gelingen, wenn die Realität der geistigen Dimension jedes Organs und des ganzen Organismus anerkannt wird. Eine geisteswissenschaftliche Erarbeitung der höheren Bewusstseinszustände durch den Schulungsweg Rudolf Steiners kann die Sensibilität für die ätherischen und astralischen Anteile erhöhen. Die gedankliche Erarbeitung der geistigen Zusammenhänge ermöglicht eine Erweiterung der Gesichtspunkte, die sonst bei der Funktion der physischen Organe stehen bleiben.

Es ist zu hoffen, dass in der Zukunft auch ein Blick in das nachtodliche Leben die Patienten begleitet. Rudolf Steiner rechnete durchaus damit, dass der nachtodliche Weg der Patienten durch den Arzt bzw. den Priester mitverfolgt wird. Daraus können wir die Hoffnung ableiten, dass es auch möglich ist, den Verstorbenen zu befragen, ob die Art der Therapie auch aus dem Lebensrückblick in der geistigen Welt sinnvoll erscheint.

Es gibt eine interessante Schilderung in der Literatur[16], in der ein Vater in bewegender Weise die Bemühungen und die allmählich deutlicher verständlichen Antworten seines mit 19 Jahren verstorbenen Sohnes auf seine Fragen schildert. Eine dieser Fragen bezieht sich auf die Freigabe einer Niere, der die Eltern nach dem Tod des Sohnes zugestimmt hatten.

Die Antwort des Sohnes geht eindeutig in die Richtung, dass für das Erdenbewusstsein nicht zu erkennen ist, wie vielschichtig und kostbar die die Organe durchströmende lichtartige Substanz ist, die wir wohl als den ätherischen Anteil der Organe verstehen können. Er betont, dass es der größten Ehrfurcht vor diesen Zusammenhängen bedarf und dass die Organe dem gehören, der verstorben ist, nicht den Zurückbleibenden. Ein solches Beispiel kann sehr nachdenklich stimmen gegenüber den so nachdrücklich geforderten schnellen Entscheidungen über die Bereitschaft zur Organspende.

Eine ganzheitliche Betrachtung des Menschen lässt die Frage vielleicht anders aussehen als ein rein an den Organen als »Ersatzteilen« gebildeter Begriff dessen, was durch eine Transplantation »gerettet« wird: Geht es nur um die Verlängerung des physischen Lebens, oder müssen wir nicht in viel größerem Maß auch das Leben der anderen Wesensglieder einbeziehen? Könnte es sein, dass der Organismus

---

[16] Marcel Belline, *Das dritte Ohr. Ein Dialog mit dem Jenseits.* Bonn 1973.

eines Sterbenden eine sehr differenzierte Entwicklung auf der physischen, ätherischen, astralischen und geistigen Ebene durchmacht, die erst in ihrer Gesamtheit erkannt werden muss, bevor einzelne Teile herausgerissen und isoliert behandelt werden?

Rudolf Steiner spricht in Vorträgen während des Ersten Weltkrieges davon, dass in der Entartung der mexikanischen Mysterien das Herausschneiden von Organen bei lebendigem Leib im Sinne der Schwarzen Magie eingesetzt wurde, um Macht über gewisse okkulte Kräfte zu bekommen. Dies sei hier nur kurz angedeutet, um zu zeigen, wie die spirituelle Wirkung der Organentnahme auch eine höchst problematische Dimension bekommen kann.

Eine andere Aussage Rudolf Steiners soll hier abschließend angeführt werden, die in anthroposophischen Zusammenhängen als ein Argument für die Organtransplantation angeführt wird:

»Wir werden in der Lage sein, in einen Leib einzuziehen, der von einem Menschen hat zubereitet werden müssen, den wir besonders geschädigt haben; und der andere wird in der Lage sein, in unseren zubereiteten Leib einzutreten. Und dadurch wird das, was wir auf Erden werden vollbringe können, in einer ganz anderen Weise sich karmisch ausgleichen können als sonst.«

(GA 128, Vortrag vom 19. November 1922)

Diese Aussage bezieht sich auf die Vorbereitung des Leibes, wie sie in der geistigen Welt *vor der Geburt* stattfindet. Wenn ein Mensch bereit ist, seinen Leib einem anderen Menschen zur Verfügung zu stellen, so ist das sicher eines der größten Opfer, die ein Mensch vollbringen kann. Doch geschieht dieses Opfer in der vollen Überschau über die karmischen Zusammenhänge, die vor der Geburt möglich ist. Der Mensch, der sich zu diesem Opfer entschließt, steht in der unmittelbaren Verbindung mit den geistigen Wesen, die sein Schicksal mitgestaltet haben und handelt in Einklang mit ihnen. Dieser Vorgang kann mit Sicherheit nicht herangezogen werden, um die Transplantation einzelner Organe eines Sterbenden in den Organismus eines anderen Menschen zu begründen.

In der ätherischen, astralischen und geistigen Substanz unseres Leibes wirken die neun Hierarchien der göttlich-geistigen Welt. Ihnen verdanken wir die kostbarsten Geschenke, die in unserem Karma sich entfalten. Sie sind hineingeheimnist in die Gestaltung unserer Organe. Es könnte ein neuer Denkanstoß sein, um die Fragen der Organtransplantation zu bearbeiten, dass wir uns schulen, um die Kommunikation mit diesen geistigen Wesen zu finden. Große Menschen wie Christian Morgenstern oder Michael Bauer können uns zum Vorbild werden, wenn wir an ihnen erleben, wie sie mit der eigenen Krankheit in besonnener und sicherer Weise gelebt haben, in der Gewissheit, dass diese eine wichtige geistige Dimension der Entwicklung mit sich bringt. Lernen wir von ihnen, dann können wir erwarten, dass mithilfe geistiger Wesen sich ganz neue Dimensionen der Entwicklung erarbeiten lassen. Könnten dann nicht gerade ätherische und seelische Kräfte von einem Menschen zum andern so strömen, dass dadurch Heilendes wirken kann?

Vom Geistigen aus auf die physische Leiblichkeit zu wirken, lässt eine andere Dynamik erkennen, als von den physischen Organen ausgehend rein physische Prozesse in Gang zu bringen, deren geistige Dimension nicht genügend erkannt wird.

Hier bekommt der Aufruf Rudolf Steiners, dass jeder Schritt in der Erkenntnis mit drei Schritten der Entwicklung moralischer Qualitäten einhergehen muss, eine neue Aktualität. Die Errungenschaften der Medizin, die ungeheure Erkenntnisse auf der physischen Ebene zutage förderten, brauchen eine vertiefte Entwicklung der seelisch-geistigen und moralischen Kräfte, die das Gleichgewicht wieder herstellen können. Es liegen hier große Bereiche der Selbsterziehung, die neue Entwicklungsimpulse geben können, vom Geistigen aus auf den physischen Leib zu wirken.

Interdisziplinäre Zusammenschau von Nahtoderfahrungen und Transplantationsforschung

Betrachten wir die Forschungen zu den Nahtoderlebnissen und zur Organentnahme und Transplantation, so sehen wir ein verhängnisvolles Auseinanderdriften der Sichtweisen.

Die gesamte Szene der Transplantationsmedizin geht implizit davon aus, dass der (Hirn-)Tod das absolute Ende bedeutet, dass das Bewusstsein vom Gehirn hervorgebracht wird. Nur unter dieser Prämisse ist es zu verantworten, dem »Verstorbenen«, in Wirklichkeit dem Sterbenden, Organe wie Ersatzteile zu entnehmen.

Während die Forschung vornehmlich die Interessen der Empfänger im Blick hat und die Frage des Bewusstseins des Sterbenden unabhängig von seinem Leib gar nicht in Betracht zieht, sind die Berichte der Nahtodpatienten ganz auf das leibfreie Bewusstsein und eine andere Dimension des Erlebens in der geistigen Welt gerichtet. Gerade an den Grenzen der Forschungsbereiche können die entscheidenden gegenseitigen Befruchtungen entstehen. Eine klare Information über die vom Gehirn unabhängigen Erlebnisse der Nahtoderfahrungen könnte Wichtiges zur Entscheidungsbildung in der Transplantationspraxis beitragen.

Erst wenn diese beiden Bereiche zusammen gesehen werden, kann eine verantwortungsbewusste Urteilsbildung entstehen. Daher ist es meines Erachtens unerlässlich, dass im Rahmen der medizinischen Ethik die Forschung über Nahtoderlebnisse verbindlich in die Ausbildung jedes Arztes, besonders aber in die Fortbildung der Transplantationschirurgie aufgenommen wird.

Anhang

Die Erde vom Kosmos aus gesehen

Rudolf Steiner

»Dieser Mensch, der eine Zeit lang die Erde umschwebt hat, sie von außen angeschaut hat, käme nun dazu, sich auf der Erde wieder zu verkörpern ... und müsste nun alles vergessen, was er von einem anderen Standpunkte aus erlebt hat ... Dies ist eine Vorstellung, die sehr stark an die Wahrheit herankommt. Denn es ist durchaus richtig, dass die Menschenseele zwischen Tod und neuer Geburt wie schwebend ist um die Erde herum, aber – wie ich es oft geschildert habe – durch die karmischen Verbindungen bedingt, auf die Erde hinunterschaut. Dann aber hat die Seele durchaus das Gefühl: Diese Erde ist ein beseelter und durchgeistigter Organismus ... Wenn aus dem Weltenraume herab der Orient, von Asien bis herüber tief in Russland hinein, angeschaut wird, so erscheint die Erde wie von einem bläulichen Schein belegt, bläulich, bläulich-violettlich; so ist die Erde auf dieser Seite aus dem Weltenraume gesehen. Kommt man nach der westlichen Halbkugel, schaut man sie an, wo sie amerikanisch ist, so erscheint sie mehr oder weniger in brennendem Rot. Da haben Sie eine Polarität der Erde, aus dem Kosmos angeschaut. Das kann die Kopernikanische Weltanschauung von sich aus selbstverständlich nicht geben; aber es ist ein anderes Anschauen von einem andern Gesichtspunkte aus. Und demjenigen, der diesen Gesichtspunkt hat, wird jetzt begreiflich: Diese Erde, dieser beseelte Erdenorganismus zeigt sich nach außen hin anders in seiner östlichen Hälfte als in seiner westlichen. In seiner östlichen hat er seine blaue Überdeckung, in seiner westlichen hat er etwas wie ein Auflodern seines Inneren nach außen hin. – Da haben Sie eines der Beispiele, wie sich der

Mensch zwischen Tod und neuer Geburt nach dem richten kann, was er dann erkennen lernt. Er lernt die Konfiguration der Erde erkennen, das verschiedene Aussehen der Erde nach dem Kosmos und nach dem Geistigen hinaus. Er lernt erkennen: Sie ist nach der einen Seite bläulich-violettlich, nach der andern brennend-rot. Und je nach seinem geistigen Bedürfnis, das er aus seinem Karma heraus entwickeln wird, ist das für ihn in bezug darauf bestimmend, wo er sich wieder verkörpern will ...

Wenn der Tote in unserem gegenwärtigen Zeitenzyklus gewisse Punkte betrachtet, dann bekommt er von der Stätte aus, die hier auf der Erde dadurch signiert ist, dass es Palästina, dass es Jerusalem ist, mitten aus dem Bläulich-Violettlichen heraus etwas von goldigem Gebilde, von goldigem Kristallgebilde zu schauen, das sich dann belebt: das ist Jerusalem, vom Geiste aus gesehen! Das ist das, was auch in der Apokalypse – indem ich von Imaginationen spreche – als ›himmlisches Jerusalem‹ hineinspielt. Das sind keine ausgedachten Dinge, das sind Dinge, die geschaut werden können. Geistig betrachtet, war es mit dem Mysterium von Golgatha so, wie man es bei der physischen Betrachtung erleben kann, wenn heute der Astronom sein Fernrohr in den Weltenraum hinausrichtet und dann schaut, was ihn in Verwunderung versetzt, wie zum Beispiel das Aufleuchten von Sternen. Geistig, vom Weltenall aus betrachtet, war das Ereignis von Golgatha das Aufleuchten eines Goldsternes in der blauen Erdenaura von der Osthälfte der Erde. Da haben Sie die Imagination für das, was ich vorgestern am Schlusse entwickelt habe. Es handelt sich wirklich darum, dass man durch solche Imaginationen sich wiederum Vorstellungen vom Weltenall verschafft, welche die Menschenseele in den Geist dieses Weltenalls fühlend hineinstellen.

Versuchen Sie mit einem Hingestorbenen zu denken die in Goldglanz sich aufbauende Kristallgestalt des himmlischen Jerusalems innerhalb der blau-violetten Erdenaura, so wird das Sie nahe bringen; denn das ist etwas, was zu den Imaginationen gehört, wohinein der Tote stirbt: Ex Deo nascimur – In Christo morimur!«

Vortrag vom 30. März 1918. GA 181, S. 172 f.

Rosenkind

Ursula Hausen

Es waren einmal ein König und eine Königin, die hatten sich lange nach einem Kind gesehnt. Und als ihnen endlich eines geboren wurde, sagte die Königin: »Es ist, wie wenn nach einem langen, dunklen Winter die Rosen wieder aufblühen«, – und so nannte sie das Kindchen Rosenkind.

Rosenkind wuchs heran, und ihr liebster Ort war der große Garten, der das Schloss umgab. Eines Tages begegnete ihr dort zwischen den knospenden Rosensträuchern ein lichter Königssohn. Der blickte sie an und sprach: »Ich werde auf dich warten. Suche mich, du wirst mich finden. Und einst, wenn alle Rosen aufgeblüht sind, hole ich dich auf mein Schloss.«

So machte sich Rosenkind auf, ihn zu suchen. Doch als sie das Reich ihres Vaters verlassen hatte, stand plötzlich ein fremder Fürst vor ihr und sprach: »Du bist in mein Reich eingedrungen, nun bist du mein!« Rosenkind erschrak. »Nein, ich gehöre dem lichten Königssohn, der auf mich wartet. Wenn alle Rosen aufgeblüht sind, holt er mich auf sein Schloss.«

Weil sie sich weigerte, mit ihm auf sein Schloss zu kommen, sperrte er sie in einen finsteren Turm, umgab ihn mit einer dichten Dornenhecke und höhnte: »Hier kannst du warten, ob er dich holt!«

Lange ließ er sie in der Dunkelheit allein. Kein Lichtstrahl drang herein, und ihre Augen wurden trüb von Tränen. »Weh, ich werde blind!«, klagte sie. Und »blind – blind – blind« hallte es von den schwarzen Kerkerwänden zurück.

Sie wusste nicht, wie viel Zeit vergangen war, als der Fremde wieder erschien: »Ich komme, dich zu holen. Es blühen keine Rosen mehr. Dein Prinz ist nicht gekommen. Nun gehörst du!«

In ihrer Verzweiflung bahnte Rosenkind sich gewaltsam den Weg und stürzte durch die Dornenhecke ins Freie. Sie achtete nicht darauf, dass die Dornen ihre Haut zerrissen und ihre Augen zerstachen. Zitternd vor Angst und Schmerzen lief sie, bis sie vor Erschöpfung zusammenbrach.

Inzwischen hatte der Königssohn die Schar seiner Getreuen um sich versammelt, schon ehe die ersten Rosen erblühten, um zu ihrer Befreiung bereit zu sein. So sah er von Ferne ihre Flucht und eilte ihr entgegen, sie auf sein Pferd zu heben und nach Hause zu führen. Doch Rosenkinds Augen waren von den Dornen zerstochen, und ihr Herz war blind vor Furcht. Entsetzt floh sie vor ihm, da sie ihn für den Verfolger hielt und rief: »Nie sollst du mich anrühren, nie kehre ich in den Kerker zurück!«

Da sah er, dass sie ihn nicht erkennen konnte, und dass alles sie erschreckte, was er sprach. Und er dachte bei sich: »Wenn sie nicht mit mir kommen kann, so will ich mit ihr gehen.«

Er stieg vom Pferd, legte die Krone ab und sandte sein ganzes Gefolge zurück. Leise folgte er ihr, wohin sie auch ging, sorgsam darauf bedacht, sie durch keinen Laut zu erschrecken. Sie wusste nichts von seiner Nähe, und doch war er da. Er ging vor ihr her, um den Weg durch Dickicht und Steine zu bahnen. Er ging neben ihr, wo ein Abgrund drohte. Er ging hinter ihr, wenn wilde Tiere sie verfolgten. Und des Nachts deckte er sie mit seinem Mantel zu und wachte bei ihr. Ehe die ersten Strahlen der Morgensonne sie weckten, rief er sie leise bei ihrem Namen und wies ihr den Weg für den kommenden Tag. Während sie so auf dem schweren Weg sich mühte, behütete er sie heraus aus aller Gefahr, bis der Tag kam, da alle Rosen aufgeblüht waren und sie im Schloss erwartet wurde.

Im Schloss war alles zu ihrem Empfang bereit. Doch als die beiden sich nahten, verstummte auf das Zeichen des Prinzen die Jubelmusik, kein Wort, kein Geräusch erklang, um sie nicht zu erschrecken. Schweigend standen alle und begrüßten sie nur mit ihren Blicken liebevoll, besorgt. Denn noch war die letzte Gefahr zu bestehen: die hohen Marmorstufen, die hinaufführten zum Tor des Schlosses. Würde sie daran stürzen?

Doch liebevolle, dienende Hände hatten ununterbrochen daran gearbeitet, einen Teppich von Rosenblüten zu weben und darüberzubreiten. Und als Rosenkind ankam, meinte sie, über einen sanften, blühenden Hügel zu schreiten. Der Rosenduft erfüllte den ganzen Umkreis und weckte sachte die erste leise Erinnerung.

Oben angekommen sank sie ermattet nieder. Vorsichtig bettete sie der Königssohn auf ein Lager. Und während sie noch schlief, bestrich er ihre Augen mit heilendem Balsam. Sie fühlte das Brennen, doch die Furcht war von ihr gewichen. »Was ist das?«, fragte sie.

»Halte nur still, das ist, was dich heilt!« – »Wo bin ich?« – »Du bist bei mir«, antwortete der Königssohn und schloss sie in die Arme. »Wenn deine Augen geheilt sind, will ich dir die ganze Herrlichkeit meines Reiches zeigen.«

Von den heimlichen Helfern der Menschen

Ursula Hausen

Es war einmal eine gute alte Frau, die hatte einen großen Garten. In dem pflanzte sie viele Bäume und Früchte für andere Menschen. Eines Morgens, als sie wieder in den Garten kam, sah sie, dass vieles über Nacht getan worden war, viel besser, als sie es selbst hätte tun können. »Wer mag nur der heimliche Helfer sein?«, dachte sie bei sich selbst. »Wer es auch ist, ich will ihm von Herzen danken!«

Am andern Morgen war noch mehr geschehen, und als sie wieder sprach: »Lieber Helfer, ich danke dir!«, da hörte sie hinter sich eine freundliche Stimme: »Ich bin einer der heimlichen Helfer. Durch deinen Dank kann ich dir näher kommen. Oft schon war ich bei dir, ohne dass du mich bemerktest. Wir sind viele, die dem größten Herrn der Hilfe dienen. Willst du auch ein heimlicher Helfer für alle Menschen werden? Wir brauchen dich, es ist so viel zu tun!«

Als die Frau das hörte, wurde ihr ganz warm ums Herz. Allen Menschen zu helfen, das war es, was sie sich immer gewünscht hatte. »Aber wirst du dich nicht fürchten?«, fragte leise der Helfer. »Du musst, um zu uns zu kommen, allein durch das große dunkle Tor gehen, bis du auf der anderen Seite den lichten Weg und den Herrn aller Hilfe findest.« – »Ich fürchte mich nicht. Ich will zu euch kommen«, antwortete die Frau ganz fest.

Am andern Tag geschah etwas, worüber die Frau zuerst erschrak. Es war wie ein heftiger Schlag, und plötzlich stand sie vor dem großen dunklen Tor. »Wer wird es nur öffnen? Ich bin ja allein«, dachte sie.

Da hörte sie, wie einer der Menschen, die vorher bei ihr gewesen waren, rief: »O, was ist mit ihr geschehen? Herr, hilf du ihr!« Durch diese Worte öffnete sich das große dunkle Tor, und auf dem lichten Weg kam ihr der Herr aller Hilfe entgegen und nahm sie bei sich auf. »Es ist gut, dass du hier bist. Wir brauchen dich!«, waren seine Worte.

»Nun sieh noch einmal zurück«, sprach er weiter. Da sah sie den ganzen Garten, den sie gepflanzt hatte, alle Knospen waren aufgeblüht, und er trug die herrlichsten Früchte. In der Mitte aber stand der Baum ihres Lebens, über und über erfüllt zur reichsten Ernte, und in seinem Umkreis gewahrte sie alle die Helfer, die daran mitgewirkt hatten, ohne dass sie es bemerkte. »Wie kann ich euch danken?«, fragte sie. »Indem du selbst ein treuer Helfer wirst«, war die Antwort. »Aber du wirst viel Geduld dafür brauchen, denn oft bemerken die Menschen es nicht. Sie können dich ja nicht mehr sehen. Aber in der Nacht, wenn sie schlafen, darfst du bei ihnen sein und ihnen alles erzählen. Langsam werden sie es verstehen lernen. Suche nur, wer dich am besten verstehen wird!«

Da blickte die Frau nochmals zurück zu all den Menschen, die immer um sie gewesen waren. Da sah sie, dass sie alle traurig waren, denn sie hatten nur den Schlag gehört und das dunkle Tor gesehen, durch das die Frau gegangen war, aber nicht den lichten Weg, auf dem der Herr der Hilfe ihr begegnet war. Das jüngste Kind mit den goldenen Haaren aber hatte die Frau von Herzen lieb. Und es verstand nicht, was die anderen von ihr sprachen. »Was heißt das, ›sie ist gestorben‹«, fragte es immer wieder. Das muss ein großes Geheimnis sein, das nur wenige Menschen kennen, dachte es, als es keine Antwort bekam.

Da erkannte die Frau, dass dieses Kind sie am besten verstehen würde. Und in der Nacht durfte sie zu ihm kommen und ihm alles erzählen, und das Kind sah den Weg des Lichtes und den Herrn aller Hilfe und die Freude der alten Frau, dass sie bei ihm sein und ein heimlicher Helfer werden durfte.

Die ewig blühende Rose

Ursula Hausen

»Sieh, dies ist mein Geschenk für deinen Weg: Wenn du deinen Zielen treu bleibst, kann ich dieser Rose die Kraft ewigen Blühens schenken. Immer, wenn du dich zu mir wendest, soll dich ihr strahlendes Leben erfreuen!«

Mit diesen Worten pflanzte der Engel eine Rose für die Menschenseele, die gerade den Entschluss zum Erdenweg gefasst hatte.

Und als der Mensch auf Erden langsam zu seinen Zielen erwachte, sah er staunend die Blüte, die sich aus dem Spross entfaltete: eine täglich wachsende Freude, die es ihm leicht machte, sich dem Engel zuzuwenden.

Doch dann geschah es, dass er in Irrtum verfiel gegenüber seinen Zielen. Und als er nun wieder die Augen zur Rose wandte, sah er, dass die Blüte, die eben den höchsten Stand ihrer Entfaltung erreicht hatte, welkte und starb. Der Schmerz war tief, doch konnte er bei allem Nachsinnen nur finden: Es war gerecht, es entsprach der Wahrheit. Er hatte der Blüte das ewige Leben nicht erhalten können. Noch einmal sah er sie an, um ihre vergangene Schönheit in Erinnerung zu behalten.

Da entdeckte er neben der niedergesunkenen Blüte eine neue Knospe, die ihm bisher verborgen gewesen war, von unendlicher Zartheit und Schönheit, als ob sie soeben von den ersten Strahlen der Morgensonne geweckt worden wäre. »Hast du dich meines Schmerzes erbarmt? Willst du noch einmal eine ewig blühende Rose mir schenken?«, fragte er, und für einen Augenblick glaubte er, in den Strahlen des Lichtes das Lächeln des Engels zu schauen.

Der Schmerz und die Dankbarkeit verdoppelten sein Bemühen. Die Rose wurde in seinen Augen täglich schöner und kostbarer. Doch mit ihr wuchs die Sorge, weil er die Gefahren kennen lernte, die ihm drohten. So sehr er sich mühte, er konnte es nicht verhindern: Er wurde schuldig.

An diesem Abend wagte er kaum, die Augen zu der Rose zu erheben. Zu tief war die Scham. Wie sollte er vor den Engel treten können, dessen kostbares Geschenk er zum zweiten Mal vernichtet hatte?

Lange rang er um den Mut, sie anzublicken. Die Augen des Engels waren auf die Rose gerichtet. Nicht im Schmerz über die verwelkende Blüte, sondern voller Staunen. Denn eben öffnete sich ein neuer Blütenkelch. In den Tautropfen, die im Lichte glitzerten, erkannte der Mensch die Tränen wieder, geweinte und ungeweinte, die seinen Schmerz um das verlorene ewige Leben der Rose enthielten.

»So darf ich es noch einmal versuchen? Ist noch nicht alles verloren?« Die Hoffnung, dass es nun doch gelingen müsste, beflügelte all seine Anstrengungen und die Rose erblühte zu vollster Schönheit.

Doch der Mensch wurde krank, und so sehr er sich auch sehnte, Gutes zu wirken, seine Kräfte verließen ihn und sein Werk blieb ungetan. So hatte er wohl endgültig versagt. Und in der Stille, die ihm nun gegeben war, wunderte er sich über seine Einfalt, dass er jemals gehofft hatte, das ewige Leben der Rose zu erringen. War er denn besser als alle anderen Menschen, dass er sich vor Irrtum und Schuld und Krankheit geschützt glauben konnte? Was aber wäre aus den drei Rosen des Engels geworden, wenn er sie nicht zerstört hätte?

Und ohne noch einmal auf die Rose zu blicken, die er ja ohnehin verloren glauben musste, wandte er sich dem Engel zu: »Ich habe wieder versagt. Und auch, wenn du mir noch einmal Erbarmen schenken wolltest, ich bin deiner Geschenke nicht würdig. Schütze die himmlischen Rosen davor, auf Erden zu sterben in meinen Händen. Lieber will ich nie mehr ihre Schönheit sehen als weiter an ihrem Sterben schuldig zu werden. Nimm den Spross zurück in die himmlischen Welten, ehe auf Erden sein Leben verdirbt.«

Es war schwer, so vor den Augen des Engels zu stehen, doch fand er wenigstens dazu den Mut. Ernst blickte der Engel ihn an. »Was ist mit der Rose? Warum weist du mein Geschenk zurück? Habe ich nicht die Wahrheit gesprochen, als ich dir ihr Gesetz erklärte? Erinnere dich: Nicht Schutz vor dem Tod ihrer Blüten habe ich dir zugesagt. Das steht nicht in meiner Macht. Aber ein Leben, das ewig sich erneuert, ist die Kraft, die ich aus deiner Treue schaffen kann. Hast du auch nur einen Tag ohne das blühende Leben deiner Rose erlebt? Hat der Schmerz über dein Versagen je die Liebe zu deinen Zielen zerstört? Nur wo es Sterben gibt, kann neues Leben werden. Dein Schmerz über den Verlust, deine Liebe zur Wahrheit und deine Treue zu mir aber konnten die Freude des neuen Schaffens mir schenken. Ich danke dir.«

Da durfte der Mensch mit eigenen Augen schauen, wie der Engel eine neue Blüte am Spross der ewig blühenden Rose schuf.

Das Tränenkrüglein

Ludwig Bechstein

Es waren einmal eine Mutter und ein Kind, und die Mutter hatte das Kind, ihr einziges, lieb von ganzem Herzen und konnte ohne das Kind nicht leben und nicht sein. Aber da sandte der Herr eine große Krankheit, die wütete unter den Kindern und erfasste auch jenes Kind, dass es auf sein Lager sank und zum Tod erkrankte.

Drei Tage und drei Nächte wachte, weinte und betete die Mutter bei ihrem geliebten Kinde, aber es starb. Da erfasste die Mutter, die nun allein war auf der ganzen Gotteserde, ein gewaltiger und namenloser Schmerz, und sie aß nicht und trank nicht und weinte, weinte wieder drei Tage lang und drei Nächte lang ohne Aufhören und rief nach ihrem Kinde.

Wie sie nun so voll tiefen Leides in der dritten Nacht saß, an der Stelle, wo ihr Kind gestorben war, tränenmüde und schmerzensmatt bis zur Ohnmacht, da ging leise die Türe auf, und die Mutter schrak zusammen, denn vor ihr stand ihr gestorbenes Kind. Das war ein seliges Engelein geworden und lächelte süß wie die Unschuld und schön wie in Verklärung.

Es trug aber in seinen Händchen ein Krüglein, das war schier übervoll. Und das Kind sprach: »O lieb Mütterlein, weine nicht mehr um mich! Siehe, in diesem Krüglein sind deine Tränen, die du um mich vergossen hast; der Engel der Trauer hat sie in diesem Gefäß gesammelt. Wenn du nur noch *eine* Träne um mich weinest, so wird das Krüglein überfließen, und ich werde dann keine Ruhe haben im Grabe und keine Seligkeit im Himmel. Darum, o lieb Mütterlein, weine nicht mehr um dein Kind, denn dein Kind ist wohlaufgehoben, ist glücklich, und Engel sind seine Gespielen.«

Damit verschwand das tote Kind, und die Mutter weinte hinfort keine Träne mehr, um des Kindes Grabesruhe und Himmelsfrieden nicht zu stören.

Die Weltenschale Michaels

aus: Aus Michaels Wirken

Und von diesem nahm mich der Engel und brachte mich in einen fünften Himmel. Und das Tor war zugeschlossen. Und ich sprach: »O Herr! Wird dieses Tor nicht geöffnet, dass wir hineingehen können?« Und der Engel sprach zu mir: »Wir können nicht eher hineingehen, als bis Michael, der Schlüsselbewahrer des Himmelreichs, herbeikommt. Aber warte nur, so wirst du die Herrlichkeit Gottes schauen.« Und es entstand ein gewaltiges Geräusch wie Donner. Und ich sprach: »O Herr, was ist das für ein Geräusch?« Und er sprach zu mir: »Gerade jetzt steigt der Engelfürst Michael hinab, um die Gebete der Menschen entgegenzunehmen.« Und siehe, eine Stimme ließ sich vernehmen: »Die Tore sollen geöffnet werden!« Und man öffnete, und es entstand ein Knarren, so laut wie Donnerschall. Und es kam Michael, und der Engel, der beigegeben, ging ihm entgegen und kniete vor ihm nieder und sprach: »Sei gegrüßt, du mein Erzengel und unser aller Führer!« Und der Engelfürst Michael sprach: »Auch du mögest dich freuen, o unser Bruder, der du die Offenbarungen denen auslegst, die die Lebenszeit gut verbringen.« Und nachdem sie so einander begrüßt hatten, standen sie still. Und ich sah, wie der Engelfürst Michael eine gewaltige große Schale hielt, deren Tiefe so groß war wie vom Himmel bis zur Erde, und deren Breite so groß war wie vom Norden bis zum Süden. Und ich sprach: »Herr! Was ist das, was der Erzengel Michael hält?« Und er sprach zu mir: »In diese Schale kommen alle die Tugenden der Gerechten und die guten Werke, die sie tun, hinein, welche dann vor den himmlischen Gott hergebracht werden.«

Und während ich mich mit ihnen unterhielt, siehe, da kamen Engel herbei, die Körbchen voll von Blumen trugen. Und sie reichten sie dem Michael hin. Und ich fragte den Engel: »O Herr, wer sind diese, und was ist das, was von ihnen hierhergebracht wird?« Und er sprach zu mir: »Das sind die Engel, die bei den Gerechten sind.« Und der Erzengel nahm die Körbchen und warf sie in die Schale hinein. Und der Engel spricht zu mir: »Diese Blumen sind die Tugenden der Gerechten.« Und ich sah, wie andere Engel leere Körbchen trugen, die nicht angefüllt waren. Und sie kamen betrübt herbei und wagten nicht näherzutreten, dieweil sie die Kampfesprämien nicht vollzählig hatten. Und Michael rief laut und sprach: »Tretet auch ihr herzu, ihr Engel! Tragt her, was ihr herbeigebracht habt!« Und Michael ward sehr betrübt und auch der Engel bei mir, dieweil sie die Schale nicht gefüllt hatten.

Und hierauf kamen in gleicher Weise andere Engel, weinend und jammernd und furchtsam sagend: »Sieh, wie wir tief betrübt sind, o Herr, weil wir schlechten Menschen zugewiesen worden sind; und darum wollen wir uns von ihnen zurückziehen.« Und Michael sprach: »Ihr könnt euch nicht von ihnen zurückziehen, damit nicht schließlich der Feind die Oberhand gewinne. Aber sagt mir, um was ihr bittet!« Und sie sagten: »Wir bitten dich, o Michael, unser Engelfürst, versetze uns von ihnen weg, da wir es bei den schlechten und unverständigen Menschen nicht länger aushalten können, weil es bei ihnen nichts Gutes gibt, sondern nur jegliche Ungerechtigkeit und Habsucht. Denn wir sahen sie niemals in die Kirche gehen, noch auch zu den geistlichen Vätern, noch auch zu irgendeinem guten Werke. Sondern, wo ein Mord verübt wird, da sind auch sie mitten darunter; und wo es Buhlerei, Ehebruch, Diebstähle, Verdächtigungen, Meineid, Neid, Trunkenheit, Streitigkeiten, Eifersucht, Murren, Ohrenbläserei, Götzendienst, Wahrsagerei und Ähnliches gibt, da sind sie auch dabei als solche, die Derartiges und noch Schlimmeres als das verüben. Darum bitten wir, dass wir von ihnen fortgehen dürfen.« Und Michael sagte zu den Engeln: »Wartet, bis ich vom Herrn erfahren habe, was geschehen soll!«

Und um eben diese Stunde ging Michael fort, und die Tore wurden geschlossen. Und es entstand ein Getöse wie Donner. Und ich fragte den Engel: »Was ist das für ein Geräusch?« Und er sprach zu mir: »Gerade jetzt bringt Michael die Tugenden der Menschen Gott dar.«

Und um eben diese Stunde stieg Michael hinab, und das Tor wurde geöffnet. Und er trug Öl. Und den Engeln, die die Körbchen voll gebracht hatten, füllte er sie mit Öl, indem er sprach: »Tragt es fort; gebt hundertfältigen Lohn unsern Freunden und denen, die mühsam die guten Werke vollbracht haben. Denn die gut säen, ernten auch gut!« Und er spricht auch zu denen, die die halbleeren Körbchen brachten: »Tretet auch ihr herzu, empfangt den Lohn gemäß dem, was ihr gebracht habt, und übergebt ihn den Menschenkindern.« Hierauf sagt er sowohl zu denen, die die vollen gebracht haben, als auch zu denen mit den halbleeren also: »Geht hin und segnet unsere Freunde und sagt zu ihnen: So spricht der Herr: Über Wenigem seid ihr treu, über vieles will ich euch setzen! Geht ein zu eures Herrn Freude!«

Nachdem er sich nun umgewendet hatte, spricht er auch zu denen, die nichts gebracht hatten: »So spricht der Herr: Macht kein trauriges Gesicht und weinet nicht; lasst aber auch nicht die Menschenkinder fahren; aber nachdem sie mich mit ihren Werken erzürnt haben, sollt ihr hingehen und sie eifersüchtig machen und erzürnen und erbittern gegen ein unverständiges Volk. Außerdem schickt auch noch aus gegen sie Raupen und ungeflügelte Heuschrecken und Mehltau und gewöhnliche Heuschrecken und Hagel samt Blitzen und Zorn und zerschneidet sie mitten entzwei mit dem Schwert und tötet sie mit Pest und ihre Kinder mit Dämonen. Denn sie haben nicht auf meine Stimme gehört, haben auch nicht meine Gebote beobachtet noch sie gehalten, sondern haben sich als Verächter meiner Gebote erwiesen und haben die Priester, die ihnen meine Worte verkündigten, gemisshandelt.«

Von den Bildern des Alten Testaments zum Neuen Testament
Ursula Hausen

Diese Legende zeigt, wie im nachtodlichen Leben durch Michael die Schicksalsfolgen der Taten für die Zukunft vorbereitet werden. In der vorchristlichen Zeit ist dabei das wesentlichste Element, dass Ungutes bestraft werden muss. Nur durch den selbst erlittenen Schmerz kann ein Ausgleich eintreten. Aber durch den Tod des Christus tritt eine Verwandlung ein. Wollen wir die heutige Form der Schicksalsgestaltung sichtbar machen, müssten wir das Ende der Legende in die Sprache des Neuen Testaments übersetzen: An die Stelle der Strafe tritt der Wille zur Erkenntnis des eigenen Tuns. Der Schmerz, den die Selbsterkenntnis weckt, hat eine neue, Freiheit schaffende Qualität. In jedem anderen Menschen kann so der Christus erkannt werden als der, der alles erlebt und erleidet, was zwischen Menschen geschieht. Er vergibt, wenn wir darum bitten, und er stärkt den Willen, selbst aktiv an der Verwandlung des Geschehenen mitzuwirken. Dabei wird immer wichtiger, wie Menschen sich gegenseitig helfen und beginnen, gemeinsam Verantwortung für die Zukunft zu übernehmen.

Die obige Legende könnte auch anders enden:

Nachdem er sich umgewendet hatte, spricht er zu denen, die nichts gebracht hatten: »So spricht Christus: Macht kein trauriges Gesicht und weinet nicht. Lasst die Menschenkinder aber auch nicht fallen. Lasst sie an den Folgen ihrer Taten zur Selbsterkenntnis kommen. Sie sollen den Schmerz, den sie anderen zufügten, als ihren eigenen erleben lernen. Wer dadurch erkennt, dass er alles, was er einem meiner geringsten Brüder angetan hat, auch mir angetan hat, weil ich in jedem Menschen lebe, der kann für die Zukunft neue Entschlüsse zur Verwandlung des Bösen finden.

Wer Vergebung für seine Schuld erbittet, dem will ich vergeben. Wer von meinem Vater die Kraft erbittet, selbst am Ausgleich seines Schicksals mitzuwirken, in dem werde ich wirken und der Schaffende sein in seinem Tun.« (vgl. Johannes 20 und Matthäus 28)

Auferstehung und Himmelfahrt

Matthias Grünewald, *Auferstehung* aus dem Isenheimer Altar, Colmar

Matthias Grünewald, *Auferstehung* aus dem Isenheimer Altar, Detail, Colmar

Felix Goll, *Österliche Wandlung* (»Rosenkreuz«), Anthroposophische Gesellschaft Stuttgart

Die Auferstehung Christi

Markus 16

Und als der Sabbat vorüber war, kauften Maria von Magdala und Maria, die Mutter des Jakobus, und Salome wohlriechende Spezereien. Sie wollten hingehen und ihn salben.

Und in der Morgenfrühe des ersten Tages der Woche kommen sie zum Grabe, als die Sonne aufging. Und sie sprachen zueinander: Wer wird uns den Stein vom Eingang des Grabes wälzen? Und als sie aufblickten, wurden sie gewahr, dass der Stein beiseite gewälzt war; er war sehr groß. Nun traten sie in die Grabkammer ein und sahen zur Rechten einen Jüngling sitzen in langem weißem Gewande. Da erschraken sie sehr. Er aber spricht zu ihnen: Erschrecket nicht! Jesus sucht ihr, den Nazarener, den Gekreuzigten. Er ist auferstanden, er ist nicht hier. Seht, da ist die Stätte, wo sie ihn bestattet haben. Jetzt aber geht hin, saget zu seinen Jüngern und zu Petrus: Er geht euch voran nach Galiläa; dort werdet ihr ihn schauen, wie er euch gesagt hat.

Da gingen sie hinaus und flohen vom Grabe hinweg; sie zitterten und waren wie entrückt und sagten niemandem etwas, so erschüttert waren sie.

Auferstanden in der Morgenfrühe des ersten Tages der Woche, erschien er zuerst der Maria von Magdala, von der er sieben Dämonen ausgetrieben hatte. Die ging hin und verkündete es denen, die mit ihm gewesen waren und die nun trauerten und weinten. Als diese hörten, dass er lebe und von ihr geschaut worden sei, konnten sie es nicht glauben.

Danach erschien er in andersartiger Gestalt zweien von ihnen unterwegs, als sie aufs Feld gingen. Diese machten sich auch auf den Weg, um es den übrigen zu verkünden; aber auch ihnen glaubten sie nicht.

Später offenbarte er sich den Elfen selbst, als sie beim Mahle waren; und er tadelte die Schwäche ihres Glaubens und die Härte ihres Herzens, weil sie denen nicht glaubten, die ihn, den Wiedererstandenen, geschaut hatten. Und er sagte ihnen: Geht hin in alle Welt und verkündet die Botschaft des Heils der ganzen Schöpfung! Wer zum Glauben erwacht und sich taufen lässt, wird das Heil erlangen. Wer ohne Glauben bleibt, wird dem Untergang verfallen.

Solche Zeichen werden die zum Glauben Erwachten begleiten: Kraft meines Namens werden sie Dämonen austreiben, in neuen Sprachen werden sie sprechen; Schlangen werden sie aufrichten, und wenn sie einen tödlichen Trank trinken, wird er ihnen nicht schaden. Kranken werden sie die Hände auflegen, und es wird ihnen besser gehen.

Nachdem Jesus der Herr so zu ihnen gesprochen hatte, wurde er erhoben in das Himmelssein und waltet seitdem sitzend zur Rechten Gottes. Sie aber zogen aus und verkündeten die Botschaft überall; der Herr wirkte mit und bekräftigte das Wort durch die begleitenden Zeichen.

Die Auferweckung des Lazarus

Johannes 11

Es war einer krank, Lazarus von Bethanien, aus dem Dorfe, in dem Maria und ihre Schwester Martha wohnten; es war die Maria, die später den Herrn mit Salböl salbte und seine Füße mit ihren Haaren trocknete; ihr Bruder Lazarus war krank. Da sandten die Schwestern ihm die Nachricht: Herr, siehe, der, den du liebst, ist krank.

Als Jesus das hörte, sagte er: Diese Krankheit ist nicht zum Tode, sondern zur Offenbarung Gottes; der Gottessohn soll durch sie offenbar werden. Jesus liebte Martha und ihre Schwester und Lazarus. Als er nun hörte, dass Lazarus krank sei, blieb er zunächst noch zwei Tage an dem Orte, wo er sich befand. Dann, nach dieser Zeit, spricht er zu seinen Jüngern: Lasst uns wieder nach Judäa ziehen. Die Jünger erwidern ihm: Rabbi, gerade erst haben die Juden dich steinigen wollen, und nun gehst du wieder dorthin? Jesus antwortete: Hat der Tag nicht zwölf Stunden? Wenn einer am Tage wandert, stößt er nicht an, weil er das Licht dieser Welt sieht. Wenn aber einer bei Nacht wandert, stößt er an, da das Licht nicht in ihm ist. So sprach er, und danach sagt er zu ihnen: Lazarus, unser Freund, ist eingeschlafen; aber ich gehe hin, um ihn zu wecken. Da erwiderten ihm die Jünger: Herr, wenn er eingeschlafen ist, wird er wieder gesund. Jesus aber hatte von seinem Tode gesprochen, sie jedoch meinten, er rede von der Ruhe des Schlafes. Da sagte ihnen Jesus mit klaren Worten: Lazarus ist gestorben. Und froh bin ich euretwegen, dass ich nicht dort gewesen bin, damit euer Glaube erstarke. Doch nun lasst uns zu ihm gehen. Da sagte Thomas, genannt der Zwilling, zu seinen Mitjüngern: Lasst uns mit ihm ziehen, um mit ihm zu sterben!

Als Jesus nun hinkam, fand er, dass Lazarus schon vier Tage im Grabe lag. Bethanien liegt in der Nähe von Jerusalem, etwa fünfzehn Stadien entfernt; darum waren viele von den Juden zu Martha und Maria gekommen, um sie über den Tod ihres Bruders zu trösten. Als

nun Martha hörte, dass Jesus komme, ging sie ihm entgegen; Maria aber blieb im Hause sitzen. Martha sagte zu Jesus: Herr, wärest du hier gewesen, so wäre mein Bruder nicht gestorben; doch ich weiß auch, dass Gott dir alles geben wird, was du von ihm erbittest. Jesus sagt zu ihr: Auferstehen wird dein Bruder! Martha entgegnet ihm: Ich weiß, dass er auferstehen wird in der Auferstehung am Jüngsten Tage. Da spricht Jesus zu ihr:
Ich Bin die Auferstehung und das Leben;
wer an mich glaubt, der wird leben, auch wenn er stirbt;
und ein jeder, der lebt und an mich glaubt,
über den hat der Tod keine Macht mehr. Vertraust du darauf?
Sie antwortet ihm: Ja, Herr, ich habe das Vertrauen, dass du der Christus bist, der in die Welt kommende Sohn Gottes.

Nach diesen Worten ging sie weg und rief ihre Schwester Maria und sagte ihr insgeheim: Der Meister ist da und lässt dich rufen. Als diese das hörte, stand sie schnell auf und ging zu ihm. Jesus war noch nicht in das Dorf gekommen, sondern an der Stelle geblieben, wo ihm Martha begegnet war. Als nun die Juden, die bei Maria im Haus waren und ihr Trost zusprachen, sie schnell aufstehen und hinausgehen sahen, folgten sie ihr in der Meinung, sie wolle zum Grabe gehen, um dort zu klagen. Als nun Maria an die Stelle kam, wo Jesus war, und ihn erblickte, warf sie sich ihm zu Füßen und sprach zu ihm: Herr, wärest du hier gewesen, so wäre mein Bruder nicht gestorben.

Als Jesus sie klagen sah und auch die klagenden Juden sah, die mit ihr gekommen waren, wurde er mächtig im Geist bewegt und erschauerte in sich, und er sagte: Wohin habt ihr ihn gelegt? Sie antworteten ihm: Herr, komm und sieh! Jesus weinte. Da sprachen die Juden: Seht, wie lieb er ihn hatte. Einige von ihnen aber sagten: Konnte er, der dem Blinden die Augen geöffnet hat, nicht ebenso gut verhindern, dass dieser hier starb?

Jesus, aufs Neue mächtig in sich bewegt, kommt an die Grabkammer. Es war eine Grotte, und ein Stein lag vor dem Eingang. Jesus spricht: Nehmt den Stein weg! Die Schwester des Vollendeten, Martha, spricht zu ihm: Herr, da ist schon der Geruch der Verwesung, denn es ist ja der vierte Tag. Da spricht Jesus zu ihr: Habe ich dir nicht gesagt: Wenn du vertraust, wirst du Gottes Offenbarung sehen? Da nahmen sie den Stein weg. Jesus erhob seine Augen und sprach: Vater, ich danke dir, dass du mich erhört hast. Ich selbst wusste, dass du mich jederzeit hörst; aber wegen all der Menschen, die hier stehen, sprach ich es aus, damit sie vertrauen, dass du mich gesandt hast. Und nach diesen Worten rief er mit mächtiger Stimme: Lazarus, hierher! heraus! Der Gestorbene kam heraus, an Füßen und Händen mit Binden umwickelt und das Gesicht mit einem Schweißtuch bedeckt Und Jesus sagt zu ihnen: Löst ihm die Binden und lasst ihn gehen!

Viele der Juden, die zu Maria gekommen waren und zugeschaut hatten bei dem, was er tat, begannen ihm zu vertrauen. Doch einige von ihnen gingen zu den Pharisäern und berichteten ihnen, was Jesus getan hatte. Da ließen die Hohenpriester und Pharisäer den Hohen Rat zusammenkommen, und man sagte: Was tun wir? Dieser Mensch verrichtet viele Zeichen. Lassen wir ihn gewähren, werden alle an ihn glauben, und die Römer werden kommen und unserer Stadt und unserem Volk ein Ende machen. Doch einer von ihnen, Kaiphas, der Hohepriester des Jahres, sagte zu ihnen: Ihr habt keine Einsicht und bedenkt nicht, dass es zu eurem Besten ist, wenn ein einzelner Mensch stirbt für das auserwählte Volk und nicht das ganze Volk zugrunde geht. Das sagte er nicht aus sich selbst, sondern als Hohepriester des Jahres sprach er prophetisch davon, dass Jesus sterben werde für das Volk, und nicht für das Volk allein, sondern auch für die verstreuten Gotteskinder, um sie zur Einheit zusammenzuführen. Von diesem Tag an waren sie entschlossen, ihn zu töten.

Jesus wanderte nun nicht mehr offen unter den Juden umher, sondern zog sich an den Rand der Wüste zurück in eine Stadt namens Ephraim und verweilte dort mit seinen Jüngern.

Gebete von Rudolf Steiner

Gebete für Verstorbene

Die Ihr wachet über Sphären-Seelen,
Die Ihr webet an den Sphären-Seelen,
Geister, die Ihr über Seelenmenschen schützend
Aus der Weltenweisheit liebend wirkt:
Höret unsre Bitte, schauet unsre Liebe,
Die mit Euren helfenden Kräfteströmen sich
Einen möchten, geisterahnend, liebestrahlend.

> Meine Liebe sei den Hüllen,
> Die Dich jetzt umgeben –
> Kühlend Deine Wärme,
> Wärmend Deine Kälte –
> Opfernd einverwoben!
> Lebe liebgetragen,
> Lichtbeschenkt, nach oben!

Geister Eurer Seelen, wirkende Wächter,
Eure Schwingen mögen bringen
Unserer Seelen bittende Liebe
Eurer Hut vertrauten Sphärenmenschen.
Dass, mit Eurer Macht geeint,
Unsere Bitte helfend strahle
Den Seelen, die sie liebend sucht!

Unsere Liebe folge Dir,
Seele, die da lebt im Geist,
Die ihr Erdenleben schaut;
Schauend sich als Geist erkennt.
Und was Dir im Seelenland
Denkend als Dein Selbst erscheint,
Nehme unsre Liebe hin,
Auf dass wir in Dir uns fühlen,
Du in unsrer Seele findest,
was mit Dir in Treue lebt.

Gebete für Verstorbene nach Suizid

1. Dein Wille war schwach
2. Stärke Deinen Willen
3. Ich schicke Dir
   Wärme für Deine Kälte
4. Ich schicke Dir
   Licht für Deine Finsternis
5. Meine Liebe Dir
6. Mein Gedanke Dir
7. Werde weiter

Seele im Seelenlande,
suche des Christus Gnade,
die dir die Hilfe bringet,
die Hilfe aus Geisterlanden,
die auch jenen Geistern Friede
verleiht, die im friedelosen
Erleben verzweifeln wollen.

(Weitere Texte Rudolf Steiners finden sich in *Wahrspruchworte* und *Unsere Toten*.)

Einst, da ich bittre Thränen vergoß

Novalis: 3. Hymne an die Nacht

Einst, da ich bittre Thränen vergoß – Da in Schmerz aufgelöst meine Hoffnung zerrann und ich einsam stand an dem dürren Hügel, der in engen dunkeln Raum die Gestalt meines Lebens begrub, Einsam, wie noch kein Einsamer war, von unsäglicher Angst getrieben, Kraftlos, nur ein Gedanken des Elends noch, – Wie ich da nach Hülfe umherschaute, Vorwärts nicht könnte und rückwärts nicht – und am fliehenden, verlöschten Leben mit unendlicher Sehnsucht hing – da kam aus blauen Fernen, Von den Höhen meiner alten Seligkeit ein Dämmrungs Schauer – Und mit einemmale riß das Band der Geburt, des Lichtes Fessel – Hin floh die irrdische Herrlichkeit und meine Trauer mit ihr. Zusammen floß die Wehmuth in Eine neue unergründliehe Welt – Du Nachtbegeisterung, Schlummer des Himmels kamst über mich. Die Gegend hob sich sacht empor – über der Gegend schwebte mein entbundner neugeborner Geist. Zur Staubwolke wurde der Hügel und durch die Wolke sah ich die verklärten Züge der Geliebten – In Ihren Augen ruhte die Ewigkeit – ich faßte ihre Hände und die Thränen wurden ein funkelndes, unzerreißliches Band. Jahrtausende zogen abwärts in die Ferne, wie Ungewitter – An ihrem Halse weint ich dem neuen Leben entzückende Thränen. Das war der Erste Traum in dir. Er zog vorüber aber sein Abglanz blieb der ewige unerschütterliche Glauben an den Nachthimmel und seine Sonne, die Geliebte.

Gedichte von Christian Morgenstern

Leis auf zarten Füßen naht es,
vor dem Schlafen wie ein Fächeln:
Horch, o Seele, meines Rates,
lass dir Glück und Tröstung lächeln –;

Die in Liebe dir verbunden,
werden immer um dich bleiben,
werden klein und große Runden
treugesellt mit dir beschreiben.

Und sie werden an dir bauen,
unverwandt, wie du an ihnen, –
und, erwacht zu *einem* Schauen,
werdet ihr wetteifernd dienen!

Getrennter Liebender Gebet zueinander

Komm auch heute zu mir
bleibe auch heute bei mir.
Begleite jeden meiner Schritte
heilige mir jeden Schritt.
Hilf mir, dass ich nicht im Stricke
falle noch strauchle.
Hilf mir stark und schön bleiben,
bis ich dich nächsten Morgen
so wieder bitte.

Durchdringe mich ganz mit dem Licht,
    das du bist.
Wohne in mir wie das Licht in der Luft.
Auf dass ich ganz dein sei –
Auf dass du ganz mein seist
    Auch diesen Tag.

Es gibt noch Wunder, liebes Herz,
getröste dich!
Erlöste dich
Noch nie ein *Stern* aus deinem Schmerz,
des Strahlenspiel
vom hohen Zelt
in deiner Qualen
Tiefe fiel
und sprach: »Sieh, wie ich zu dir kam
vor allen andern ganz allein!
Du liebes Herz, wirf ab den Gram!
Bin *ich* nicht dein?
Getröste dich!«

Erlöste dich
noch nie ein Stern …

Licht ist Liebe

Licht ist Liebe … Sonnen-Weben
Liebes-Strahlung einer Welt
schöpferischer Wesenheiten –

die durch unerhörte Zeiten
uns an ihrem Herzen hält,
und die uns zuletzt gegeben

ihren höchsten Geist in eines
Menschen Hülle während dreier
Jahre: da Er kam in Seines

Vaters Erbteil – nun der Erde
innerlichstes Himmelsfeuer:
dass auch sie einst Sonne werde.

O Nacht …

O Nacht, du Sternenbronnen,
ich bade Leib und Geist
in deinen tausend Sonnen –

O Nacht, die mich umfleußt
mit Offenbarungswonnen,
ergib mir, was du weißt!

O Nacht, du tiefer Bronnen …

Bildbetrachtungen

Ursula Hausen

Für einen sterbenden Menschen sind lange Gespräche anstrengend. Auch der gute Wille zu helfen, kann dann zu viel sein. Viele Fragen bleiben offen, werden bewusst nicht angesprochen oder verdrängt. Worte sind oft ungeschickt und unsicher. Der Sterbende spürt eine Sehnsucht nach Geborgenheit, aber nicht immer ist die Nähe eines anderen Menschen zu ertragen. Wie kann man mit solchen Widersprüchen umgehen?

So entstand die Frage: Gibt es ein Bild, das gute, tröstende Gedanken behutsam sichtbar macht? Bilder sind gerade da, wo man an die Grenze des Unaussprechlichen stößt, eine weiterführende Brücke: einladend, aber freilassend.

»Die Rückkehr des verlorenen Sohnes« von Rembrandt

Rembrandt war selbst schon dem Tode nah, als er das Gemälde *Die Rückkehr des verlorenen Sohnes* schuf und stellte darin wohl auch seinen eigenen Weg zurück zum Vater dar.

Die ganze Fülle eines reichen Lebens, alle Nöte und Sorgen und alles, was mit dem unabänderlichen Verlust der früheren Güter verbunden ist, löst sich auf in dem geheimnisvollen Licht, mit dem der Vater den lang ersehnten Sohn empfängt. In der Weisheit und Güte des Vaters, der nicht nach einzelnen Taten fragt und wertet, sondern alles aufnimmt, was ihm entgegengebracht wird, kann der Betrachter des Bildes finden, was er selbst ersehnt: einen Ort der Ruhe, der Heilung und der Verwandlung alles Gewesenen. Die Güte des Vaters, der überwundene Schmerz, der in seinem Antlitz sichtbar wird, ist über alle Einzelheiten, Bewertungen und Enttäuschungen hinausgewachsen. Ein sterbender Mensch kann sich mit allem, was in ihm lebt, diesen gütigen Händen, diesem liebevollen Blick anvertrauen. So heimkommen zu dürfen, steht als Hoffnung vor ihm. Die Hände des Vaters geben Vertrauen zu sprechen: »Vater, in deine Hände befehle ich meinen Geist!«

Dieses Bild war stiller Hintergrund der Seminargespräche, aus denen dieses Buch hervorgegangen ist. Für alle, die sich wiederholt in das Bild vertieften, entstand im Laufe der Monate ein immer größeres Vertrautwerden mit dem Motiv.

Eine besondere Frage für den begleitenden Menschen, die im Rahmen des Seminars nur angedeutet, aber nicht erschöpfend behandelt werden konnte, findet darin ebenfalls eine erste Beantwortung:

Ein helfender Begleiter kommt oft, gerade wenn er tief mit dem Sterbenden verbunden ist und dadurch von allem auch intensiver berührt wird, an die Grenze seiner Kräfte. Auch in sozialen Berufen nimmt das *Burn-out*-Syndrom immer mehr zu und macht sichtbar, dass unbedingt neue Kraftquellen gefunden werden müssen, die den engagierten Menschen ihre Handlungsfähigkeit erhalten. Dieses Bild kann auch zur Kraftquelle für einen Menschen werden, der an den Grenzen seiner Möglichkeit zu helfen angekommen ist, der vielleicht am Abend nur noch danach sucht, wie er selbst auch einmal loslassen und Hilfe annehmen darf, nachdem er seine Kraft für andere verausgabt hat. In dieser Erfahrung kann eine in der Stille verbindende Kraft wirken. Wer am Ende seiner Kräfte ist, weiß sich ein wenig besser in den zu versetzen, der am Ende seines Weges darum ringt, noch die letzte Strecke zu bewältigen. Wenn beide an der gleichen Quelle nach Kraft für den weiteren Weg suchen, finden sie eine gemeinsame Blickrichtung, die sie verbindet. »Sich lieben heißt nicht nur, sich immer gegenseitig ansehen, sondern gemeinsam in die gleiche Richtung sehen« (Antoine de Saint-Exupéry).

Rembrandt van Rijn, *Die Rückkehr des verlorenen Sohnes,*
Öl auf Leinwand, um 1662, St. Petersburg

Das »Hundertguldenblatt« von Rembrandt

Dieses Bild macht eine verwandte Seite der göttlichen Hilfe sichtbar: Der Sohn Gottes, der aktiv alles Leiden der Menschen mit ihnen tragen will, steht aufgerichtet in der Mitte. Sein Hände lassen zwei Strömungen der Bewegung sichtbar werden: Die eine wendet sich weit dem ganzen Umkreis zu und nimmt alles auf, was ihm entgegenkommt, alles Leid, alle flehende Bitte, alle Fürbitte der helfenden Menschen. Die andere wendet alle Bewegung in ruhiger Gelassenheit nach oben und stellt die verloren gegangenen Verbindungen zum Wirken der himmlischen Wesen wieder neu her.

Um ihn entsteht ein Raum von Freiheit, der trotz der unmittelbaren Nähe kein Bedrängtsein aufkommen lässt. In diesen Raum strömt von oben ein Licht ein, das alles überstrahlt und der Verwandlung entgegenführt.

Wenn dieses Bild seinen Platz am Bett eines Kranken findet, können sich ihm im Laufe der Zeit durch die vielen dargestellten Menschen viele verschiedene Erfahrungen vermitteln: die ernste, nachdenkliche Erkenntnis der beobachtenden Gestalt oben links; die aktive Bitte der Mutter, die ihr Kind dem Heilenden liebevoll entgegenbringt, die flehend ausgestreckten Hände, die ihn von allen Seiten suchen ... Und vielleicht findet man sich plötzlich gleichsam durchdrungen von der Aufrichtekraft dessen, der zu jedem Bittenden spricht: »Ich will kommen und ihn heilen!« (Matthäus 8,7)

Auch in diesem Kunstwerk können ein Kranker und sein Begleiter eine gemeinsame Quelle lebendiger Entdeckungen finden.

Rembrandt van Rijn, *Christus heilt die Kranken* (»Hundertguldenblatt«),
Radierung, um 1649

Literaturverzeichnis

Alexander, Eben: *Blick in die Ewigkeit. Die faszinierende Nahtoderfahrung eines Neurochirurgen.* Deutsch von Juliane Molitor. München: Ansata Verlag [10]2013. (Amerikanische Originalausgabe: *Proof of Heaven*, 2012)

Aus Michaels Wirken. Eine Legendensammlung. Hrsg. von Nora Stein von Baditz. Stuttgart: Mellinger [6]1988.

Belline: *Das dritte Ohr.* Bonn: Hieronimi 1973.

Blattmann, Elke: *Die Sonne.* Selbstverlag: 2010.

Boogert, Arie: *Beim Sterben von Kindern. Erfahrungen, Gedanken und Texte zum Rätsel des frühen Todes.* Stuttgart: Urachhaus [2]1997.

– *Wir und unsere Toten. Rudolf Steiner über den Umgang mit Tod und Sterben.* Stuttgart: Urachhaus [3]2000.

Burckhardt, Martin: *Die Erlebnisse nach dem Tod. Der nachtodliche Weg des Menschen durch die übersinnliche Welt.* Dornach: Die Pforte 1996.

Debus, Michael und Gundhild Kačer-Bock: *Das Handeln im Umkreis des Todes. Fragen zur Bestattung.* Stuttgart: Anthroposophische Gesellschaft 1999.

Deverell, Doré: *Dem Licht entgegen. Die Heilung eines Selbstmordes über die Schwelle des Todes hinaus.* Basel: Perseus 1997.

Ethik des Sterbens, Würde des Lebens. Hrsg. von der Medizinischen Sektion am Goetheanum.

Glaser, Barney G. und Anselm Strauss: *Interaktion mit Sterbenden. Beobachtungen für Ärzte, Schwestern, Seelsorger und Angehörige.* Göttingen: Vandenhoeck und Ruprecht 1974.

Gresser, Iris: *Psychologische Auswirkungen von Nah-Todes-Erfahrungen.* Berlin: Logos Verlag 2004.

Gutjahr, Ilse u. Jung, Mathias (Hrsg.): *Sterben auf Bestellung – Fakten zur Organentnahme.* Lahnstein: Emu Verlag 1997.

Haas, Jana: *Jenseitige Welten – die Reise der Seele ans Licht.* München: Knaur MensSana 2012.

Hampe, Johann Christoph: *Sterben ist doch ganz anders. Erfahrungen mit dem eigenen Tod.* Stuttgart: Kreuz-Verlag [10]1990.

Handeln im Umkreis des Todes. Hrsg. von der Medizinischen Sektion am Goetheanum (= Persephone 4).

Hemleben, Johannes: *Jenseits. Ideen der Menschheit über das Leben nach dem Tode vom Ägyptischen Totenbuch bis zur Anthroposophie Rudolf Steiners.* Reinbek bei Hamburg: Rowohlt 1988.

Hunke, Sigrid: *Tod – was ist dein Sinn?* Pfullingen: Neske 1986.

Husemann, Armin: *Euthanasie. Ein Symptom dieses Jahrhunderts.* Stuttgart: Verlag Freies Geistesleben 1996.

Kirste, Reinhard u.a.: *Die Feste der Religionen. Ein interreligiöser Kalender mit einer synoptischen Übersicht.* Gütersloh: Gütersloher Verlagshaus 1995.

Kübler-Ross, Elisabeth: *Interviews mit Sterbenden.* Stuttgart: Kreuz-Verlag [19]1994.

– *Die unsichtbaren Freunde.* Deutsch von Barbara Ackermann. Zürich: Oesch Verlag 1994.

Lenz, Johannes: *Das Ereignis des Todes. Zum Umkreis der Bestattung.* Stuttgart: Urachhaus 1986.

– *Die Taten der Apostel.* Stuttgart: Urachhaus 1992.

Lommel, Pim van: *Endloses Bewusstsein. Neue medizinische Faakten zur Nahtoderfahrung.* Ostfildern: Patmos 2014.

Mebs, Gudrun: *Birgit. Eine Geschichte vom Sterben.* München: Deutscher Taschenbuch-Verlag [2]1987.

Meyer, Rudolf: *Den Toten zur Feier.* Stuttgart: Urachhaus 1973.

Mohr, Till A.: *Kehret zurück, ihr Menschenkinder.* Grafing: Aquamarinverlag 2004.

Moody, Raymond A.: *Leben nach dem Tod.* Reinbek bei Hamburg: Rowohlt Taschenbuch-Verlag [34]2002.

Morgenstern, Christian: *Werke und Briefe.* Stuttgarter Ausgabe. Bd. 1 und 2. Hrsg. von Martin Kießig. Stuttgart: Urachhaus 1988 bzw. 1992.

Moyes, Jojo: *Ein ganzes halbes Jahr.* Deutsch von Karolina Fell. Reinbek: Kindler [15]2013.

Müller, Klaus E.: *Schamanismus.* München: Beck 1997.

Das Neue Testament. Übersetzt von Heinrich Ogilvie. Stuttgart: Urachhaus 1996.

Novalis: *Schriften.* Hist.-krit. Ausgabe, hrsg. von Paul Kluckhohn und Richard Samuel. Bd. 1: Das dichterische Werk. Stuttgart: Kohlhammer 1960.

Prokofieff, Sergej. O.: *Die okkulte Bedeutung des Verzeihens.* Stuttgart: Verlag Freies Geistesleben [3]1995.

– *Rudolf Steiner und die Grundlegung der neuen Mysterien.* Stuttgart: Verlag Freies Geistesleben [2]1986.

314

Rand, Hollister: *Ich bin nicht tot, nur anders. Kinder berichten aus dem Jenseits.* Reinbek: Rowohlt 2012.

Ritchie, George und Elisabeth Sherrill: *Rückkehr von morgen.* Marburg: Francke ¹⁶1990.

Rittelmeyer, Friedrich: *Meditation. Zwölf Briefe über Selbsterziehung.* Stuttgart: Urachhaus ¹⁴2002.

Saunders, Cicely: *Brücke in eine andere Welt. Was hinter der Hospiz-Idee steht.* Freiburg i.Br.: Herder 1999.

Schilling, Karin von: *Der Tod meines Kindes. Leben lernen mit dem Schicksal.* Stuttgart: Urachhaus 1987.

Schmid, Gary Bruno: *Tod durch Vorstellungskraft. Das Geheimnis psychogener Todesfälle.* Wien: Springer 2000.

Steiner, Rudolf: *Anweisungen für eine esoterische Schulung* (GA 245 u. Sonderausgabe). Dornach: Rudolf Steiner Verlag ⁵1979.

– *Christus und die geistige Welt. Von der Suche nach dem heiligen Gral* (GA 149). Dornach: Rudolf Steiner Verlag ⁶1987.

– *Christus und die menschliche Seele* (GA 155). Dornach: Rudolf Steiner Verlag ³1994.

– *Erdensterben und Weltenleben. Anthroposophische Lebensgaben. Bewußtseinsnotwendigkeiten für Gegenwart und Zukunft* (GA 181). Dornach: Rudolf Steiner Verlag ³1991.

– *Das esoterische Christentum und die geistige Führung der Menschheit* (GA 130). Dornach: Rudolf Steiner Verlag ⁴1995.

– *Die Evolution vom Gesichtspunkte des Wahrhaftigen* (GA 132). Dornach: Rudolf Steiner Verlag ⁶1987.

– *Das Geheimnis des Todes. Wesen und Bedeutung Mitteleuropas und die europäischen Volksgeister* (GA 159/160). Dornach: Rudolf Steiner Verlag ²1980.

– *Die Geheimwissenschaft im Umriss* (GA 13). Dornach: Rudolf Steiner Verlag ³⁰1989.

– *Die Grundimpulse des weltgeschichtlichen Werdens der Menschheit* (GA 216). Dornach: Rudolf Steiner Verlag ³1988.

– *Inneres Wesen des Menschen und Leben zwischen Tod und neuer Geburt* (GA 153). Dornach: Rudolf Steiner Verlag ⁵1978.

– *Das Johannes-Evangelium* (GA 103). Dornach: Rudolf Steiner Verlag ¹¹1995.

– *Das Johannes-Evangelium im Verhältnis zu den drei anderen Evangelien, besonders zu dem Lukas-Evangelium* (GA 112). Dornach: Rudolf Steiner Verlag ⁶1984.

– *Kosmische und menschliche Geschichte.* Bd. 2 (GA 171. Dornach: Rudolf Steiner Verlag ²1984.
– *Mantrische Sprüche. Seelenübungen II* (GA 268). Dornach: Rudolf Steiner Verlag 1999.
– *Metamorphosen des Seelenlebens* (GA 59). Dornach: Rudolf Steiner Verlag 1984.
– *Mysterienstätten des Mittelalters. Rosenkreuzertum und modernes Einweihungsprinzip* (GA 233a). Dornach: Rudolf Steiner Verlag ⁵1991.
– *Okkulte Untersuchungen über das Leben zwischen Tod und neuer Geburt. Die lebendige Wechselwirkung zwischen Lebenden und Toten* (GA 140). Dornach: Rudolf Steiner Verlag ⁴1990.
– *Die Philosophie der Freiheit* (GA 4). Dornach: Rudolf Steiner Verlag ¹⁶1995.
– *Die Philosophie, Kosmologie und Religion in der Anthroposophie* (GA 215. Dornach: Rudolf Steiner Verlag ²1980.
– *Das Prinzip der spirituellen Ökonomie im Zusammenhang mit Wiederverkörperungsfragen* (GA 109). Dornach: Rudolf Steiner Verlag ²1979.
– *Die Schwelle der geistigen Welt* (GA 17). Dornach: Rudolf Steiner Verlag ⁷1987.
– *Das Sonnenmysterium und das Mysterium von Tod und Auferstehung. Exoter. und esoter. Christentum* (GA 211). Dornach: Rudolf Steiner Verlag ²1986.
– *Die Theosophie des Rosenkreuzers* (GA 99). Dornach: Rudolf Steiner Verlag ⁷1985.
– *Der Tod als Lebenswandlung* (GA 182). Dornach: Rudolf Steiner Verlag ⁴1996.
– *Der Tod, die andere Seite des Lebens. Wie helfen wir den Verstorbenen?* Sonderausgabe. Dornach: Rudolf Steiner Verlag 1994.
– *Über Gesundheit und Krankheit. Grundlagen einer geisteswissenschaftlichen Sinneslehre* (GA 348). Dornach: Rudolf Steiner Verlag ³1983.
– *Der übersinnliche Mensch, anthroposophisch erfasst* (GA 231). Dornach: Rudolf Steiner Verlag ³1982.
– *Unsere Toten. Ansprachen, Gedenkworte und Meditationssprüche 1906-1924* (GA 261). Dornach: Rudolf Steiner Verlag ²1984.
– *Die Verbindung zwischen Lebenden und Toten* (GA 168). Dornach: Rudolf Steiner Verlag ⁴1995.
– *Wahrspruchworte* (GA 40). Dornach: Rudolf Steiner Verlag ⁷1991.
– *Ein Weg zur Selbsterkenntnis des Menschen* (GA 16). Dornach: Rudolf Steiner Verlag ⁸2003.

– *Eine okkulte Physiologie* (GA 128). Dornach: Rudolf Steiner Verlag ⁵1991.

– *Wie erlangt man Erkenntnisse der höheren Welten?* (GA 10). Dornach: Rudolf Steiner Verlag ²⁴1993.

– *Vom Alt-Werden.* Sudienmaterial aus dem Gesamtwerk. Basel: Die Pforte 2009.

Das Sterben ist auch Geburt. Berichte und Gedanken zu Sterben und Tod. Arlesheim: Anthrosana 2001 (Heft Nr. 203).

Stoewer, Gudrun: *Begegnungen mit dem Tod. Geschichten von Sterben, Tod und Abschiednehmen.* Dornach: Verlag am Goetheanum 1998.

Tolmein, Oliver: *Wann ist der Mensch ein Mensch? Ethik auf Abwegen.* München: Hanser 1993.

Treichler, Markus (Hrsg.): *Den Sinn des Todes fassen. Mut zur Begleitung Sterbender.* Stuttgart: Urachhaus ²2002.

Wellendorf, Elisabeth: *Mit dem Herzen eines anderen leben. Die seelischen Folgen der Organtransplantation.* Stuttgart: Kreuz Verlag 1998.

Text- und Bildnachweis

Die Autorin

 Ursula Hausen, geboren 1953 in Stuttgart, ist Diplom-Psychologin und seit 1982 Priesterin der Christengemeinschaft. Als Gemeindepfarrerin wirkte sie zunächst in Tübingen, später in Erlangen und seit 1993 in Wiesbaden. Seit 2012 arbeitet sie in Murrhardt, wo ihre Schwerpunkte in den Bereichen Sterbebegleitung und Fortbildung von Pflegenden liegen.